세계영어의
다양성

세계영어의 다양성

I (비)영어권 국가의 역사, 문화 및 언어 I

박영배 · 장근철 · 강혜경 · 이주희 공저

KM 경문사

책 머리에

전 세계 수많은 언어 중에서 오늘날까지 국제적인 공용어로서 정치와 교육은 물론 정보통신, 언론, 안보, 컴퓨터 산업, 심지어는 연예에 이르는 분야까지 깊숙이 관여하여 의사소통의 수단으로 중요하게 쓰이고 있는 영어는 그 역사만큼이나 우리의 흥미를 끌기에 충분하다. 기원후 5세기 중엽 게르만족의 한 갈래인 앵글로색슨 부족이 대륙에서 유럽의 섬나라인 브리튼 제도(British Isles)에 처음으로 도착한 이후, 8세기 초 영어가 맨 처음 쓰이기 시작한 지 1300여 년이란 오랜 세월이 흘렀으나 영어는 세계 여러 나라에서 현재도 쉬지 않고 다양한 모습으로 변천하고 있다.

오늘날 전 세계에서 모국어로 쓰이고 있는 영어는 진원지인 영국에서 사용되는 이른바 영국영어 이외에도 17세기에 신대륙으로 건너가 식민지를 건설한 청교도들과 전 세계에서 건너온 이민자들이 300여 년에 걸쳐 탄생시킨 새로운 유형의 미국영어가 있고, 미국의 독립선언 이후 미국의 북부로 건너간 이들에 의해 쓰이는 캐나다영어가 있다. 그뿐만 아니라, 18세기 말 이후 영국인에 의해 개척된 오스트레일리아(호주) 및 뉴질랜드에서 쓰이는 영어 또한 두 나라의 모국어로 쓰이고 있다.

20세기 이후 영어의 중요성이 날로 커지면서 영어가 제2언어(또는 외국어로서의 영어)로 사용하고 있는 나라가 전 세계에 걸쳐 널리 퍼져 있다. 아시아권에서는 영국의 오랜 식민지였던 인도를 비롯하여 스리랑카, 필리핀, 홍콩 그리고 싱가포르와 말레이시아가 있고, 아프리카권에서는 서부, 동부 및 남부 지역의 여러 나라에서 그들 나름대로 영어를 사용하고 있다. 특히, 과거 영국의 식민 지배를 받았던 나이지리아는 영어를 공식 언어로 채택한 서아프리카 6개국 중의 하나이다.

태평양권에 속하는 하와이, 파푸아 뉴기니 및 피지 등 세 나라는 다른 곳과 다른 독특한 영어를 사용하고 있는 나라들이다. 하와이는 영어 이외에 하와이 크리올 영어를 사용하며, 파푸아 뉴기니는 영어에 바탕을 둔 톡 피진(Tok Pisin)이란 언어를 공식 언어로 사용하는 나라로 광고, 언론, 텔레비전 매체에도 이 언어를 널리 사용하고 있다.

카리브해권에 속하는 나라에서 쓰이는 영어는 그 역사만큼이나 언어 또한 독특하며, 이것은 카리브영어의 언어적 특징에 기인한다. 가이아나, 버진 아일랜드, 자메이카 그리고 바하마군도는 정치·지리상으로 유럽의 주요 열강국들의 침략 전쟁에 휘말린 곳이다. 따라서 이들 지역에서는 영어를 공식 언어로 쓰고 있으나 한편에서는 영어에 토대를 둔 크리올어를 사용하고 있는 것이 특징이다.

이 책에서는 이처럼 세계 곳곳에서 다양하게 쓰이고 있는 영어의 모습을 해당 국가의 역사와 문화를 통해 조명하면서 그들 나름대로 사용하는 영어의 특징을 여러 가지 측면에서 살펴보려고 하였다. 모국어로서의 영어뿐만 아니라 제2언어 또는 외국어로서의 영어를 사용하는 많은 나라의 역사와 문화, 그리고 그들이 사용하는 영어의 다양한 모습을 이 책을 통해 올바로 이해할 수 있는 계기가 되었으면 한다.

저자 일동

차례

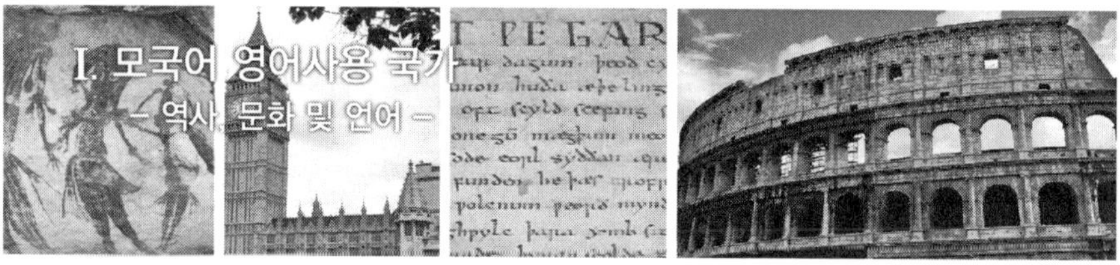

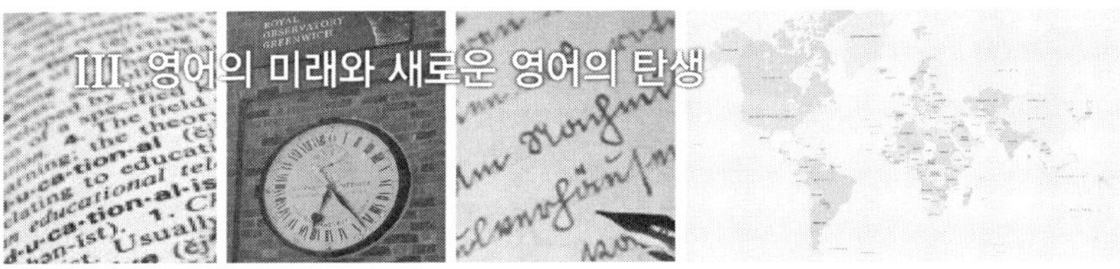

III. 영어의 미래와 새로운 영어의 탄생

I 모국어 영어사용 국가

– 역사, 문화 및 언어 –

| 유럽권 | 북미권 | 오세아니아권 |

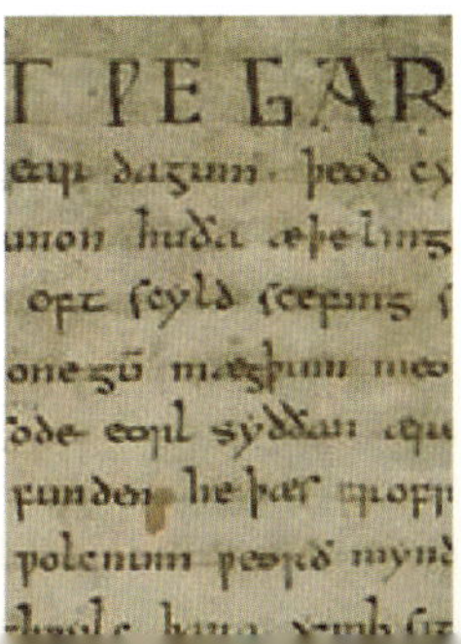

유럽권

영국 England | 스코틀랜드 Scotland | 아일랜드 Ireland

웨일즈 Wales

유럽의 영어권에 속하는 지역으로 영어의 종주국인 영국을 비롯하여 아일랜드 및 스코틀랜드 그리고 영국 내의 웨일즈 등 네 곳의 역사와 문화 그리고 영어에 관해 살펴보려는 것이 이 장의 목표이다.

게르만어계에 속하는 언어의 하나로 고대 영국에서 쓰인 이후 1500년 넘게 사용되어 온 영어는 12세기 말 아일랜드로 건너가 16세기에 영국이 아일랜드를 식민지로 정복하면서 아일랜드 영어(Irish English)가 되었다. 영국 연방의 하나인 스코틀랜드는 원래 영국영어와는 다른 언어(스코트 게일어 Scots Gaelic)를 사용하였으나 18세기 초 잉글랜드와의 합병 이후 스코틀랜드에서도 영어가 쓰이는 계기가 되었다.

영국

개관

영국은 유럽 대륙 서쪽 북대서양에 위치해 있는 섬나라로 지정학적으로 위도(緯度)는 우리나라보다 약간 높은 북위 50도부터 60도에 자리 잡고 있지만, 해양성 기후로 인해 우리나라보다 전체적으로 여름은 선선하고 겨울은 온난한 편이나 날씨 변덕이 매우 심하다.

영국은 남부의 잉글랜드와 스코틀랜드, 서부지역의 웨일즈 그리고 아일랜드 북부에 위치한 북아일랜드로 구성된 연합 국가로, 정식 명칭은 그레이트 브리튼 및 북아일랜드 연합 왕국(The United Kingdom of Great Britain and Northern Ireland)이다. 수도는 런던(London)이고, 연합국을 이루는 각 나라들은 자치권을 보장받고 있다. 스코틀랜드, 웨일즈, 북아일랜드의 수도는 각각 에든버러, 카디프, 벨파스트이다.

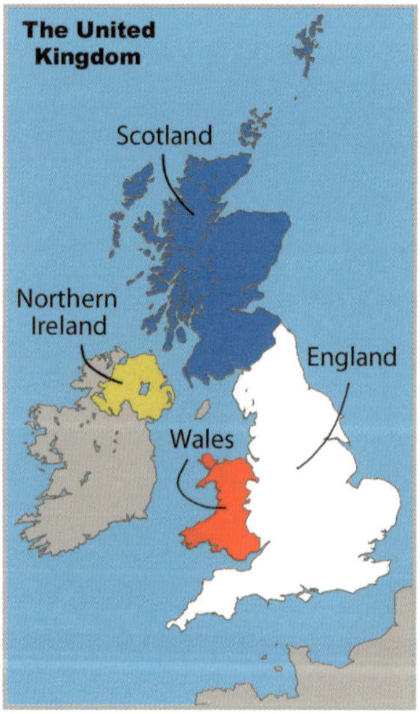

영국(United Kingdom of Great Britain) 지도

영국의 전체 인구는 2016년 현재 약 6450만여 명으로, 잉글랜드가 약 5430만 명으로 가장 많고, 다음으로 스코틀랜드(530만 명), 웨일즈(310만 명) 그리고 북아일랜드(180만 명) 순이다.

영국의 국기는 유니언잭(Union Jack 또는 Union Flag)이라고 하는데, 영국을 구성하는 잉글랜드, 스코틀랜드 및 아일랜드의 기(旗)를 조합하여 몇 번의 변화를 거쳐 오늘과 같은 국기로 탄생하였다. 영국의 국기는 모두 그리스도교를 상징하며 중세의 십자군운동 당시부터 사용되었다. 오늘날 사용하는 영국의 국기는 잉글랜드와 스코틀랜드가 합쳐진 국기(즉, 제임스기)와 조지 3세 시기에 병합한 아일랜드의 국기(수호성인 성 패트릭의 십자가)를 합쳐 만든 기(旗)로 영국의 복잡한 역사가 포함된 국기라고 할 수 있다.

영국은 근대적 의회제도와 의원내각제를 전 세계로 전파시킨 정치 선진국이며 산업혁명의 발원지로 제일 먼저 산업화가 된 나라이다. 19세기와 20세기 초반 세계 인구와 영토의 4분의 1을 차지한 유일의 초강대국이었으나, 제2차 세계대전 이후 점차 쇠퇴하였다. 그러나 여전히 세계에 정치, 경제, 문화, 군사, 과학의 영향을 끼치는 강대국 중 하나이며, 특히 음악은 비틀즈(Beatles)와 롤링 스톤스(Rolling Stones)를 비롯하여 오늘날에도 전 세계에 막대한 영향을 끼치고 있다.

그리니치 왕립 천문대
(Royal Observatory, Greenwich)

영국은 그리니치 천문대(The Greenwich Astronomical Observatory)를 기준으로 한 세계 표준시(Greenwich Mean Time: GMT)를 정하고 있어서 세계의 중심이 되는 국가로 자부하고 있다. 보통 유럽이나 아메리카 대륙의 세계지도를 보면, 영국이 지도의 가운데에 위치하고 있다. 좀 더 정확히 말하면, 지구상에 가상으로 그어진 경위도 중에서 특히 경도는 런던의 그리니치 천문대를 시작점으로 경도 0도

(또는 360도)가 된다. 그리니치 천문대를 중심으로 동쪽(아시아 쪽)으로 1도씩 높아지고 서쪽(아메리카 쪽)으로 1도씩 낮아진다. 우리나라는 9도가 높아져서 영국과 한국의 시간차는 9시간이 된다. 영국 사람들이 아침 9시 출근을 할 때 우리는 저녁 6시 퇴근 시간이 되는 것이다. 영국은 3월부터 10월까지 서머타임을 실시하고 있어 이 기간 동안에는 한 시간 빨라져 8시간 차이가 난다. 이렇게 세계 시간의 기준을 정한다는 것은 경제, 정치 등 모든 면에서 힘을 갖는다는 것을 의미한다.

역사

영국의 기원은 5~6세기경 게르만족에 속하는 앵글로색슨족이 잉글랜드에 침입해 9세기경 통일된 왕국을 수립한 것에서 찾아볼 수 있는데 앵글로색슨족과 잉글랜드의 원주민이었던 켈트족 간의 갈등은 지금도 남아 있다.

잉글랜드 및 스코틀랜드는 따로 나뉜 주권자와 독립한 나라로서 그들 자신의 군주와 정치적인 구조를 가지며 9세기부터 존재해왔다. 일단 웨일즈 공국이 1284년에 러들랜 법령(Statute of Rhuddlan)에 따라 잉글랜드 왕의 지배를 받게 되었다. 1603년부터 왕국연합(Union of the Crowns)을 유지해온 잉글랜드(웨일즈 포함)는 1707년 연합법(Acts of Union)에서 스코틀랜드와 합병하였다. 이로써 그레이트 브리튼 왕국의 형태로 정치적 연합이 이루어졌다.

1800년 연합법(Act of Union)은 그레이트 브리튼 왕국에 아일랜드 왕국을 병합시켰다. 당시 아일랜드는 리머릭 조약(Treaty of Limerick)에 따라 1541년부터 1691년까지 점차 잉글랜드의 지배를 받던 상태였다. 그에 따라 1801년에 그레이트 브리튼 아일랜드 연합 왕국이 성립하였다. 1922년 아일랜드 공화국 독립은 2년 전에 아일랜드 섬의 분할에 따른 결과이며, 얼스터 지방(province)의 9개 주(county) 가운데 6개 주가, 1927년에는 현재 이름으로 바뀐 영국령으로 남겨졌다.

산업혁명과 나폴레옹 전쟁에서 나폴레옹을 격파한 뒤에, 19세기 영국은 세계의 주요 국가 중 하나가 되었다. 대영 제국이 전성기일 때 영국의 영토는 지구의 약 4분의 1까지 커졌고, 인구도 세계 인구의 약 4분의 1이었다. 이는 역사에서 가장 큰 인구와 영토였다. 당시 대영 제국은 그 영토가 지구 곳곳에 퍼져 있어서 '해가 지지 않는 나라'라는 별명으로 일컬어졌다.

19세기 내내 영국은 다당제의 출현과 투표권의 확장을 통해 부분적으로 의회 민주주의의 발달에 중요한 역할을 했다. 과학과 예술의 발달은 18세기에 이루어진 아이작 뉴턴(Issac Newton) 등의 업적을 계승하거나 부분적으로 더 오래된 문학의 전통에 영향을 받았다.

영국은 탁월한 강대국으로 남았고, 1921년에는 제1차 세계대전 후 국제 연맹 위임 통치령이 되었던 독일 제국과 오스만 제국의 식민지를 획득하여 자국의 영토를 최대로 넓히기도 하였다.

1939년 영국은 인도 등 영국의 식민지들과 합세하여 제2차 세계대전을 일으킨 나치 독일과 제국의 아시아 식민지를 침공한 일본에 선전포고를 하였으며, 1945년 전쟁을 일으킨 독일과 일본이 연합군 세력에게 패배하면서, 제2차 세계대전은 막을 내렸다.

제2차 세계대전이 끝난 후 인도를 비롯한 많은 식민지들이 영국으로부터 독립하였다. 그러나 영국으로부터 독립한 많은 나라들은 아직도 여전히 영연방에 속해 있다. 1950년대 집권 노동당은 복지 국가를 내세워 대대적인 사회복지 정책을 실시하였다. 당시 복지 정책은 흔히 "요람에서 무덤까지"라는 슬로건으로 대변되었다. 1980년대 집권에 성공한 마거릿 대처(Margaret Thatcher)의 보수정권은 사회 복지를 대폭 후퇴시키고, 많은 국영기업을 민영화하는 등 대처리즘에 입각한 정책을 펼쳤다. 이러한 정책은 신자유주의의 시작으로 평가된다.

1947년 인도, 파키스탄 등 다른 문화권의 나라들이 독립하여 영연방에 가입함으로써 영연방은 문화적 다원주의로 체제 개혁이 불가피해졌다. 1950년 영연방 총회는 성명을 발표하고 "영국 국왕은 영연방의 수장이며 자유로운 결합의 상징"이라고 천명하였다. 이리하여 영국 국왕에 대한 충성의 서약은 사실상 필요 없게 되었다. 2003년 짐바브웨의 탈퇴로 2006년 기준으로 총 53개의 독립국가(52개의 정회원, 1개국은 특별회원)가 회원국이다.

1945년에 영국은 세계 최초이면서 가장 광범위한 의료 제도를 포함한 복지 국가의 출현을 알렸고, 정부 정책의 변화는 영국 연방 도처에 있는 사람들로 하여금 다민족 국가로서의 영국을 만들 수 있게 하였다.

전후 1956년 수에즈 사태에서 영국의 정치적 역할의 한계가 보이기도 했지만 영어의 국제적 통용과 1960년대 영국 대중문화의 해외 전파는 영문학이나 영국 문화가 지속적인 영향을 주고 있음을 의미했다. 1970년대의 국제 경제의 하향세와 산업 쟁의(爭議)의 시대에 뒤이어 1980년대는 북해 유전의 수익과 경제발전이 있었다. 마거릿 대처 수상의 지도력은 전후 정치적·경제적 합의의 전환을 이끌었다. 이러한 경향이 1990년대 중반부터 토니 블레어(Tony Blair)의 지도 아래 계속되었다.

영국은 1973년 이후로 유럽 경제 공동체의 구성원이 되었고, 1992년에는 마스트리히트 조약(Treaty of Maastricht)에 서명하여 12개국으로 이루어진 유럽 연합의 창립 멤버가 되었다. 오늘날 노동당 내각의 태도는 유럽연합(EU)와의 통합으로, 보수당은 몇몇 권리와 자격의 반환으로, 그리고 자유민주당은 현재 정책을 지지하는 쪽으로 기우는 경향을 보이고 있다.

> **마스트리히트 조약**
> 1992년 네덜란드 마스트리히트에서 유럽 공동체 가입국이 서명한 조약. 유럽연합의 기초가 된 조약임.

종교

영국의 국교는 성공회이며, 영어로는 Anglican Church 또는 Church of England라고 한다. 영국에서 법적으로 공식화된 교회는 영국 성공회와 스코틀랜드 장로교이다. 16세기 당시 영국 국왕이었던 헨리 8세는 교황청이 캐서린 왕비와의 결혼 무효소송을 허락하지 않자 의회를 소집, 로마의 감독권을 폐지하는 한편 그 자신이 교회의 수장에 오르는 법령을 제정하면서 영국 교회를 로마 교회로부터 독립시켰다. 그 결과 영국 성공회가 탄생하게 되었다.

북아일랜드 지역에서는 여전히 신·구교의 갈등으로 인한 분쟁이 끊임없이 발생하고 있고, 영국 정부는 평화협정을 통해 갈등을 종식시키려 노력하지만, 아일랜드 공화국군(Irish Republican Army: IRA)은 영국으로부터 독립하여 아일랜드의 통일을 이루기 전까지는 절대로 분쟁은 끝나지 않고 평화는 오지 않을 거라고 단언한다.

북아일랜드의 종교 갈등은 18세기 스코틀랜드 장로교인들이 17세기 올리버 크롬웰(Oliver Cromwell)의 침공으로 영국의 식민지가 된 아일랜드에 이주하면서 시작되었다. 현재 북아일랜드의 얼스터(Ulster)에 이주해 온 장로교인들은 로마가톨릭교도들을 밀어내고, 인구의 대부분을 차지했으며, 이들의 후손들은 지금도 정치·사회·문화 모든 영역에서 기득권을 갖고 있다.

아일랜드인들은 수백 년 동안 영국에서 온 개신교인들에게 차별과 억압을 받았고, 이들의 불만은 부활절 봉기(1916년), 아일랜드 공화국군 결성 등의 무장투쟁으로 폭발했다. 아일랜드 사람들이 로마가톨릭을 신봉함으로서 아일랜드 민족의 정체성을 확립하고자 한 것도 영국 개신교인들의 아일랜드인 지배에 기인하고 있다.

오늘날의 영국에는 기독교뿐만이 아니라 이슬람교도, 힌두교, 유대교, 시크교도와 같은 다양한 종교가 존재한다. 최근에는 자연생태와 인간의 발전을 중시하는 뉴에이지 정신도 증가하고 있다.

문화

영국은 전통과 보수가 지배하는 사회인 동시에 이에 맞선 파격성과 개혁성이 꿈틀거리며 발현하는 사회이다. 비틀즈의 팝 음악, 그룹 퀸의 록(rock) 음악, 미니스커트와 펑크족의 고향이 바로 영국이다. 답답하고 억누르는 것이 많다보니 저항의 몸짓도 그만큼 절박하고 강하다고 할 수 있다. 정당의 경우를 보더라도, 보수당과 노동당이 있다. 보수당의 로고는 횃불이고, 노동당은 붉은 장미이다. 붉은 장미는 인간에 대한 경의와 존엄성의 상징이다. 두 이질적인 요소, 이념, 정당의 조화와 견제와 균형 그리고 더욱 중요한 합의와 타협정신이 영국사회를 만드는 힘이 되어주고 있다.

1960년대의 소비문화는 영국 대중문화, 특히 뮤지컬과 팝, 록 음악에서 절정을 이루었다. 영국 런던의 뮤지컬은 런던 웨스트 앤드는 물론이고 미국 브로드웨이까지 영국의 문화적인 식민지로 만들었다. 런던의 뮤지컬은 물량공세로 화려한 스펙터클을 자랑하는 미국의 뮤지컬에 비해 높은 예술성과 장인정신을 보여주는 것이 특징이다. 흔히 뮤지컬의 4대 명작으로 손꼽히는 〈오페라의 유령〉, 〈레미제라블〉, 〈캣츠〉, 〈미스사이공〉 등의 뮤지컬을 보려는 사람들은 영국인들뿐 아니라 외국 관광객도 많다.

뮤지컬 외에 록 그룹인 비틀즈(The beatles)와 퀸(Queen)의 나라, 엘튼 존과 조지 마이클을 배출한 영국은 팝, 록 음악에서 브리티시 록(British Rock)이라는 신조어가 생겨날 정도로 독특한 계승을 자랑한다. 영국에서 가장 유명한 대중음악 공연장은 웸블리 아레나(Wembly Arena)다. 런던 교외의 웸블리에 위치한 이 공연장은 크기도 하려니와 음향상태가 훌륭해 유명한 팝 스타들이 반드시 거쳐 가는 곳이다. 이곳에는 야외공연장인 웸블리 스타디움이 함께 위치하고 있다.

영국은 페스티벌의 원산지인 만큼 페스티벌의 기획과 조직체계에서 상당한 노하우를 가지고 있으며, 이 중 고전음악을 저렴한 가격으로 들을 수 있는 프롬스(Proms)가 유명하다. '프롬스'는 산책을 의미하는 '프롬나드(Promenade)'와 '콘서트(Concerts)'의 합성어로 일반 클래식 공연과 달리 가격도 저렴하고 형식에 얽매이지 않아 영국인들은 물론 세계 음악팬들에게도 사랑을 받고 있는 음악 축제이다.

또한 에든버러에서 벌어지는 실험 연극의 축제 '에든버러 페스티벌(Edinburgh Festival)'과 오페라의 향연 '글라인드 본 페스티벌'이 유명하다.

영국의 문화를 논할 때 차 문화(Tea time)를 빼놓을 수 없다. 한 잔의 홍차에서 마음의 평안과 여유를 느끼며 따뜻한 가슴으로 생활의 미를 연출하는 영국의 티타임은 하루에 다섯 번 정도 있다. 아침에 일어나 남편이 사랑하는 아내를 위해 준비하는 티타임을 얼리 모닝 티(Early morning Tea)라고 한다. 상쾌한 아침을 열어주는 티타임이다. 아침식사와 함께 마시는 차를 브랙퍼스트 티(Breakfast Tea)라고 하는데 실론이나 아쌈 홍차를 주로 이용한다. 부담되지 않으면서도 깔끔한 홍차에 밀크를 타서 마시는 부담되지 않는 차이다. 오전중의 가사일 중간에 한숨을 돌리며 마시는 티타임을 일레븐시즈(Elevenses)라고 하는데 티타임 중 가장 가벼운 티타임이다. 과자도 가볍게 곁들여 단시간 내에 즐긴다.

영국인들이 가장 즐기는, 그리고 잘 알려진 티타임으로 아프터눈 티(Afternoon Tea)가 있는데 이 시간은 귀족문화를 기반으로 발전된 만큼 화려하고 푸짐한 티 푸드(Tea food)가 곁들여지는 사교시간이다. 주부들은 이 시간을 이용해 사람을 초대하는데, 테이블 세팅과 과자의 선택에도 세심한 주의를 기울인다. 저녁식사 메뉴 속에 차가 있어 음식과 차가 차려진 식탁에 둘러앉아 정겨운 잡담과 함께 즐기는 하이 티(High Tea)도 있다. 이 티타임은 노동계층에서 점진적으로 발전되어 모든 계층에 대중화된 티타임이다. 그리고 저녁식사를 한 후, 여유롭고 편안하게 앉아 휴식을 취하며 도란도란 이야기꽃을 피우는 티타임으로 아프터 디너 티(After Dinner Tea)가 있다. 초콜릿, 쿠키 등 달콤한 티 푸드를 곁들이기도 하고, 위스키나 브랜디 등을 첨가해 마시기도 한다.

아프터눈 티
1840년대 잉글랜드의 부유한 계층 사이에서 유래함.

영국식 유머(British humour)는 동음이의어를 이용한 말장난과 같은 유머가 많은데 영국인들의 총명함을 엿볼 수 있고 냉철한 현실 인식에 바탕을 둔다. 영국왕립예술협회(The Royal Society of Arts)는 미국, 이탈리아, 인도 등 주요 외국인들과 런던에 주재한 외국 특파원들을 대상으로 외국인들이 생각하는 '영국인다움(Britishness)'과 관련된 설문 조사를 실시한 바 있다. 설문 결과 거의 모든 설문 대상 외국인들은 영국인들의 유머 감각을 꼽았다.

영국식 유머는 국내에서도 낯설지 않다. 여기에는 영국식 유머를 브랜드화한 것으로 평가받는 시나리오 작가이자 감독인 영국 출신의 리처드 커티스(Richard Curtis)의 〈네 번의 결혼식과 한 번의 장례식〉(Four Weddings and a Funeral, 1994), 〈노팅 힐〉(Notting Hill, 1999), 〈브리짓 존스의 일기〉(Bridget Jones's Diary, 2001), 〈러브 액츄얼리〉(Love Actually, 2003)와 가장 최근인 〈어바웃 타임〉(About Time, 2013) 등 영국식 로맨틱 코미디가 큰 역할을 했다.

영국인들에게는 일상의 모든 것이 유머의 대상이 된다. 특히 영국인들은 자신들도 유머의 대상으로 삼는다. 반면에 미국인들은 자신들을 유머의 대상으

영국인의 유머감각을 잘 표현한 영화들

로 삼지 않는다. 같은 영어를 사용하고 코미디나 시트콤 등 TV 프로그램이 양 문화에 걸쳐 영향을 미치고는 있지만, 미국에서와 똑같은 형식의 'Tonight' 쇼가 영국에는 없는 것처럼 영국인과 미국인이 생각하는 유머에는 차이가 있다.

또 하나, 비단 영국에 국한된 것으로 일반화할 수는 없겠지만 유머에도 등급이 있다. 즉 사회계층에 따라 유머의 소재가 달라지는 것이다. 영국의 유머는 크게 노동자 계층, 중산층, 그리고 상류층으로 구분해서 볼 수 있는데, 노동자 계층이 주로 구사하는 화장실과 관련된 유머를 상류 계층에게 이야기해 본들 공감대를 얻기는 힘들다. 반대로 귀족들이 즐기는 스포츠인 헌팅(hunting)과 관련된 유머를 노동자 계층이 이해하기란 쉽지 않다.

마지막으로 우리가 눈여겨볼 영국식 유머의 특징은 냉철한 현실 인식을 바탕으로 한 것이라는 점이다. 영국인들이 유럽인들 가운데 가장 독서량이 많다는 조사 결과는 결국 독서량이 유머 왕국 영국을 만든 원동력이 된 셈이다.

언어

영국에서 계급을 구분하는 기준은 외양·재산·직업이 아니라, 바로 그 사람이 구사하는 언어, 즉 영어이다. 품위 있는 영어를 구사하거나, 말의 구사력이 뛰어난 사람은 교육받은 사람으로 인식된다.

영국의 표준 영어는 Queen's English(일반적으로 여왕이 쓰는 영어), BBC English(BBC 앵커들이 쓰는 영어) 또는 Oxford English(옥스퍼드 대학 출신들이 쓰는 영어)라고 불리기도 하는데, 정식 명칭은 Received Pronunciation(용인容認발음, RP)이다. RP는 영국영어의 표준 발음을 뜻하는 단어로 영국 사립학교 출신들의 말투(public school accent), BBC 영어 등을 가리키며, 이것을 말하는 사람은 교양 있는 목소리(cultured voice)를 가진 사람으로 불린다.

용인 발음, 즉 RP는 지역적으로는 옥스퍼드, 케임브리지, 런던을 포함하는 잉글랜드의 남동부 지역에 기반을 두고 있고 주로 상류층, 교수, 방송인에 의해 사용된다. 그들은 영국 전체 인구의 3% 정도에 해당하는데, 그래서 RP는 그 사용자의 사회 계층과 교육 정도가 높음을 나타낸다.

영어의 기원

고대 영국에서 영어(즉, 고대영어)가 쓰이기 전, 영어의 선사시대에 게르만족에 의해 사용되었던 문자가 룬 문자(runes)이다. 룬은 '신비, 마력'을 뜻하는 단어로 신비와 마력의 세계 전체를 암시하는 말로 쓰였다. 고대영어 방언으로 쓰인 문헌인 베오울프(Beowulf)에도 룬 문자가 엿보이며, 8세기 초에 쓰인 고대 영시인 〈십자가의 꿈〉(The Dream of the Rood)은 돌 십자가인 Ruthwell Cross에 룬 문자로 새겨져 있다. 앵글로색슨족의 예술과 문화를 엿볼 수 있는 귀중한 유물인 고래 뼈로 만든 관(棺, Franks Casket)에도 룬 문자가 새겨져 있다.

> **베오울프**
> 고대영어로 쓰인 게르만 민족의 영웅서사시. 바이킹족의 영국 침략전 8세기 후반에 쓰인 3182행의 장시長詩로 두운시법으로 되어 있음.

영어의 기원은 청동기 시대부터 거주해온 인도유럽어계의 켈트족(Celts)이 사용하던 켈트어(Celtic)와 5~6세기경 게르만족이 가져온 게르만어, 그리고 11~15세기에 잉글랜드를 지배한 노르만족의 언어(Anglo-Norman)에서 찾아볼 수 있다. 로마의 역사가인 타키투스(Tacitus, 55~120)가 쓴 《게르마니아》

HWÆT WE GARDE
na in geardagum. þeod cyninga
þrym ge frunon hu ða æþelingas elle
fremedon. oft scyld scefing sceaþe
þreatum monegum mægþum meodo setl
of teah egsode eorl syððan ærest wea
fea sceaft funden he þæs frofre geba
weox under wolcnum weorð myndum þah
oð þ him æghwylc þara ymb sittendra
ofer hron rade hyran scolde gomban

《베오울프》(Beowulf)의 첫 장 일부(opening page)

(*Germania*)에 의하면, 기원후 80년경 브리튼에 살던 거주민들은 브리튼(영국의 원 명칭)에 들어온 침입자들이 가져온 언어를 사용하기 시작하였다. 이를 토대로 당시 상류층과 도시에 거주한 이들 사이에 라틴어와 켈트어를 광범위하게 사용하는 이중 언어사용(bilingualism)이 상당히 퍼져 있었음을 알 수 있다.

브리튼에 들어온 게르만 부족들 중 주트족(Jutes)은 449년에, 색슨족(Saxons)은 477~495년에 그리고 앵글족(Angles)은 547년에 건너왔다. 앵글족은 영국의 북부 지방에 들어와서 Anglia 왕국을 세웠는데 여기서 고대영어로 앵글족을 Engle(= the English people)로 부르고, 이들이 쓰던 언어를 고대영어로 Englisc(= English)라고 부르게 되었다. 고대영어시기에 쓰인 네 가지 방언은 켄트 방언(Kentish), 서색슨 방언(West-Saxon), 머시아 방언(Mercian) 그리고 노섬브리아 방언(Northum-brian)인데, 이 중 머시아 방언과 노섬브리아 방언은 유사한 점이 많아서 이 둘을 합쳐 앵글리아 방언(Anglian)이라고도 한다.

8세기 말부터 11세기 초까지 스칸디나비아인들이 영국을 침략하였는데 이 시기에 스칸디나비아어가 영어에 영향을 끼쳤다. 스칸디나비아어에서 유래한 차용어로는 law, husband, skin, knife, fellow, die 등이 있다. 그리고 조상의 이름이나 아버지 이름을 따서 여기에다 접미사 -son을 붙여 Johnson, Peterson, Thomson, Wilson과 같은 성씨를 만들어내는 영어의 전통은 스칸디나비아 인명(人名)에서 유래한 것이다. 또한 -by, -thorpe, -thwaite, -toft로 끝나는 지명들은 모두 스칸디나비아어에서 유래한 것들이다. 그러나 스칸디나비아어 사용자가 스칸디나비아어와 영어를 서로 바꿔 사용하고 스칸디나비아어와 단순화한 이 언어의 문법을 영어와 혼합하여 번갈아가며 사용하면서 스칸디나비아어는 영국에서 오래 살아남지 못하고 영어에 흡수되었다.

11세기 중엽 영국을 침략한 노르만족은 프랑스 북부의 노르만디(Normandy)에 살던 부족으로서 앵글로색슨족과 같은 계통이었다. 영국에 들어 온 노르만인들은 영국에 노르만 프랑스어(Norman French)를 가져와 사용하였다. 그러나 이들이 점차 영국에 머무는 기간이 많아지면서 프랑스어와 영어를 함께 사용하게 되었는데 12세기에 이르면 그 후손들이 상당한 정도로 이중 언어를 사용하는 현상이 나타나게 된다.

13세기 전반에 프랑스어가 영국에서 계속 쓰인 데에는 두 가지 원인을 꼽을 수 있다. 첫째, 프랑스 상류층의 영국 유입이 13세기 중엽까지 계속해서 일어났다는 점, 둘째, 유럽 학문의 중심지로 부상한 파리 대학의 명성과 프랑스 문명의 명성으로 대륙에서의 프랑스어가 널리 알려졌다는 점 등이다. 그러나 1250년 이후에는 영어가 상류층의 모국어로 쓰이게 된다. 1362년 의회에서 변호법(the Statute of Pleading)이라는 법령이 통과되면서 법정에서 실행되는 모든 재판 진행은 프랑스어 대신 영어로 할 것을 규정하고 있다. 14세기에 접어들면 영어가 전국적으로 사용되면서 프랑스어는 외국어로 간주되어 일정한 사람들을 제외하고 통용되지 않게 된다.

외래어가 영어에 들어올 때 프랑스어를 경유하여 영어에 들어온 어휘가 있고, 프랑스어를 거치지 않고 라틴어에서 직접 차용어를 들여오는 경우 등 두 가지 경로가 있다. 이렇게 되면 영어에 들어온 어휘들은 '형태'나 '뜻'이 비슷한 한 쌍의 어휘가 생기게 된다. 시간이 경과함에 따라 이들 어휘는 그 차이가 점차 나타나서 형태나 뜻이 달라지게 된다. 이처럼 두 가지 경로를 통해 영어에 들어온 어휘는 각각 한 쌍이 되는 두 개의 어휘로 생겨나서 쓰이게 되었는데, 이들 어휘를 자매어(doublet)라고 한다. 예를 들면, benison/benediction, chance/cadence, convey/convoy, frail/fragile, poor/pauper, reason/ration (ratio), sure/secure, treason/tradition, warden/ guardian 등이다. 이렇게 된 결과, 영어의 어휘가 다양하게 확장되고 영어의 표출능력이 신장되는 효과를 가져왔다. 또한 영역된 성서를 통해 수많은 라틴 어휘가 영어로 유입되어 일반적인 학술어로 오늘날까지 쓰이고 있다. 예를 들면, allegory, history, prosody, ulcer, zenith 등이다.

중세영어시기에는 켄트방언, 남부방언(OE 서색슨방언), 북부방언(OE 노섬브리아 방언), 그리고 고대영어시기의 머시아방언 지역이 동부방언(동중부)과 서부방언(서중부)으로 분할되면서, 5개의 방언이 쓰였다. 이 중 가장 큰 영향을 끼친 방언은 동중부 지역 방언으로 동중부 지역은 당시 방언지역 중 가장 넓고 인구도 월등히 많았다. 더구나 이 지역은 런던, 케임브리지, 그리고 옥스퍼드를 포함하고 있을 뿐 아니라, 주요한 정치·사회·경제·금융 및 학문의 중심지였다. 동중부를 중심으로 한 '삼각형'지대는 풍요한 농업지대이며, 성장일로에 있던 양모 무역의 중심지였다. 그것은 또한 편리하게 북부방언과 남부방언 사이에 위치해 있어 양자 간 일종의 커뮤니케이션의 '교량' 역할을 하였다. 1476년 캑스턴(William Caxton, c.1422~c.1491)이 웨스트민스터에 인쇄소를 설립하고 런던 지역의 음성언어를 번역과 철자의 기초로 사용할 것을 결정했다.

월리엄 캑스턴(William Caxton)

15세기 말에 이르면 '중앙'과 '지방' 생활의 구분이 확정되었고 이것은 '표준' 음성언어와 '지역' 음성언어의 구별에 반영되었다. 그리하여 전자는 정확하고 품위 있고 교양 있는 발음, 후자는 부정확, 부주의, 그리고 열등한 발음이라고 생각되었다. 이처럼 동중부 방언에서 발달한 런던영어가 곧 현대 표준영어의 효시(嚆矢)이다. 즉 런던에서 쓰인 말씨는 오늘날 '용인된 표준어'(Received Standard)의 조상이라고 할 수 있다.

초기 현대영어시기(1500~1700)는 라틴어와 그리스어(Greek) 이외에 50개가 넘는 언어로부터 어휘를 차용하여 영어와 함께 사용한 왕성한 어휘차용의 시기였다. 이러한 어휘차용은 영국의 문예부흥시기를 전후하여 영어에 나타난 두드러진 현상이다. 또 한 가지 주목할 만한 것은 르네상스를 거치면서 유럽은 유럽이라는 울타리를 벗어나 다른 나라와의 접촉이 빈번해졌고 당시 유럽인에게는 알려지지 않은 신세계를 발견하게 되면서 미국을 비롯한 아시아, 중근동, 아프리카 등 여러 나라로부터 많은 차용어가 영어에 들어와 쓰이게 되었다는 점이다. 17세기 초에 영국의 청교도인들이 북아메리카에 이주하면서 영국인과 인디언 원주민과의 접촉이 이루어지고 인디언 문화와 관련된 어휘(moose, opossum, hickory, squash, caucus, etc.)가 영어에 들어와 쓰였다.

17~8세기에 영국은 인도아대륙(亞大陸)을 차지한 후 이 대륙에서 쓰는 여러 언어로부터 영어에 많은 새로운 차용어가 들어와 쓰였다. 힌디어(bungalow, jungle, pundit, etc.), 타밀어(curry, pariah, etc.), 벵갈어(Bengali, 방글라데시인의 말.), 우루두어(Urdu, 파키스탄의 공용어), 동남아시아의 말레이어(Malay), 중국어(ginseng, ketchup, etc.) 그리고 일본어(sake, shogun, soy)도 영어에 차용되어 쓰였다. 이 시기에는 접근이 어려운 티베트어(Tibetan)에서도 lama, yak와 같은 어휘가 영어에 차용되었다.

영국영어의 역사

우리가 British English(또는 English English라고도 함)라고 칭하는 영국영어는 오늘날 미국과 필리핀 및 일부 국가를 제외하고 유럽의 여러 나라와 과거 영국의 식민지 지배를 받았던 인도, 싱가포르, 말레이시아 그리고 영연방 국가인 오스트레일리아와 뉴질랜드 및 캐나다에 이르는 광범위한 지역에서 다양한 유형으로 널리 쓰이고 있다. 여기서는 영국영어의 특징을 설명하기에 앞서 영어가 변천해 온 역사를 영국의 선사시대, 고대와 중세, 초기현대 및 현대 영어시기로 나누어 간단히 살펴보기로 한다.

영어는 인도유럽어족(Indo-European language family)에 속하며, 이 어족에 속하는 게르만어(Germanic)에서 갈라져 나온 언어이다. 처음부터 영어가 영국에서 사용된 것은 아니었다. 유럽에서 영국에 맨 처음 건너와 정착한 민족은 영어를 사용한 민족이 아니라 서유럽 전역에 걸쳐 거주하며 켈트어를 사용한 켈트 부족이었다. 이들은 여러 차례에 걸쳐 이동하면서 기원전 600년경부터 선사시대의 영국에 들어와 서서히 정착하기 시작하였다. 켈트어를 사용한 부족은 사실상 여러 부족으로 나누어져서 다양한 부족의 언어를 사용했으므로 우리는 이들이 사용한 언어를 집합적으로 켈트어로 부른다.

2500여 년 전 켈트어는 유럽 전역에 걸쳐 널리 사용되었는데, 그 후 라틴어의 영향으로 서서히 다른 언어, 즉 프랑스어, 스페인어 및 이탈리아어를 포함한 로만스어계의 언어들로 교체되어 쓰이게 되었다. 오늘날 켈트어는 전 세계에서 대략 약 백만 명 정도의 인구만이 사용하는 언어가 되었다. 브리튼 제도(British Isles)에서는 현대 웨일즈어, 아일랜드어 및 스코티시 게일어(Scottish Gaelic)로 현존하여 쓰이고 있는데 이것은 영어와의 오랜 저항 운동의 결과로 얻은 수확이었다.

켈트어로 살아남은 언어 중에서 현재 가장 활발하게 쓰이고 있는 언어가 웨일즈어(Welsh)로 웨일즈 인구 중 약 50만 명이 사용하며 인구의 대다수는 영어를 알고 있다. 오래전부터 아일랜드 공화국의 서쪽 지역에서는 아일리시 게일어(Irish Gaelic), 그리고 스코틀랜드의 고지(highlands)에서는 스코티시 게일어를 다시 사용하려는 노력을 해오고 있으나, 이들 지역에 영어의 영향력이 방심할 수 없을 정도로 미치고 있어서 켈트어 생존을 위한 투쟁은 아직도 계속되고 있다.

앵글로색슨족이 고대 영국에 들어온 시기(449년)에서 노르만족이 영국을 정복한 해(1066)를 기준으로 450~1100년까지를 고대영어시기라 하는데, 고대 영국에 들어온 앵글족, 색슨족 및 주트족은 대체로 네 가지 방언을 사용하였는데, 실제로 이보다 더 많은 방언이 있었다는 주장도 있다(Crystal, 2004:34). 이들이 잉글랜드에 들어왔을 때 이들 부족은 이미 대륙에서 400년간 라틴어와 접촉하였으며 이들이 사용한 언어의 다양성은 라틴어의 영향에서 온 것이었다. 이 초기 정착자들의 방언에서 서로 다른 어휘가 쓰였음을 다음의 예에서 알 수 있다(Crystal, 2004:47).

Mod E	Anglian E	West Saxon E
bell	clucge	bell
feed	alan	fedan
loss	los	lor
border	faes	fnaed

고대영어시기에 일어난 몇 가지 사건, 즉 스칸디나비아인의 영국 침입(787년. 흔히 바이킹족의 침입으로 칭함), 영국의 기독교화(700년) 그리고 중세영어시기(1100~1500)에 일어난 노르만족의 영국 정복(1066), 캑스턴(William Caxton)에 의한 최초의 책 인쇄(1476)는 이후 전개된 영어의 변화와 다양성에 지대한 영향을 미치게 되었다.

영어 형성에 큰 영향을 끼친 언어로 라틴어가 있다. 라틴어는 영어가 변천해온 서로 다른 시기에 영어 형성에 많은 영향을 끼쳤는데, 앞서 언급한 대로 우리가 오늘날 '영어'라고 부르는 게르만어계에 속하는 언어들은 이들 언어를 사용한 민족이 고대 영국에 들어오기 훨씬 전부터 400년 간 라틴어와 접촉하였다. 라틴어의 영향은 고대 영국이 기독교화되면서 한층 더 나타났으며, 라틴어가 영어에 들어와 영어화하면서 고대영어시기에 약 400개의 라틴 어휘가 들어와 쓰였다. 그러나 오늘날 현대영어에 남아 있는 이 시기의 라틴 어휘는 그리 많지 않다. 현대영어에 살아남은 고대영어시기에 쓰인 라틴 어휘는 종교 또는 교회의 예배의식과 연관된 어휘들로서 다음의 예에서 엿볼 수 있다.

Latin	Old English	Modern English
abbas	abbod, abbud	abbot
apostolus	apostol	apostle
candela	candel	candle
cyriacum	cyrice	church
diabolus	dēofol	devil
discipulus	discipul	disciple
episcopus	biscip	bishop
martyr	martir	martyr
monachus	munuc	monk
nonna	nunne	nun
papa	papa	pope
presbyter	prēost	priest
templum	tempel	temple

앞에서 예로 든 어휘들은 대부분 궁극적으로 그리스어에서 유래한 것으로 라틴어를 경유하여 영어에 들어와 쓰인 것들이다. 라틴어 차용어는 사실상 영어의 역사 전 시기에 걸쳐 들어온 것으로 때로는 공통게르만어에서의 차용어와 영어로 직접 들어온 차용어를 구분해내기가 어려울 때가 있다. 그 예로, 라틴어 scōla는 유럽대륙에서 쓰인 선사시기의 서게르만어(West Germanic)로 차용되었고 그 후 서게르만어계의 여러 언어에 들어와 쓰였는데, 독일어 Schule, 네덜란드어 school, 스웨덴어 skola, 덴마크어 skile 그리고 영어에서는 school로 각각 쓰이게 되었다.

라틴 어휘를 영어화한 좋은 예로 papdom이란 어휘가 있다. 현대영어에서 papacy로 쓰고 있는 이 어휘는 라틴어 papa에 고대영어의 접미사로 쓰인 '-dom'을 붙여 쓴 것으로 오늘날 kingdom과 같은 어휘에 남아 쓰인다.

고대영어시기에 들어온 라틴어뿐만 아니라 이 시기에 들어온 스칸디나비아어 또한 영어 형성에 영향을 끼쳤다. 앞에서 예로 든 현대영어에서 널리 쓰이는 어휘인 husband는 노르웨이어(Norse)인 *husbonda* 'householder or husband'에서 유래한 어휘인데, 이밖에도 다음과 같은 예들이 있다(Crystal, 2004:177).

Norse	Old English	Modern English
log	lagu	law
utlagi	utlaga	outlaw
vrang	wrang	wrong

중세영어시기에 노르만족에 의해 영국에 들어온 프랑스어는 라틴어, 스칸디나비아어 다음으로 영어 형성에 커다란 영향을 끼쳤다. 13세기 중엽까지 문헌에 남아 쓰인 프랑스어만 해도 약 900개의 프랑스 어휘가 영어에 들어와 쓰였다. 그러나 프랑스어가 영어에 대량으로 차용된 것은 14세기 및 15세기였으며 중세영어시기 말에 이르러서는 영어에 차용된 프랑스어의 수가 적어도

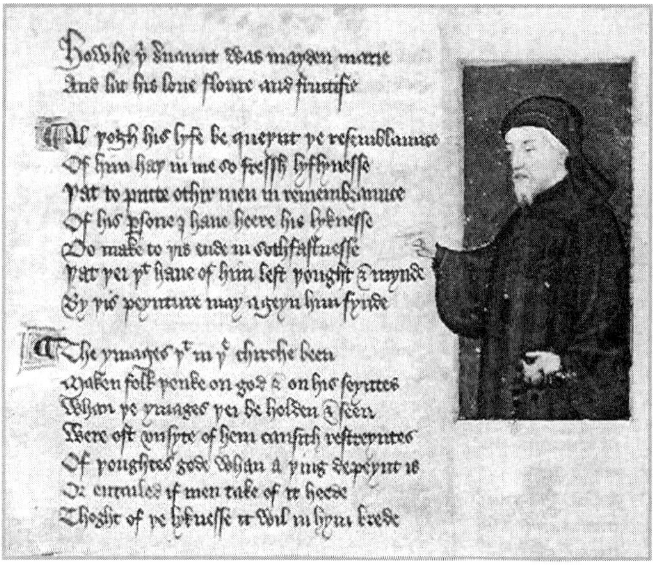

초서(J. Chaucer)와 《캔터베리 이야기》(Canterbury Tales)

10,000개에 달했다. 중세영어시기만 해도 약 90%의 어휘가 게르만 어휘였으나 중세시기 말에 이르러서는 약 75%에 해당하는 어휘가 프랑스 차용어로 채워지게 되었다.

프랑스어가 영국의 공식 언어로 쓰이던 당시에도 토착 영어의 어휘는 사라지지 않고 사용되었다. 영국을 휩쓴 흑사병(Black Death)의 결과, 프랑스어와 라틴어에 능통한 수많은 교사와 학자들의 죽음으로 교사가 부족해지자 많은 학교에서 영어를 주요한 교육 수단으로 채택하였고, 심지어 대학과 수도원에서도 교육과정을 영어로 진행하게 되었다. 영국과 프랑스 간에 일어난 백년전쟁(Hundred Years War)은 영국인이 프랑스어를 배우고 사용할 중요하고 실질적인 이유가 없어지게 만들었다. 백년전쟁이 끝나기 훨씬 전에 이미 프랑스어는 영국에서 귀족조차도 인위적으로 사용해야만 하는 제2언어가 되었다.

영국영어의 형성에 큰 영향을 끼친 인물로 중세영어시기에 작품을 통해 활발하게 활동한 제프리 초서(Geoffrey Chaucer, 1343~1400)를 빼놓을 수 없다. 초서는 성서를 영어로 번역한 위클리프(Wyclif)와 마찬가지로 (영국) 영어

형성에 중요한 영향을 끼친 작가이다. 후에 '영문학의 아버지'(the father of English literature)로 알려진 초서는 그의 작품에 영향을 준 프랑스 문학은 물론 이탈리아 문학에도 능통하였으나 그의 작품은 모두 영어로 쓰여졌다. 1380년대 초서는 그의 가장 유명한 작품이 된 《캔터베리 이야기》(*The Canterbury Tales*)를 쓰기 시작하였는데 이 작품이 끝내 완성되지는 못하였으나 초서는 자신이 구사한 언어의 다양성을 이 작품에 구현함으로써 중세 영국이라는 낡은 세계를 새롭게 보려고 시도하였다.

초서의 영어는 14세기 후반에 쓰인 동중부 방언으로, 15세기 후반 유럽에서 인쇄술이 영국에 도입되고 그가 구사한 유연하고 세련된 문체로 된 많은 작품이 영국 전역에서 널리 읽히게 되면서 표준어로서의 기틀을 다지는 데 크게 기여하였다.

14세기 말에서 15세기에 이르는 기간에는 영어가 모든 영국민의 언어로 널리 쓰였으므로, 표준 방언에 대한 필요가 어느 때보다도 요구되던 시기였다. 따라서 이 시기에 쓰인 다양한 방언 중에서 남동 중부방언 지역에서 쓰인 런던 말씨가 표준 방언으로 선택되었고, 후에 표준 서체어로서의 지위를 확립하게 된다.

서체어로서의 표준영어는 중세영어 후기에 런던에서 발달한 상류층의 방언이었다. 이것은 주로 동중부 지역으로 이주한 영향력 있는 이주민이 사용한 방언에 근거를 두었기 때문이었다. 15세기 후반에 이르면 '런던 영어'는 점점 더 우세한 언어로서의 위치를 차지하게 되어 어느 지역을 막론하고 교육받은 사람들의 언어로 사용되기에 이르렀다.

초기현대영어 시기에 (영국) 영어에 지대한 영향을 끼친 사건은 캑스턴의 인쇄술 도입과 고전 학문의 부활로 일컬어지는 르네상스(Renaissance)이다. 캑스턴의 인쇄술 도입은 영어철자를 고정시키는데 크게 이바지하였고, 인쇄를 통해 많은 책이 보급되면서 중산층과 하층계급의 수요가 증가하였다. 또한, 라틴어나 그리스어 그리고 프랑스어로 된 책을 영어로 번역하면서 라틴어와 그리스어에서 차용한 어휘가 영어에 수없이 들어오게 되었다. 아울러 인쇄소에서 런던 방언으로 인쇄된 책을 만들게 되면서 런던 방언이 영국 전역을 통해 표준서체어가 되는 중요한 구실을 하게 되었다.

헨리 8세 시기(1509~1547)에 일어난 영국의 종교개혁 이후 영국에서는 라틴어 대신 영어를 점차 강조하게 되고, 성서 번역이 활발해 지면서 영어로 번역된 다양한 영역성서가 일반 대중에게 널리 보급되었다. 제임스 1세 시기(1603~1625)에 영국 국교회의 성서로 출간된 《흠정역성서》(1611, The King James Bible로도 불림)는 영어의 위상을 한층 더 높이는데 큰 공헌을 하였다.

초기현대영어 시기에 (영국) 영어 형성에 큰 공헌을 한 인물로 윌리엄 셰익스피어(William Shakespeare, 1564~1616)를 빼놓을 수 없다. 그는 그의 생애 중 대략 20년(1590~1610)에 걸쳐 154편의 소네트(sonnets)와 37편의 희곡을 쓴 위대한 극작가였다. 그런데 《흠정역성서》와 셰익스피어의 희곡은 같은 시기에 속하였으나 성서와 희곡에 쓰인 언어는 많은 점에서 차이를 나타냈다. 즉, 성서가 겨우 8,000단어를 사용한 반면, 셰익스피어의 희곡은 28,000개의 어휘를 사용하였다.

18세기 이후 전개된 현대영어 시기에 영국은 인도를 비롯한 세계 여러 나라를 식민지로 다스리면서 영국영어와 문화를 보급하였다. 영국영어는 17세기 초 청교도들이 신대륙인 미국의 동북부 지역으로 건너가 쓰였고, 아프리카와 아시아 및 오세아니아 그리고 심지어 카리브해권의 여러 나라에서도 여전히 영국영어가 쓰이는 등, British English라는 명칭의 영국영어는 미국영어(American English)와 구분할 때 넓은 의미에서 '영연방국의 영어(Commonwealth English)'라는 명칭과 동일하게 쓰이고 있다.

영국영어의 특징

오늘날 영국영어(British English)는 우리가 흔히 알고 있는 것과는 달리 영국의 여러 곳에서 쓰이는 방언과 악센트에서 엿볼 수 있듯이 서로 다르게 쓰이고 있다. 대체로 다음과 같이 네 가지 주요 방언으로 나누어진다. 잉글랜드 지역(남부영어 방언, 서부 방언, 동중부 및 서중부 영어 방언 및 북부 영어 방언을 모두 포함하는 지역을 일컬음)에서 쓰이는 영어를 지칭하는 잉글랜드 영어(English English), 웨일즈 영어(Welsh English), 아일랜드 영어(Irish English), 그리고 스코틀랜드 영어(Scottish English)가 네 가지 주요 방언지역에 해당한다. 이처럼 영국과 아일랜드에 걸쳐 다양하게 분포되어 있는 영국영어 방언은 저마다 다른 언어에서 차용한 어휘에서도 알 수 있듯이 다양하게 쓰이고 있다.

영국영어의 또 다른 특징은 잉글랜드 남부 여러 주(counties)의 상류층과 가장 흔하게 연관되어 있는 영어의 형태로 영국영어의 표준발음이라고 부르는 용인(容認) 발음, 즉 RP(Received Pronunciation)에 있다. 이 발음은 초기 현대영어시기에 런던에서 사용된 중부와 남부 방언이 섞이면서 형성된 발음에서 유래하며 외국인 학습자들에게 영어를 가르치는 모델이 되는 발음으로 흔히 사용되고 있다.

RP는 이제 지역 방언이라기보다 계급방언(class dialect)에 속하며 'Queen's (or King's) English', 'Public School English', 'Posh', 또는 이 발음이 원래 영국의 라디오와 텔레비전에서 사용된 영어의 형태에 따라 'BBC English' 등, 다양한 명칭으로 불리고 있다. RP는 영국인의 약 2%가 사용하며, 지난 40년 동안 매우 두드러지게 발전해오고 있다.

영국의 남동 지역에서는 RP와는 전혀 다른 악센트가 쓰이는데 동부 지역(East End)에 거주하는 런던 사람들이 사용하는 독특한 사투리인 런던 사투리 방언(Cockney accent)이다. 특히 /t/음이 모음 사이에 올 때 성문파열음(glottal plosive)인 [ʔ]음으로 발음되는 경향이 흔히 일어난다. 이러한 과정을 T-성문음화(T-glottalisation)라고 하며 런던 사투리의 특징으로 later의 /t/음에서 나는 소리이다. 그러나 /t/음이 단어 끝에 오는 경우에도 성문음으로 발음되고(예: not: no[ʔ] interested), /t/음 이외에 다른 자음에도 적용되어 널리 쓰이고 있다(예: paper: pa[ʔ]er; baker: ba[ʔ]er).

영국영어의 언어적 특징은 무엇보다도 발음에서 찾아볼 수 있는데 특히 모음 'a, o'와 자음 'r, t'를 발음하는 양상이 매우 다르게 나타난다. 또한 영국영어는 원음 그대로 발음을 한다. 자음의 경우 조음기관을 더 강하고 오래 밀착시켜 조음하며 파열도 날카롭게 한다. 따라서 영국에서는 'better,' 'water,' 'tomato'의 /t/를 ['be**t**ə], ['wɔ:**t**ə], [tə'mɑ:**t**əʊ]와 같이 정확하게 발음해준다. 또한 'often,' 'empty,' 'herb'를 발음할 경우 ['ɒf**t**ən], ['em**p**ti], [**h**3:b]처럼 자음 /t/, /p/, /h/를 그대로 발음하려는 경향이 있다. 그런데 모음 뒤에 /r/이 오는 경우에는 발음되지 않는다. 예를 들면, 'bird,' 'car,' 'far,' 'horse,' 'work,' 'worm'은 각각 [b3:d], [kɑ:], [fɑ:], [hɔ:s], [w3:k], [w3:m]로 발음된다.

모음의 경우 영국영어는 미국영어보다 조음 영역이 더 넓다. 미국영어의 [æ] 중 일부는 영국영어에서는 [ɑ:]로 발음된다. 예를 들면, 'ask,' 'bath,' 'class,' 'dance,' 'glass,' 'laugh,' 'pass,' 'sample'은 각각 [ɑ:sk], [bɑ:θ], [klɑ:s], [dɑ:ns], [glɑ:s], [lɑ:f], [pɑ:s], ['sɑ:mpl]로 발음된다.

미국영어에서 [ɑ]로 발음되는 것이 영국영어에서는 [ɒ]로 발음된다. 예를 들면, 'box,' 'coffee,' 'hot,' 'not,' 'pocket,' 'pond,' 'stop,' 'top'은 각각 [bɒks], ['kɒfi], [hɒt], [nɒt], ['pɒkɪt], [pɒnd], [stɒp], [tɒp]으로 발음된다. 또한 미국영어에서는 [ɑ]로 발음되는 것이 영국영어에서는 [ɔ]로 발음된다. 예를 들면, 'Tom,' 'Bob'은 각각 [tɔ́m], [bɔ́b]으로 발음된다. 그리고 영국식 발음 [æ]는 'have[hæv]'나 'stand [stænd]'에서처럼 미국식 발음 [æ]보다 길이가 많이 짧고 그래서 비음이 적다.

'tomato'의 경우 미국영어에서는 중간모음을 [ei]로 발음하는데 영국영어에서는 [a]로 발음한다. 또한 route의 경우 미국영어에서는 중간모음을 [aʊ]로, 영국영어에서는 [u:]로 발음한다.

영국영어에서는 미국영어와는 다르게 일부 강세를 받지 않는 단어는 약하게 발음하는 중모음을 사용한다. 예를 들면, vacation은 미국영어의 경우 [veikéiʃən]인데, 영국영어의 경우는 [vəkéɩʃən]이다.

다음에 영국영어와 미국영어의 차이를 어휘와 철자로 나누어 일부만 살펴보기로 한다.

어휘의 차이

미국영어	영국영어
apartment	flat
automobile	car
cab	taxi
can	tin
candy	sweet
chips	crisps
closet	wardrobe
cookie	biscuit
corn	maize
diaper	nappy
divided highway	dual carriageway
drapes	curtains
overalls	dungarees
elevator	lift
eraser	rubber
expressway (or freeway)	motorway
fall	autumn
faucet	tap
first floor	ground floor
flashlight	torch
fries	chips
garbage	rubbish
gasoline	petrol
high school	secondary school
highway	motorway
hood	bonnet
inside lane (도로의 중앙에 가까운 차로)	outside lane
jello	jelly
license plate	number plate

line	queue
mail	post
median	central reservation
movie	film
outside lane (도로변에서 가까운 차로)	inside lane
pajamas	pyjamas
pants	trousers
period	full stop
a private school	a public school
public school	state school
railroad	railway
ramp	slip road
Santa Claus	Father Christmas
scotch tape	sellotape
second floor	first floor
sidewalk	pavement
sneakers	trainers
soccer	football
stove	cooker
subway	underground
third floor	second floor
tire	tyre
transportation	transport
truck	lorry
trunk	boot
vacation	holiday
vest	waistcoat
windshield wiper	windscreen wiper
yard	garden
zero	zero/nought/oh/nil
zipper	zip
zero zero seven (007)	double oh seven

철자의 차이

-or/-our

미국영어	영국영어
color favor neighbor	colour favour neighbour

-ter/-tre

미국영어	영국영어
center liter theater	centre litre theatre

-ze/-se

미국영어	영국영어
analyze apologize legalize organize realize	analyse apologise legalise organise realise

-l/-ll

미국영어	영국영어
enrolment marvelous traveling	enrollment marvellous travelling

다른 철자

미국영어	영국영어
catalog	catalogue
check	cheque
defense	defence
curb	kerb
plow	plough
pajamas	pyjamas
December 25. 2013	25 December 2013
12/25/13 (2013년 12월 25일)	25/12/13 (2013년 12월 25일)

참고로, 영국식 영어발음은 지역별로 차이가 있다. 보통 영국의 버밍엄(Birmingham) 이남에서 쓰이는 남부 영어(Southern British), 버밍엄 이북에서 쓰이는 북부 영어(Northern British), 스코틀랜드 지방에서 쓰이는 스코틀랜드어(Scotch)로 구분된다. 셋 중에서 보통 표준으로 삼는 것이 남부 영어이다. 좀 더 자세히 살펴보면, 남부 영어에도 런던의 동쪽지역 방언인 Cockney, 버밍엄 지역에서 사용되는 Brummies, 리버풀 지역의 방언인 Scouse, 뉴캐슬 지역의 방언인 Geordies가 있다. 또한 영국식 영어발음은 사회계층에 따라 구별되기도 한다. 여왕이 사용하는 Queens English가 있으며, 싸구려 금장식을 한 하층계급이 사용하는 Chav가 있다.

미국식 영어발음도 지역에 따라 구분된다. 보스턴을 중심으로 한 뉴잉글랜드 지방에서 쓰이는 동부방언(Boston Accent), 매릴랜드(Maryland), 버지니아(Virginia), 텍사스(Texas) 등 남부지역에서 쓰이는 남부방언(Southern Accent), 그리고 북부, 중부, 서부의 넓은 지역에서 쓰이는 일반 미국어(General American)가 있다. 셋 중에서 보통 미국식 표준영어로 통용되는 것이 General American이다.

Suggested Readings

강혜경 (2011) 《영국문화의 이해》 서울: 경문사.

박영배 (2001) 《앵글로색슨족의 역사와 언어》 서울: 지식산업사.

박영배 (2010) 《영어사》(*A History of the English Language*), Second Edition. 서울: 한국문화사. [f. 1998]

Crystal, D. (2004) *The Stories of English*. London: Allen Lane.

McArthur, T. (2002). *Oxford Guide to World English*. Oxford: Oxford University Press.

McCrum, R. (2010) *Globish: How the English Language Became the World's Language*. New York & London: W. W. Norton's Company.

Questions to Consider

1. 영국 문화의 특징에 대해 조사하여 발표해 보시오.
2. 영어의 기원에 대해 요점을 정리하여 설명하여 보시오.
3. 영국영어의 발음상 특징은 무엇인가? 용인 발음(RP)에 대해 예를 들어 설명해 보시오.
4. 영국영어가 세계 여러 나라에서 쓰일 수 있게 된 배경과 역사는 무엇인지 자료를 바탕으로 설명해 보시오.
5. Cockney accent란 무엇인지 자료를 찾아서 서로 토론해 보시오.

스코틀랜드

개관

Scotland는 ['skɒtlənd]라고 읽는다. 영국(United Kingdom)의 일부로 우리가 흔히 대영제국(Great Britain)이라고 부르는 섬나라 영국의 북부 지역 3분의 1을 차지하는 나라이다. 남으로는 잉글랜드와 국경을 접하고 대서양으로 둘러싸여 있으며 동쪽으로는 북해, 그리고 북서쪽으로는 아일랜드 해와 접하고 있다. 스코틀랜드는 본토 이외에 북부의 여러 섬과 헤브리디스 제도(the Hebrides)를 포함하여 790개가 넘는 섬으로 이루어져 있다.

'Scotland'라는 말은 Scoti에서 유래하며 선사시기에 스코틀랜드 고지에 거주한 게일인(Gaels)을 뜻하는 라틴어 명칭이다. 후기 라틴어인 Scotia('게일인들의 땅'이란 뜻)는 처음에는 아일랜드를 가리키는 말로 쓰였으나 11세기에 이르러 알바니아(Albania) 또는 올버니(Albany)와 함께 포스 강(river Forth) 북부의 (게일어를 사용하는) '스코틀랜드'를 지칭하는 데에도 사용되었다. 알바니아와 올버니는 모두 게일어인 알바(Alba)에서 유래한다.

역사

스코틀랜드의 초기 역사는 빙하기가 반복되면서 중석기 이전에 살았을지도 모르는 인류의 흔적을 전혀 찾아볼 수 없게 만들었으나 빙하기가 물러감에 따라 12,000여 년 전 스코틀랜드에 처음으로 수렵인의 정착이 이루어지고 6,000년 전 무렵에는 최초로 촌락이 형성되었다. 스코틀랜드 북동부, 오크니 제도

(Orkney Isles)의 본토에는 신석기 시대의 취락 유적이 잘 보존된 스카라 브레(Skara Brae: /s'kærə b'reɪ/로 발음)라는 마을이 발견되었다.

현재 영국이라는 명칭은 로마인에 의해 브리튼(Britain)으로 불렸는데, 브리튼 섬 중에서 오늘날 스코틀랜드 대부분을 포함하는 브리타니아 이북 지역은 '칼레도니아'라고 불렀으며 로마의 지배를 받지 않았다. 당시 이 지역에 거주한 민족은 켈트계 부족인 픽트족(Picts)과 스코트족(Scots)이었다. 8~9세기에는 픽트 왕국이 퍼스(Perth)에 수도를 정하고 전성기를 누렸다.

그러나 10~11세기에 이르면 스코트족이 주변의 켈트계 부족들을 병합하여 통일된 왕국을 수립하게 된다. 기원후 43년 로마가 브리튼 남부와 중앙부에 해당하는 잉글랜드와 웨일즈를 정복하고 '브리타니아'(Britannia)로 칭하면서 스코틀랜드의 기록된 역사가 시작되었다. 로마의 역사가인 타키투스(Tacitus)에 의하면 "칼레도니아인(현재 스코틀랜드인)들이 대규모로 로마군의 요새를 공격하고 기습공격을 감행하여 로마군 9연대 전체를 거의 소탕하였다"고 기록하고 있다. 그 후 기원후 83~84년 로마 장군 아그리콜라(Agricola)는 몬스 그라우피우스 전투(Battle of Mons Graupius)에서 칼레도니아인들을 무찌르고 요새를 쌓았으나 칼레도니아 정복에는 실패하였다. 이후 360여 년 간 브리타니아를 통치하는 동안 접경지대에 하드리아누스 성벽(Hadrian's Wall)을 쌓아 방어하였다.

초기 스코틀랜드 왕국은 포스 강과 클라이드 강 유역을 중심으로 한 스코틀랜드 북부를 영토로 하였다. 스코틀랜드 남서부에는 스트라스 클라이드 브리손족(Brythonic)이 여전히 존재하였고, 남동부에는 앵글로-색슨족의 초기 잉글랜드 왕국들 중 하나인 노섬브리아(Northumbria) 왕국이 있었다. 스코틀랜드 왕국은 지속적으로 영토를 확장하여 1018년 무렵에 현재의 스코틀랜드와 같은 영토가 되었다.

1292년 존 발리얼(John Balliol)이 왕위에 오르고 난 뒤, 불과 몇 년이 지나지 않아 잉글랜드의 왕 에드워드 1세는 스코틀랜드의 왕위에 대한 자신의 권리를 주장하였다. 그러나 발리얼과 그의 영주들은 프랑스에 사절을 보내 1295

년 스코틀랜드와 프랑스 간에 고대 동맹(Auld Alliance, 1295~1560: auld는 스코틀랜드어로, 영어의 old를 뜻함)을 결성하였다.

1296년 에드워드 1세는 스코틀랜드를 침공하고 존 발리얼을 폐위시켰다. 스코틀랜드는 잉글랜드의 침공에 대항하여 윌리엄 윌리스(William Wallace)와 앤드루 머리(Andrew Moray)가 이끄는 군대가 잉글랜드 군에 대항하여 짧은 기간 승리를 누렸으나 2년 후 다시 스코틀랜드를 침공한 잉글랜드군에 의해 패배하고 윌리스는 처형당했다.

1306년 스코틀랜드 왕위에 올라 로버트 1세(Robert I)가 된 로버트 브루스(Robert Bruce)는 1314년 배넉번 전투(Battle of Bannockburn)에서 잉글랜드군과 싸워 승리하였다. 영화 〈브레이브 하트〉(Brave Heart, 멜 깁슨 주연)는 이 전투를 영화화한 것이다. 1320년 교황 요한 22세의 중재로 양국의 전쟁은 종결되어 스코틀랜드는 잉글랜드 왕실에 의해 스코틀랜드 주권을 법적으로 인정하기에 이르렀다.

그러나 잉글랜드와의 전쟁은 브루스가 죽은 이후로도 수세기에 걸쳐 계속되었다. 1512년 스코틀랜드 왕 제임스 4세는 프랑스와의 동맹관계에 따른 프랑스의 요청으로 잉글랜드를 공격하였으며, 플로든 전투(Battle of Flodden)에서 전사한 마지막 브리티시 군주가 되었다. 후에 왕이 된 제임스 5세 역시 잉글랜드 왕 헨리 8세가 로마가톨릭에 대항하여 영국 국교회(성공회)의 수장이 된 것에 반대하자 잉글랜드군과의 전쟁으로 이어지고 결국 솔웨이 모스 전투(Battle of Solway Moss, 1542)에서 전사하였다.

16세기 스코틀랜드의 종교개혁 운동은 개신교와 로마가톨릭 간의 내전으로 발전하였다. 메리 1세는 로마가톨릭을 신봉하였으나 뒤를 이어 왕이 된 제임스 6세는 개신교도였다. 그러나 잉글랜드의 엘리자베스 1세의 뒤를 이어 즉위한 잉글랜드의 제임스 1세는 영국 성공회의 수장이 되었다. 스코틀랜드 종교개혁에서 존 녹스(John Knox, c.1513~1572)는 제네바에서 돌아와 스코틀랜드에 칼뱅파를 전파하였으며, 이것이 후에 장로교의 시초가 되었다.

1707년 잉글랜드와 스코틀랜드는 연합법(Acts of Union)에 의해 합병되어 그레이트 브리튼 연합왕국(Kingdom of Great Britain)이 되었으며, 앤 여왕은 스튜어트 왕가의 마지막 군주가 되었다. 앤 여왕의 사후 조지 1세가 왕위를 계승하여 하노버 왕가가 시작되었다.

18세기에는 글라스고(Glasgow)와 에든버러(Edinburgh)가 놀라운 경제 성장을 이룩하는 한편, 스코틀랜드 계몽주의(Scottish Enlightenment)로 인해 애덤 스미스, 데이비드 흄, 제임스 보스웰과 같은 거장을 배출하였다. 이 시기의 저명한 문인으로 시인 로버트 번스(Robert Burns, 1759~1795), 《아이반호》를 쓴 월터 스코트(Walter Scott, 1771~1832) 등이 있다. 19세기에 이르러 글라스고는 런던 다음으로 대영제국의 제2도시로 불릴 정도로 급성장하였다.

아담 스미스

월터 스코트

로버트 번스

종교와 문화

1560년 종교개혁(Scottish Reformation) 이후 스코틀랜드는 장로주의를 택하여 장로교를 국교로 정하였다. 현재 인구의 약 12%는 스코틀랜드 교회에 속하며, 40%는 이 교회와 연관되어 있다. 스코틀랜드 교회는 스코틀랜드의 모든 공동체마다 지역에 회중을 두고 구역의 교구 조직을 관할하고 있다.

스코틀랜드에는 또한 로마가톨릭 인구도 19%나 되며 특히 서부에 거주하고 있다. 종교개혁 이후 로마가톨릭교는 고지대와 일부 서쪽의 여러 섬으로 이동하였으며, 19세기에는 아일랜드에서 들어온 이민으로 인해 교세가 강화되는 양상을 띠기도 하였다.

이슬람은 스코틀랜드 전체 인구의 0.9%도 안 되는 약 4만 명의 신도를 가지고 있다. 이밖에 유대교, 힌두교 및 시크교(Sikh) 공동체가 특히 글라스고에 퍼져 있다. 서부 유럽에서는 처음으로 2007년 불교 사원 건립 40주년을 기념하는 행사가 스코틀랜드에서 열렸다.

스코틀랜드는 켈트족이 세운 나라 중의 하나답게 국내는 물론 전 세계에서 켈트인 고유의 다채로운 행사를 개최하고 있다. 그리하여 켈트연관축제(Cetic Connections Festival), 헤브리디스 켈트 축제(스토노웨이)와 같은 음악 축제는 물론, 연례행사로 열리는 로리앙 켈트 축제(브르타뉴, 프랑스), 범 켈트 축제(아일랜드) 및 전국 켈트 축제(오스트레일리아)는 언어, 음악, 무용에 이르기까지 스코틀랜드인의 고유한 전통 요소를 모두 포함하여 열리는 행사라고 할 수 있다.

켈트연관축제
글라스고에서 해마다 1월에 열림. 300개가 넘는 콘서트, 워크숍, 좌담회 등 각종 행사가 연관되어 열리는 축제를 일컬음.

스코틀랜드 음악은 전통 및 현대 무용과 함께 중요한 국가의 문화로서의 위상을 지키고 있다. 스코틀랜드의 전통 악기로는 그레이트 하이랜드 백파이프(Great Highland Bagpipe)가 널리 알려져 있다. 백파이프는 스코틀랜드 고유의 복식 퀼트를 차려입고 연주하는 것이 특징이다. 백파이프는 3개의 저음지속용 파이프(drones)와 멜로디 파이프(chanters)로 이루어져 있으며, 주머니(bag)에 저장해 둔 공기를 지속적으로 파이프에 보내 연주한다.

로리앙 켈트 축제(브르타뉴, 프랑스)

고지대 백파이프를 연주하는 모습

에든버러 국제페스티벌

스코틀랜드는 초기 중세시기까지 거슬러 올라가는 문학의 유산을 지니고 있다. 가장 초기의 것으로 현재 스코틀랜드에 현존하는 문학은 6세기에 브리손어(켈트어의 하나)로 쓰였으나 웨일즈 문학의 일부로 보존되어 오고 있다. 후기 중세 문학은 라틴어, 게일어, 고대영어 및 프랑스어로 쓴 작품이 포함되었다. 16세기에 왕실의 후원으로 스코틀랜드 드라마와 시가 발전하는데 도움이 되었으나 제임스 6세가 잉글랜드의 왕(제임스 1세)으로 즉위하면서 스코틀랜드어가 잠시 주춤하기도 하였다.

그러나 18세기에 스코틀랜드 문학에 대한 흥미가 부활하게 되어 유럽의 계몽운동에 영향을 주었다. 그리하여 19세기에는 민족 시인인 로버트 번스 및 스코트인의 정체성을 알리는데 큰 역할을 한 월터 스코트의 소설 양식에 많은 영향을 끼쳤다. 빅토리아 시기(1837~1901)가 끝나갈 무렵 스코틀랜드 태생의 많은 작가들이 영어로 작품을 발표하여 국제적인 명성을 얻었다. 로버트 루이스 스티븐슨, 아서 코넌 도일, 조지 맥도널드와 같은 작가들이 대표적인 작가들에 속한다. 20세기에 들어와서 스코틀랜드는 왕성한 문학 활동으로 인해 문예부흥을 누렸고, 작품을 스코틀랜드어로 쓰려는 운동이 일어났는데, 에드윈 모건(Edwin Morgan, 1920~2010)을 포함하는 전후 시인 세대가 주축을 이루었다.

에드윈 모건
20세기 가장 뛰어난 스코틀랜드 시인으로 1999년 최초로 글라스고 계관시인이 되었고, 2004년 최초로 국민 시인 The Scots Makar의 칭호를 받음.

수도 에든버러에서는 매년 8월 중순부터 9월 초까지 에든버러 국제페스티벌(The Edinburgh International Festival)이 열린다. 이 페스티벌은 문화 공연

에든버러 페스티벌 프린지를 알리는 홍보판

예술의 집대성이라 할 수 있는 대규모 행사로 50년이 넘는 역사와 세계 최고의 규모와 수준을 자랑한다.

한편, 서민들의 축제에서 유래된 에든버러 페스티벌 프린지(Edinburgh Festival Fringe)는 일반인들이 더 쉽게 참여할 수 있는 축제로 '축제 속의 축제'라고도 불린다.

에든버러 페스티벌의 백미는 에든버러 밀리터리 타투(Military Tattoo)로, 도시의 상징인 에든버러 성 앞에서 펼쳐지는 스코틀랜드의 전통악기인 백파이프와 드럼을 둘러맨 군악대들의 퍼레이드에 뒤이어 세계 각국에서 모여든 밴드와 춤패들의 흥겨운 공연들이 펼쳐진다. 1950년부터 시작된 이래 이 퍼레이드는 20만 명 이상의 관객들이 함께하는 페스티벌의 가장 인기 있는 행사이다.

또 하나 페스티벌의 하이라이트는 에든버러 성의 성벽으로부터 쏘아 올리는 아름답기 그지없는 대규모의 폭죽놀이와 함께 이루어지는 Princess Street 정원에서의 야외 콘서트이다. 이 공연은 에든버러 행사의 마지막을 장식하는 폐막제 행사인데 무엇보다도 무료로 관람할 수 있다는 것이 더욱더 관객들의 구미를 당긴다.

스포츠는 스코틀랜드 문화의 중요한 요소로 작용하고 있다. 스코틀랜드는 국내의 많은 스포츠 경기를 주관하고 있으며, FIFA 월드컵, 럭비 유니언 월드컵, 럭비리그 월드컵, 그리고 크리켓 월드컵 등 많은 국제 스포츠 경기를 독자적으로 대표하고 있다. 그뿐만 아니라 1872년 잉글랜드와 최초로 스코틀랜드 서부의 크리켓 클럽의 고향인 글라스고에서 국제 축구 경기를 진행하였다.

15세기 스코틀랜드에서 시작된 골프의 종주국답게 스코틀랜드는 골프의 고향으로 알려져 있다. 많은 골퍼들에게 세인트 앤드루스(St. Andrews)의 파이프 마을에 있는 올드 코스(Old Course)는 1574년 이전으로 거슬러 올라가는 오래된 링크 코스로 골퍼들에게 골프의 순례지로 여겨지고 있다. 세계에서 가장 오래된 골프 토너먼트는 1860년 스코틀랜드의 에어셔(Ayrshire)에 있는 프레스트윅크 골프 클럽에서 열렸다.

스코틀랜드 영어

배경과 역사 스코틀랜드에서 쓰이는 영어의 여러 유형을 스코틀랜드 영어라고 하는데, 그 중에서도 학교에서 공식적인 표준으로 쓰이는 영어는 표준 스코틀랜드 영어(Standard Scottish English; SSE)라고 일컫는다. 이 영어는 발음, 문법 및 표현이 독특한 데다가, 어휘에서도 특색을 나타내어, 특히 스코틀랜드 교회, 지방 정부 및 교육과 법제도와 같은 스코틀랜드 여러 기관과 관련되어 쓰이고 있다.

스코틀랜드 영어는 17세기 이후 스코틀랜드어(Scots)와 잉글랜드의 표준영어 사이의 접촉이 이루어지면서 생겨났다. 스코틀랜드어를 사용하는 화자들이 영어의 어법이나 표현을 사용하게 되면서 음운상으로 표준영어의 음운을 가져다가 쓰고, 스코틀랜드어에 없는 표준영어의 어휘를 사용하는 결과가 나타나게 되었다. 이것은 스코틀랜드 영어의 역사에 익숙하지 않은 언어학자들에 의해 이러한 음운 병합 현상이 잘못 전해진 데에도 그 원인이 있다.

스코틀랜드어에 끼친 잉글랜드 영어의 영향은 16세기 종교개혁과 인쇄술의 도입으로 거슬러 올라간다. 1476년 런던에는 인쇄소가 설립되었으나 스코틀랜드에는 그 후 30년간 최초의 인쇄소가 도입되지 않았다. 영어로 인쇄된 제네바 성서(Geneva Bible)와 같은 문헌은 개신교리를 보급하기 위해 스코틀랜드에서 널리 보급되었다.

스코틀랜드 왕 제임스 6세는 1603년 잉글랜드의 제임스 1세로 즉위하면서 잉글랜드가 두 왕국(잉글랜드와 스코틀랜드) 중에서 더 크고 더 부유해진 이후 그의 왕실을 스코틀랜드에서 런던으로 옮겼다. 그리하여 스코틀랜드 왕실의 궁정 시인들은 남쪽으로 이동하여 그들이 쓰는 시의 언어와 스타일을 영어 시장의 기호에 맞추기 시작하였다. 따라서 스코틀랜드어는 문학언어로서의 위상을 잃어버리게 되었을 뿐만 아니라 성서를 스코틀랜드어로 번역하지 않게 되어 영어로 번역된 제임스 왕 성서(King James Bible), 흔히 《흠정역성서》라 부르는 성서가 잉글랜드 영어로 번역되어 잉글랜드와 스코틀랜드 양국에서 예배의식에 쓰이게 되었다.

1707년 연합법에 의해 스코틀랜드 의회와 잉글랜드 의회가 합쳐지게 되었으나, 교회와 교육 및 법률 제도는 연합법 이전의 체제로 그대로 남아 있게 되었다. 그리하여 일부 용어와 어휘의 정의(定義)가 양 국에서 각기 다르게 쓰이게 되었고, 정확한 정의가 필요한 경우 잉글랜드 영어가 아닌 스코틀랜드 영어에 따른 정의가 이루어지는 중요한 결과가 나타나게 되었다.

발음 스코틀랜드의 중산층이 사용하는 말씨는 특히 격식을 갖추는 상황에서는 표준서체어의 문법 기준에 맞추려는 경향이 있다. 고지영어(Highland English)는 저지대에서 쓰이는 유형과는 약간의 차이가 나타나는데, 고지영어는 게일어 기층(基層, substratum)의 영향으로 저지대에 비해 음운, 문법, 어휘의 영향을 더 많이 받았다. 이와 유사하게 스코틀랜드 북동부에서 쓰이는 영어 역시 이 지역에서 쓰인 도리아 방언(Doric)의 음운과 문법을 따르는 경향이 있다.

도리아 방언
Mid Northern Scots라고도 함. 스코틀랜드 북동부에서 쓰인 스코틀랜드어로 이전에는 저지대에서 쓰인 모든 스코틀랜드 방언을 가리키는 말로 쓰였음.

스코틀랜드 영어에 나타나는 음운상의 특징은 지역과 사회적 위상에 따라 변이가 있으나 몇 가지 공통된 특징을 설명해 보면 다음과 같다.

1. 스코틀랜드 영어에 쓰인 /r/은 음절 말에 오면 영국 표준발음과 달리 발음

되며, 이 발음은 표준발음 또는 일반 미국영어의 치경 접근음인 [ɹ]음에 가까운 소리이나, 스코틀랜드 영어를 사용하는 화자들은 치경 설탄음 [ɾ]음으로 흔히 발음한다. 그러나 드물기는 하나 치경 전동음인 [r]음으로 발음되기도 한다.

a. 스코틀랜드 영어에서는 fern, fir, fur에 쓰이는 모음을 각각 구분하여 발음한다.
b. hoarse/horse는 다르게 발음하여 /o/와 /ɔ/를 구분한다.
c. /or/과 /ur/는 대조를 이루어 shore/sure를 다르게 발음한다. pour - poor도 마찬가지로 구분하여 발음한다.
d. /l/ 앞에 오는 /r/은 강하게 발음한다. 일부 화자들은 /r/과 /l/ 사이에 모음을 삽입하여 girl과 world는 2음절어로 발음하는 경우도 있다.

2. 스코틀랜드 영어에서는 표준발음에서와는 달리 witch - which의 예에서처럼 /w/ - /hw/를 구분하여 발음한다.

3. 스코틀랜드 영어는 현대영어에서 사라진 [x]음을 쓰고 있는데, 이 음소는 고대영어 및 현대 독일어에서 쓰인 소리로 게일어 및 스코트랜드어에서 차용한 것이다. lake라는 영어는 스코틀랜드 영어에서는 게일어에서 차용한 loch로 쓰고 [lɔx]로 읽는다.

4. 파열음인 /p, t, k/는 종래의 스코틀랜드 영어에서는 유기음으로 발음되지 않으나 오늘날에는 약한 기음(氣音)을 내며 발음한다. 표준발음에서는 s- 다음에 오면 무기음으로 발음한다.

5. 모음의 길이는 스코틀랜드 영어에서 대체로 음소적이 아니다(non-phonemic). 즉, 길이에 따라 의미가 달라지는 것이 아니다. 일부 모음(/i, u, æ/)은 일반적으로 길게 발음되나 비음과 유성 파열음 앞에 오면 짧게 발음된다. 그러나 이런 차이는 형태소 경계를 넘어 일어나지는 않아서 crude - crewed, need - kneed, side - sighed는 서로 장단음 간에 대조를 이루어 발음된다.

6. 스코틀랜드 영어에는 짧은 /ʊ/가 없다. 그 대신 스코틀랜드어(Scots)의 /u/로 전환하여 발음한다. 음성적으로 이 모음은 [ʉ] 또는 심지어 [ɤ]음으로도 발음된다. 따라서 pull - pool은 동음어이다.

7. cot - caught는 대부분 중앙 스코틀랜드 영어 유형에서는 대조를 이루지 않는다.

8. /æ/ - /ɑ:/는 발음상 구분이 되지 않는다. 따라서, bath, trap, palm은 표준발음과 달리 동일한 모음을 갖는다.

9. 남부 영어에서 /ðz/(예: baths, youths, etc.)로 발음하는 복수 명사는 스코틀랜드 영어에서 /θs/로 발음된다.

스코틀랜드 영어에 쓰이는 단모음(monophthongs)은 다음과 같다.

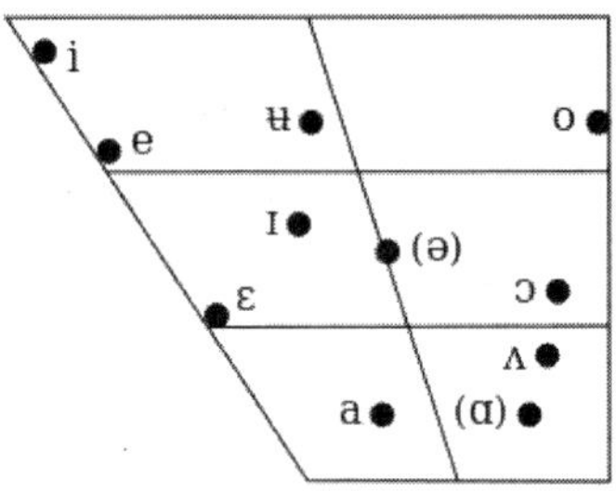

스코틀랜드 영어의 단모음

스코틀랜드 영어에 쓰이는 이중모음(diphthongs)은 다음과 같다.

/aɪ/	[ɐi~ɜi~əi]	buy, ride, write
/aʊ/	[ɐʉ~ɜʉ~əʉ]	how, pout
/ɔɪ/	[oi]	boy, hoy
/ju ː /	[jʉ]	hue, pew, new

Reduced vowels		
/ɨ/		roses, business
/ə/	/ə/	Rosa's, cuppa
/ər/ (ɚ)	[əɹ] or [əɾ]	runner, mercer

어휘 스코틀랜드 영어는 스코틀랜드어(Scots)에서 상당수 어휘를 물려받아 쓰이며, 이들 어휘는 표준영어의 다른 어형에서는 비교적 드물게 나타난다. 스코틀랜드 영어에서 전형적으로 쓰이는 어휘의 예를 몇 가지만 들어보기로 한다.

'small'을 나타내는 스코틀랜드어는 wee로 뉴질랜드 영어에서도 흔히 쓰이는 어휘이다. 공통 게르만어에서 유래한 child를 뜻하는 bairn는 guseo로, 스웨덴어, 노르웨이어, 덴마크어 아이슬랜드어, 페로어(Faroese)에서 barn으로 쓰인다. 또한, 'pretty, attractive'를 의미하는 bonnie는 Bonnie Prince Charlie와 같은 표현에서 쓰인다.

스코틀랜드영어로 쓴 outwith

이밖에도 braw 'fine', muckle 'big', spail 'splinter', snib 'bolt', pinkie 'little finger', janitor 'school caretaker' (pinkie, janitor는 미국영어에서도 쓰임), outwith 'outside of' cowp 'tip or spill' 등이 있다.

'어린 소년 소녀'를 뜻하는 laddie, lassie에서와 같이 지소사(指小詞)로 쓰이는 어미 -ie는 명사에 붙어 'smallness'를 의미하는 말로 쓰인다. 다른 예로는 peririe 'child's wooden spinning top', sweetie 'piece of confectionary'와 같은 어휘가 있다. 이 어미는 직관적으로 많은 어휘에 붙어 지소의 의미를 나타내는데 쓰이는데 위에 예로 든 bairn에 붙어 bairnie이 되면 '어린 아이'란 의미가 된다. 작은 상점(a small shop)은 wee shoppie란 표현을 쓴다.

스코틀랜드어와 북부 영어 그리고 북부 아일랜드영어에서 “How?”는 독특하게 “Why?”의 뜻으로 쓰이는데, “Why not?”이란 표현은 흔히 “How no?”란 의미를 나타내는데 쓰이고 있다. 스코틀랜드 영어와 남부 표준영어간에 어휘상 차이는 단순히 서로 공유하는 어휘의 분포의 차이에 기인한다. 이를테면 Where do you stay?에서 stay는 ‘live’의 의미로 쓰인다.

문법 스코틀랜드 영어에서 동사의 진행형은 다른 표준영어의 유형에서보다 더 많이 그리고 자주 쓰인다. 이러한 현상은 진행형으로 쓰일 수 없는 상태동사(stative verb)에서도 나타나는데, I’m wanting a drink와 같은 예가 있다. 미래 진행형은 흔히 가정(假定)을 내포하고 있다. 예: You’ll be coming from Grasgow?

스코틀랜드의 일부 지역에서는 전치사 after 및 현재분사와 함께 조동사로 ‘be’를 써서 동사의 완료상(perfect aspect)을 나타낸다. 예를 들면 He has gone이라는 표현 대신에 He is after going이라는 표현을 쓰는데 이것은 스코틀랜드 게일어에서 차용한 것이다. 정관사는 스코틀랜드 영어에 자주 쓰이는데 I’ve got the cold/the flue, he’s at the school, I’m away to the kirk.와 같은 예들이 있다.

스코틀랜드 영어를 쓰는 화자들은 흔히 전치사를 표준영어와는 다르게 사용하는데, 복합 전치사 off of도 흔히 쓰인다(예: Take that off of the table.). 스코틀랜드인들은 “waiting for you”란 표현 대신에 I was waiting on you라는 표현을 흔히 사용한다. 이러한 표현은 표준영어와는 거리가 멀다.

구어체로 쓰이는 스코틀랜드 영어에서는 다음에서 엿볼 수 있는 것처럼 표준영어와 다른 표현을 사용하고 있다.

- How old are you? 대신에 What age are you?
- My hair needs washing(or My hair needs to be washed 대신에 My hair is needing washed.라는 표현을 사용한다.

- I've just told you라는 표현 대신에 I'm just after telling you라는 표현을 사용한다.
- Am I not invited?라는 표현 대신에 Amn't I invited?라는 표현을 사용한다.

위의 예에서 볼 수 있듯이 스코틀랜드 영어에서는 1인칭 서술문으로 쓰이는 I amn't invited 및 의문문인 Almn't I invited?는 모두 가능한 문법적인 표현이다. 영국의 표준영어에서는 Aren't I invited?란 표현을 쓰고 서술형은 축약된 표현(ain't)을 쓰지 않는다는 점과 대조를 이룬다고 할 수 있다.

Suggested Readings

Abercrombie, D. (1979) The accents of Standard English in Scotland. In A. J. Aitken & T. McArthur (eds.) *Languages of Scotland*. Edinburgh: Chambers. 65-84.

Corbett, J, J. Derrick McClure & J. Stuart-Smith (eds.) (2003) *Edinburgh Student Companion to Scots*. Edinburgh: Edinburgh University Press.

McClure, J. Derrick (1994) English in Scotland. In R. Burchfield (ed.) *The Cambridge History of the English Language*. Vol V. Cambridge: CUP, 23-147.

Questions to Consider

1. '스코틀랜드'(Scotland)라는 말의 어원에 대해 조사한 것을 요약해 보시오.
2. 스코틀랜드의 문화에 대해 특징적인 것이 무엇인지 예를 들어 설명해 보시오.
3. Scots, Scotland English, Standard Scottish English에 대해 각각 설명해 보시오.
4. 잉글랜드 영어가 스코틀랜드 영어에 미친 영향이 어떤 것인지 자료를 조사한 후에 설명해 보시오.
5. 스코틀랜드 영어의 특징은 무엇인지, 발음과 표현, 어법 및 문법에 관해 설명해 보시오.
6. 스코틀랜드 영어 어휘의 특징에 대해 그 역사를 요약하고 예를 들어보시오.

아일랜드

개관

아일랜드(Ireland /aɪərlənd/로 발음)의 정식 명칭은 아일랜드공화국(Republic of Ireland)이다. 아일랜드어(Irish)로는 에이레(Éire ['e:ɾjə]로 발음), 얼스터-스코트어로는 아런(Airlann ['ɑ:rlən]으로 발음)이라고 한다. 유럽에서 세 번째로 큰 섬인 아일랜드 섬은 대서양과 아일랜드 해 사이에 있으며, 영국 본토 그레이트 브리튼 섬과는 얕은 대륙붕으로 연결되어 있다. 8세기말 침입한 노르웨이족을 1014년에 격퇴한 후, 12세기부터 700년간 이어져온 영국민의 지배에 저항한 결과 1921년 12월 6일 독립하였다.

아일랜드 공화국 지도

영국-아일랜드 전쟁에서 당시 아일랜드 섬의 32개 중에서 6개 군은 영국령 북아일랜드로, 26개 군은 아일랜드자유국으로 분할되었다. 북아일랜드는 가톨릭교도가 많아 한동안 종교 분쟁의 원인이 되었다. '아일랜드'는 아일랜드 전설 속 여신인 'Ériu'(현대어로 에이레 Éire)에 'land'가 합쳐진 것이다. 행정구역은 26개 카운티(county)로 되어 있다.

역사

아일랜드 섬의 원주민은 기원전 8000년경부터 이미 거주하기 시작하였고, 이후 기원전 900~150년 사이에 켈트계 종족이 세 차례에 걸쳐 대륙에서 건너와 여러 개의 부족국가를 세운 것으로 알려져 있다. 첫 번째로는 기원전 9세기경 고이델족(the Goidelic)이란 이름으로 청동기 시대의 문화를, 두 번째로는 기원전 4세기경 군대적 조직을 가진 브리튼족으로 철기 시대의 라틴 문화를, 세 번째로는 기원전 1세기경의 벨가이족(the Belgae)으로 이경 문화(犁耕文化)를 전파하였다. 그 후 기원후 9세기부터 노르만족, 이른바 바이킹족의 아일랜드 침입이 계속된 후 1014년까지 이들이 더블린을 포함하여 여러 연안 일대에 대부분 정착하고 거주하면서 켈트인과 융합·동화되어 생활하였다.

5세기에 성 패트릭(St. Patrick)이 전한 가톨릭교가 급속히 전파되고, 아울러 신학을 비롯한 학문 연구가 활발해졌다. 그러나 12세기 후반 헨리 2세 시대 이후 영국인의 침입이 이루어져 아일랜드인은 점차 영국에 예속화되어 갔다. 하지만 영국의 국교를 이 섬의 주민에게 강요하자 아일랜드 민중은 반항하기 시작하였다. 엘리자베스 여왕, 제임스 1세 등 영국 왕실은 이들의 반항을 철저하게 무력으로 억압하는 동시에, 완강하게 저항하는 북부 얼스터 지방에서는 토지를 몰수하여 본토로부터의 영국인 이주와 정착을 강행하였다.

아일랜드에 흑사병이 휩쓴 이후 14세기 중엽부터 노르만족의 정착이 감소하였다. 한편 노르만 지배자들과 게일어(Gaelic)를 사용하는 아일랜드 엘리트들이 결혼하면서 노르만인의 지배하에 놓인 일부 지역에서는 노르만인들이 아일랜드인으로 동화되어 갔다. 이에 따라 일부 지역에서는 아일랜드-노르만인의 혼합 문화가 등장하였다.

영국 본토에서 구교와 신교의 내분 과정에서 청교도혁명으로 권력을 장악한 크롬웰은 구교도인 아일랜드인을 철저하게 진압해서 토지를 몰수하여 영국인에게 분배하였다. 그리하여 영국인 지주 아래 아일랜드인은 비참한 소작농으로 전락되어 유명한 '아일랜드의 빈곤'이 시작되었다. 이 때문에 영국의 지배에 대한 아일랜드인의 민족주의적 저항은 19세기에 들어와서 갑자기 고조되어 아일랜드 분쟁은 영국을 괴롭히는 큰 문제의 하나가 되었다.

이미 1801년에는 영국과의 합병이 실현되어 영국 의회에 아일랜드 의원이 참가하고, 1829년에는 구교도 해방법이 성립되어 구교도에 대한 차별 대우가 없어졌지만, 민족운동은 자치권과 토지문제 해결을 요구하면서 대니얼 오코널(Daniel O'Connell)의 청년 아일랜드당과 아일랜드 민족주의 비밀결사인 페니언단 등의 등장과 활약으로 이어졌다.

한편, 영국 의회는 1886년과 1893년에 아일랜드 자치법안을 상정하였으나 성립시키지 못하고 1914년에 와서야 통과시켰다. 그렇지만 이미 정착의 역사가 오래된 영국계 신교도가 많은 아일랜드의 얼스터 지방 주민은 이에 반대하여 자치가 실현되지 못한 채 제1차 세계대전을 맞이하였다. 마침내 1916년 4월 신페인당 등을 주축으로 한 더블린의 부활절 봉기(Easter Rising)가 대대적으로 발생하고 무력으로 진압되었지만 이는 독립을 촉진시키는 계기가 되었다.

제1차 세계대전 후 아일랜드 문제가 재연되었으나 영국 본국이 제안한 얼스터 지방의 분리, 아일랜드 자치령이라는 타협안이 승인되어 1921년 12월 아일랜드 자유국(Irish Free State)이 성립되었다. 그러나 자치령이라고는 하지만 외교, 군사, 경제 등의 실권을 영국 본국 정부가 장악하였기 때문에 1932년 총리가 된 데 발레라(Éamon de Valera, 후에 아일랜드의 3대 대통령이 됨)는 완전독립을 위해서 영국 본국 정부와 항쟁을 계속한 끝에 1937년 신헌법을 제정하고 국호를 '에이레'로 정하여 독립을 선언하였다. 그리고 영국 본국도 제2차 세계대전 전야의 절박한 국제정세 때문에 사실상 이것을 인정하였다. 그 후에도 형식상으로는 여전히 영국연방에 속하였으나 제2차 세계대전 후인 1948년 헌법을 개정하고 다음 해인 1949년 부활절 봉기 33주년을 기념해서 국명을 아일랜드 공화국(Republic of Ireland)으로 개칭하고 연방에서 이탈하여 완전독립을 이루었다.

영국 본국의 일부인 얼스터 지방에는 신교도와 구교도 간의 무혈투쟁과 테러가 계속되었으나 정치적 타협으로 안정되어 가고 있다. 2006년에는 1998년에 승인된 굿프라이데이 협정에 의거한 영국과의 북아일랜드 해결을 위한 앤드류 협약이 실현되었다.

언어

아일랜드의 공용어는 아일랜드어와 영어이다. 영국의 식민 통치의 영향으로 대부분의 국민들은 영어를 사용한다. 발음은 미국식 영어와 영국식 영어의 중간 정도의 억양이며, 아일랜드 특유의 억양도 섞여 있다.

아일랜드어(Irish)는 인도유럽어족 켈트어파에 속하는 언어로서 아일랜드 공화국의 제1공용어이다. 2007년 1월 1일부터는 유럽 연합의 공식 언어의 지위를 얻게 되었다. 현존하는 게일어의 하나로 종종 '아일랜드 게일어'(Irish Gaelic)나 혹은 그냥 '게일어'라고 불리기도 한다. 대부분의 아일랜드인들은 영어를 모어(母語)로 하지만, 영어와 아일랜드어는 언어 계통적으로 그다지 관계가 없다.

아일랜드어는 영국의 통치를 받던 시절에 영어로 대체되어 사용자 수가 격감하였다. 19세기에 들어와 아일랜드의 민족의식이 고양되는 가운데 게일어 연맹(the Gaelic League)의 초대 회장과 아일랜드 공화국의 초대 대통령 더글러스 하이드(Douglas Hyde, 1860~1949)에 의한 아일랜드어 부흥활동이 활발하게 이루어졌다.

오늘날 이 언어를 일상적으로 사용하는 이들은 소수이다. 아일랜드 국내에서도 '게일타흐트'(Gaeltacht. 아일랜드어 발음으로 /'geɪltəxt/라고 읽음)라고 불리는 일부 지역(Ulster, Connacht, Munster)에 국한하여 주로 쓰인다. 이들 지역은 아일랜드 정부 정책의 일환으로 아일랜드어 부흥운동이 일어났던 초기 몇 년 동안에 맨 처음 공식적으로 인정한 지역이다. 아일랜드 정부의 2004년 조사에 따르면 아일랜드 사람 중 약 160만 명이 아일랜드어를 할 줄 안다. 이 중 35만 명은 매일 사용하며, 15만 5천 명은 매주, 58만 5천 명은 가끔, 46만 명은 실생활에서 사용하지 않으며, 3만 명은 이 항목에 응답을 하지 않았다.

이 통계에 대해 아일랜드어 사용 지지파와 반대파들이 다른 의견을 내고 있다. 제1언어로 매일 아일랜드어를 사용하는 사람이 8만 명이라고 한다. 다른 자료에는 북아일랜드의 16만 5천 명과 미국의 2만 5천 명이 아일랜드어를 사용한다고 나와 있다. 하지만, 공공게시물이나 교통표지판 가운데 상당수에는 아일랜드어 병기가 이루어지고 있다.

또한 정부의 공직(총리나 의회, 정당, 의원 등등)의 명칭을 아일랜드어로 표기하며, 국방군에서는 아일랜드어 구령을 사용케 하는 등 민족주의적인 관점으로도 사용을 장려하고 있다. 아일랜드 공화국에서는 의무교육과정 가운데 아일랜드어는 필수과목이며, 공무원시험 등에서도 아일랜드어가 필수과목이기 때문에 학습자는 많지만, 게일타흐트가 아닌 대부분의 지역에서는 의무교육이 끝나거나 취직 후에는 잊힌 채 쓰이지 않는 경우가 많다.

아일랜드 정부는 각종 보호정책을 채택하여 게일타흐트 지역의 아일랜드어 원어민 가정에게 그 지역에 계속 거주하는 것을 조건으로 정부에서 보조금 등을 지급하고 있다. 그렇다곤 해도 서부 일부 해안지역에 산재하는 게일타흐트를 빼곤 아일랜드의 일상생활에서 아일랜드어로 말하는 것을 듣기는 어려운 것이 실정이다.

또한 게일타흐트도 인구가 적은 벽지에 편재하고 있어 비교적 많은 사용자

아일랜드 초대 대통령 하이드가 인쇄된 지폐

가 있다고 여겨지는 도시는 서부의 골웨이뿐이다. 유럽연합의 공식 언어로 지위를 얻었으나 워낙 사용자가 적은 까닭에 번역인력 충당에 어려움이 있기 때문에 적용제외규정을 두어 다른 공식 언어들과는 달리 생산되는 모든 문서를 번역하는 것이 아니라 일부 중요한 문서에 국한된다. 이 적용제외규정은 적용일로부터 4년 이내에 이후로는 5년마다 실시상황을 조사하여 규정적용의 종료 여부를 결정한다.

문화

영문학계의 별들인 예이츠(W.B. Yeats), 버나드 쇼(George Bernard Shaw), 베케트(Samuel Beckett), 조이스(James Joyce), 오스카 와일드(Oscar Wilde), 시무스 히니(Seamus Heaney)는 모두 아일랜드 출신의 작가들이다. 이 중 예이츠, 버나드쇼, 베케트, 히니가 노벨문학상을 수상하였고, 조이스는 20세기 모더니즘 문학을 이끈 장본인이다.

조이스는 문학의 형식과 내용 모두를 재구성함으로써 문학을 근본적으로 바꿔 놓았다. 따라서 현대소설은 조이스 이전과 이후로 나뉜다고도 말할 수 있다. 그는 짧은 산문, 대화, 사건에 대한 스케치들을 토대로 '에피파니'(Epiphany)라는 문학 기법을 발전시켜 그의 글쓰기에 바탕을 삼았다. 에피파니는 평범한 말이나 행동에 갑자기 나타나는 사물의 본질에 대한 정신적 계시를 의미하는데, 조이스는 예술가란 "경험이라는 일상적 빵을 영속적인 생명력을 가진 빛으로 바꾸는 상상력의 사제"라고 여겼다. 이 기법은 《율리시스》와 《피네건의 경야》에서 형상화되며, 이로써 조이스는 사실주의와 상징주의라는 20세기 문학의 두 줄기에서 균형을 맞추었다.

아일랜드에는 '션 노스'(sean nos)라는 민요가 있는데 아일랜드 민속위원회에서 많은 수의 곡을 수집하였다. 대중음악 분야는 컨트리 음악과 록 음악이 성행한다. 세계적으로 알려진 팝 음악가로는 유투(U2), 밴 모리슨(Van Morrison), 엔야(Enya), 시네이드 오코너(Sinead O'Connor), 크랜베리스(the

Cranberries), 보이존(Boyzone), 웨스트라이프(Westlife) 등이 있다.

영국인들이 바라보는 아일랜드인들은 다혈질적이고 게으르고 술을 좋아하는 주정뱅이들로 보일지 모르지만, 그들은 펍에서 지인들과 노래하기를 좋아하고 문화를 사랑하는 따뜻한 정감을 가진 민족이다. 버나드 쇼가 언급했듯이 그들은 상상력으로 가득 찬 민족이다.

아일랜드에서 가장 널리 즐기는 팀 경기로 사커(soccer)가 있고, 북아일랜드에서는 가장 인기가 높다. 이밖에도 시합 참가 수로는 게일식 축구(Gaelic football)라는 것이 있는데 아일랜드 전역에 약 2600개의 클럽이 있을 정도로 인기가 있다. 승마 경기(horse racing)와 그레이하운드 경기(greyhound racing) 또한 인기 종목으로 종마(種馬)는 해외로 수출하기도 한다. 골프(golf)는 아일랜드에서 매우 대중적으로 인기있는 스포츠로 해마다 24만 명이 넘는 방문객을 위한 골프 투어(golf tourism)는 아일랜드의 주요 스포츠 산업으로 각광받고 있다.

예이츠

시무스 히니

사무엘 베케트

오스카 와일드

버나드 쇼

제임스 조이스

아일랜드 영어

개관 아일랜드 영어는 Irish English 또는 라틴어 Hibernia는 "Ireland"를 의미하는 말에서 유래하여 Hiberno-English라고도 하는데, 북아일랜드는 물론 아일랜드 공화국 내에서 쓰고 말하기 위해 사용되는 여러 유형의 영어 방언을 일컬으며, 여기에는 얼스터 영어(Ulster English), 지역 더블린 영어(local Dublin English), 지역을 넘어 쓰이는 아일랜드 영어 및 아일랜드의 남서부 먼스터(Munster)의 주인 코크(Cork: 아일랜드에서 두 번째로 큰 도시)에서 쓰이는 이른바 코크 영어(Cork English) 등, 여러 영어 방언이 이들 유형에 속한다.

영어가 아일랜드에 들어온 것은 12세기 말 노르만족의 아일랜드 침입의 결과에서 비롯되었다. 맨 처음 영어는 더블린 주변의 페일 지역(the Pale: 영국의 지배하에 있던 아일랜드 동부지방)으로 알려진 곳에서 주로 쓰였다. 그러나 이 지역을 제외한 아일랜드의 나머지 지역에서는 대부분 아일랜드어가 사용되었다. 튜더 왕조시기(Tudor dynasty)에 이르러 식민주의자들에게 잃어버렸던 대부분의 영역과 페일 지역에서도 아일랜드 문화와 언어를 다시 회복하였다.

> **튜더 왕조시기**
> 장미전쟁으로 득세하여 등장한 왕가로 조상인 웨일즈와 아일랜드 왕국을 포함하여 잉글랜드 왕국을 통치함.

그러나 16세기에 영국인의 아일랜드의 정복과 식민지화로 인해 영어 사용이 아일랜드에서 부활하였으며 19세기 중엽에 와서 영어는 아일랜드 전역에서 쓰이는 주요 언어가 되었다. 영어의 이러한 위상은 오늘날까지도 계속되었고 아일랜드어가 모국어인 아일랜드인조차도 영어를 유창하게 구사하게 되었다.

오늘날 쓰이는 아일랜드 영어는 아일랜드어의 영향으로 나타난 몇 가지 특징을 지니고 있으며, 영어에서는 쓰이지 않는 고풍스러운 영어의 어휘와 표현을 간직하고 있는데, 대부분 격식을 지닌 서체어보다는 구어체에서 더 많이 쓰이고 있다. 이들 어휘와 표현은 어휘에서 약간 차이를 지니고 있으나 표준 영국영어에 훨씬 더 가깝다.

아일랜드 영어는 영국영어의 철자를 사용하며 무엇보다도 미국영어가 아닌 영국영어의 표준발음을 쓰고 있다. 그러나 아일랜드 영어는 여전히 나름대로 독특한 음 체계(sound systems)로 이루어져 있는데, 대체로 지역에 따라 4개의 방언 유형으로 나눈다.

(1) 얼스터 영어

북아일랜드 영어(northern Irish English)라고도 하는 얼스터 영어(Ulster English)는 북아일랜드 및 북아일랜드와 이웃한 나라를 포함한 얼스터 주에서 쓰이는 영어를 가리킨다. 이 유형은 얼스터 식민시기에 스코틀랜드 정착자들이 가져온 스코틀랜드어는 물론 얼스터 아일랜드어의 영향을 크게 받았다. 이 영어 유형의 발음상의 특징을 몇 가지만 살펴보기로 한다.

- /uː/ 및 /ʊ/음은 모두 [ʉ]음과 근접한 곳에서 발음한다.
- /aɪ/는 특히 무성 자음 앞에서 [ɛɪ ~ ɜɪ]로 발음한다.
- /eɪ/는 닫힌 음절에 올 때 오늘날 흔히 [eːə] 또는 [ɪːə]로도 발음되나 대체로 [eː]로 발음한다.
- /oʊ/는 거의 항상 약간 상승한 단모음 [o(ː)]로 발음한다.
- /ʌ/는 전향(前向), 약간 원순모음으로 [ɵ]음에 한층 더 접근하여 발음한다.

(2) 서부 및 남서부 아일랜드 영어

이 유형의 영어는 아일랜드 서부 및 남서부 지역에서 광범위하게 쓰이는 영어로 특히 남서 지역에서 쓰이는 영어는 이 지역에 위치한 주(county)의 명칭을 붙여서 코크 영어(Cork English), 케리 영어(Kerry English), 리머릭 영어(Limerick English)라고도 한다. 이 유형은 /n/ 또는 /m/ 앞에 오면 /ɛ/ > /ɪ/로 상승하여 발음하며, 높은 음도(音度)로 눈에 띄게 상승한 억양 패턴 다음에 강세를 받는 장모음 음절에 오는 음의 높낮이가 하강하는 특징을 지닌다.

(3) 더블린 영어

이 유형은 (a) 전통적으로 더블린에서 쓰이는 일반적인 노동자 계층에서 사용해 온 영어 및 (b) 노동자 계층이 아닌 아일랜드를 둘러싼 동부 지역 그리고 한층 더 최근에 사용된 영어 유형으로 나누어지는데, 후자는 더블린 영어의 주류를 형성하고 있는 영어 방언이다. 특히 이 유형은 일부 지역의 특징을 지니고 있으나 표준 영어에 한층 더 영향을 받은 교양 있는 이들의 영어로 1990년대 시작된 젊은층이 사용하는 새로운 더블린 영어(New Dublin English)라고 할 수 있다.

(4) 초지역 남부 아일랜드 영어

초지역(招地域, supraregional)이라 함은 북아일랜드를 제외한 아일랜드 전역을 통해 지역 간의 경계를 넘어서 쓰이는 유형을 가리키며, '초지역 아일랜드 영어'라고도 한다. 초기시기부터 1900년대까지 아일랜드 영어의 주류를 이룬 더블린 영어는 이 유형이 형성되는데 직접적인 영향을 끼쳤고 동시에 촉매제 역할을 하였다. 1980년대 또는 그 이후에 태어난 아일랜드인들은 20세기의 주류를 이루는 초지역 유형의 특징을 한층 더 많이 사용하고 있는데, 몇 가지 발음상의 특징을 살펴보면 다음과 같다.

- /aɪ/는 /aɪ ~ äɪ ~ɑɪ/의 스펙트럼에 따라 발음되며, 특히 /r/을 포함하여 유성 자음 앞에서 한층 흔하게 발음된다.
- /ɑr/은 [ɑːɹ]음으로 발음되는 경우가 있다.
- /oʊ/는 미국영어에서처럼 [oʊ]로 발음되기도 하고, 영국 표준발음과 같이 [əʊ]로도 발음되기도 한다.
- /ɔː > [ɒː], /ɔr/ > [ɒːɹ], /ɔɪ/ > [ɒɪ]로 발음된다.

북아일랜드의 영어 상황은 위에서 설명한 것과는 전혀 다르다. 북아일랜드 영어(Northern Hiberno-English)와 남아일랜드 영어(Southern Hiberno-

English) 간에는 서쪽으로는 슬라이고(Sligo) 북쪽의 분도란(Bundoran: 아일랜드 도너갈 주 County Donegal에 있는 마을. 세계적으로 유명한 서핑 지역임)과 동쪽으로 던독(Dundalk /dʌn'dɔ:k/)의 북쪽에 있는 칼링포드 로흐(Carlingford Loch: loch는 '호수(lake)'의 게일어)에서 갈라지는 경계선으로 나눈다.

북부 지역에서는 얼스터 스코틀랜드어(Ulster Scots)가 북동 지역에서 쓰이고 있으며 저지 스코틀랜드어(Lowland Scots)의 영향을 강하게 받았다. 한편, 얼스터 방언은 여러 지역(Lagan Valley, south Tyrone 등)에서 쓰이고 있다. 얼스터의 북부 및 동부에서 쓰이는 영어는 대부분 스코틀랜드어 및 앵글로-아일랜드어의 영향을 받았으나 서쪽에서는 아일랜드어의 영향이 더 강하게 작용하였다. 얼스터(즉, 북아일랜드)지역의 스코틀랜드인들은 오늘날까지도 스스로 특별한 민족이라고 여기고 있으며, 이러한 그들의 독특한 정체성은 스코틀랜드의 국민 시인인 로버트 번스(Robert Burns, 1759~96)의 시대로부터 시작된 스코틀랜드의 찬란한 문학과 자녀들을 스코틀랜드 대학에 보내는 전통을 고수하는데서 분명히 엿볼 수 있다.

어휘 아일랜드어 상당수가 아일랜드 영어에서 쓰이고 있는데, 특히 공식적인 위상에서 사용되고 있다. 예를 들면 아일랜드 정부의 수상(총리)은 티셔흐(Taoiseach /'ti:ʃəx/ 아일랜드어로 'chief'를 의미함)라고 하고, 부총리는 토느슈터(Tánaiste /'tɔ:nɨʃtə/)라고 한다. 이들 어휘는 모두 아일랜드어이다. 최근 젊은 층에서는 점차 사라지고 있으나 아일랜드인들은 일상 대화에서 아일랜드어로부터 어휘를 차용해 사용하기도 한다.

문법과 통사구조 아일랜드어의 통사구조는 영어와는 매우 다르다. 그리하여 아일랜드어 통사구조의 다양한 측면이 아일랜드 영어에 영향을 끼쳤다. 물론 아일랜드어의 독특한 통사구조의 상당수는 아일랜드 영어에 흡수되지 못하고 젊은층과 도시 지역에서 점차 사라져 가고 있다. 아일랜드 영어와 현대 영어를 갈라놓은데 영향을 끼친 것은 고대영어 및 중세영어에서 차용한 어휘와 표현을 아일랜드 영어에서 여전히 보유하고 사용하고 있다는 점이다.

다음에 아일랜드 영어의 문법과 표현 및 통사구조에 대해 간단히 살펴보기로 한다.

(1) 중복 표현의 사용

- 아일랜드어의 ar bith는 영어의 'at all'에 해당한다. 따라서 아일랜드 영어에서는 이것을 차용하여 ar chor ar bith 즉 'at all at all'이란 강한 중복 표현으로 발전하였다.

  예 I've no time at all at all.

- 아일랜드어의 ar eagla go는 문자 그대로의 의미는 'on fear that …'으로 영어로는 'in case …'를 의미한다. 따라서 이 표현의 변형인 ar eagla na heagla는 문자 그대로 'on fear of fear'란 뜻으로 상황이 호의적이 아니라는 것을 암시한다. 이 표현에 대응하는 아일랜드 영어는 'to be sure' 및 'to be sure to be sure'이다.

  예 I brought some cash in case I saw a bargain, and my credit card to be sure to be sure.

(2) Yes/No의 사용

아일랜드어에서는 'Yes' 또는 'No'에 대응하는 어휘가 없다. 그 대신 의문문에 쓰인 동사를 반복 사용하며 필요할 경우 부정(否定) 동사를 사용한다. 반면, 아일랜드 영어에서는 다른 영어 방언보다 'yes' 및 'no'를 자주 사용하지 않고 긍정 또는 부정 동사를 반복해서 사용한다.

예 "Are you coming home soon?" – "I am."
"Is your mobile charged?" – "It isn't."

(3) after의 사용

아일랜드어에서는 현재진행형에 after를 붙여 최근에 일어난 행위를 표현하고 있는데, 이러한 통사구조를 'hot new perfect' 또는 'after perfect'라고 한다. 아일랜드 영어에서는 이러한 구조를 받아들여 쓰고 있다.

예 "Why did you hit him?" – "He was after giving me cheek."

(4) 전치사적 대명사의 사용

아일랜드어에서는 '소유'(to have)를 나타내는 동사가 없다. 그 대신에 전치사 at(아일랜드어로 ag)을 써서 '소유'를 나타낸다. 좀 더 정확하게 표현하자면 *ag* 'at'과 *mé* 'me'를 결합하여 *agam*이라는 전치사적 대명사를 사용한다. 영어에서 동사 'to have'는 'with me' 또는 'on me'와 함께 쓰이는데 이것은 아일랜드어의 Tá … agam에서 유래한다.

예 "Do you have the book?" – "I have it with me."

"She does not have Irish."

이 문장은 아일랜드어 "There is no Irish at her."에서 유래한 문장이다.

아일랜드 영어를 사용하는 화자들은 무언가 얘기하려고 할 때 'there'를 사용할 곳에 'in it'를 쓴다. 이것은 양쪽의 의미를 모두 포함하는 아일랜드 어휘의 영향에 기인한다.

예 "Is there any milk in it?"

"Is it youself that is in it?"

아일랜드 영어에서 쓰이는 숙어 표현으로 'this man here' 또는 'that man there'란 표현이 있는데 이것은 캐나다의 뉴펀드랜드 영어(Newfoundland English: 뉴펀드랜드 및 라브라도 주에서 쓰이는 악센트와 영어 방언을 가리키는 명칭으로 Newfinese라고도 한다.)에 나타나는 특징이기도 하다.

예 "This man here."

"That man there."

(5) to be의 사용

아일랜드어에서 동사 'to be'의 사용은 독특하다. 즉, 말하는 시점에 대체로 사실인지 사실이 아닌지를 구분하는 단순한 '현재시제'를 의미하는 경우와 반복되는 행위에 대해 '습관적인 현재'(habital present)를 의미하는 두 가지 의미가 모두 쓰인다. 따라서 아일랜드 영어에서는 아일랜드어의 to be 동사의 의미와 어형을 그대로 가져다가 쓰고 있는데, 아일랜드의 서부와 남동부의 웩스퍼드(Wexford)에 있는 마요/슬라이고의 전원 지역에서 자주 쓰인다.

예 "He does be working every day."
"They do be talking on their mobiles a lot."
"It's him I do be thinking of."

Suggested Readings

Barry, M. V. (1981) *Aspects of English Dialects in Ireland*, Vol I. Belfast: Queen's University of Belfast.

Hickey, R. (1982) Syntactic ambiguity in Hiberno-English. *Studia Anglica Posnaniensia* 15: 39-45.

Kallen, J.L. (1994) *English in Ireland.* In R. Burchfield (ed.), *The Cambridge History of the English Language*, Vol V. CUP, 148-196.

Lass, R. (1986) 'Irish influence': reflections on 'standard' English and its opposites, and the identification of calques. *Studia Anglica Posnaniensia* 18: 81-7.

Questions to Consider

1. 아일랜드의 역사는 흔히 영국과의 분쟁과 연관되어 있다. 그 배경을 설명하고 북아일랜드와 영국간의 갈등과 분쟁에 관해 설명하시오.
2. 아일랜드어와 아일랜드 영어는 어떻게 다른가? 아일랜드에서 쓰인 게일어(Gaelic)에 대해 아는 대로 설명해 보시오.
3. 아일랜드는 많은 문학의 거성(巨星)을 배출하였다. 이들 중에서 한두 명을 선정하여 생애와 문학에 대해 설명해 보시오.
4. 아일랜드 영어를 Hiberno-English라고도 한다. 그 배경과 특징을 자료를 중심으로 설명하시오.
5. 아일랜드 영어 발음의 특징은 무엇인가? 영국 표준영어의 발음과 비교하여 설명하시오.
6. 아일랜드 출신의 음악가들에 관해 자료를 조사하여 설명해 보시오.

웨일즈

개관

웨일즈(Wales /weɪlz/로 발음)는 국명이고 이 나라에서 쓰인 언어는 웨일즈어(Welsh)라고 한다. 두 어휘는 모두 동일한 게르만어의 뿌리에서 유래한 것으로 당시 로마인들에게는 볼카이(Volcae)로 알려진 켈트 부족의 명칭에서 나온 것이다. 이 켈트 부족은 이느 특정 부족을 지칭한 것이 아니라 후에 로마제국의 모든 거주자를 지칭한 것으로 알려져 있다. 고대영어 시기에 영국에 들어온 앵글로색슨족은 당시 브리튼 섬에 거주한 원주민 켈트인(Celtic Britons)을 특히 Wælisc리고 부르고, 이들이 거주한 땅을 Wēalas라고 불렀다. 웨알라스는 앵글로색슨족이 켈트족을 이곳으로 쫓아내면서 부른 명칭으로 '이방인, 외국인'이란 뜻이다.

영국 지도와 웨일즈(회색 부분)

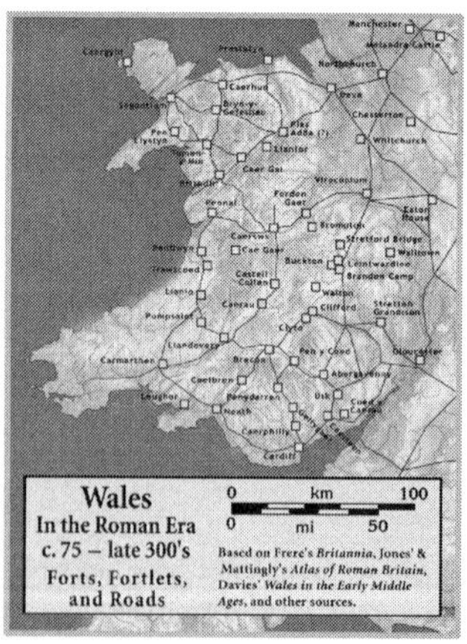

로마 시기의 웨일즈(약 75~300)

이 장에서는 웨일즈의 역사와 문화를 살펴보고 영국의 다른 지역과는 특이한 유형의 영어, 즉 웨일즈 영어란 어떤 것인지 발음과 문법, 어휘와 통사구조 등에 관해 상세하게 서술하고자 한다.

역사

중석기 시대에 중앙 유럽에 거주하던 사냥꾼들이 영국으로 이주하기 시작한 시기는 마지막 빙하기가 끝나가는 때로, 이 시기에 해수면은 오늘날보다 훨씬 낮았고 현재 북해(North Sea)인 더 얕은 수면은 건조한 땅이었다. 오늘날 잉글랜드의 동쪽 해안과 현재 덴마크, 독일 및 네덜란드의 연안들은 도거랜드(Doggerland)로 알려진 이전의 대륙으로 연결되어 유럽 본토에서 브리티시 반도를 이루었다.

후기 빙하시기에 해수면이 상승하면서 웨일즈와 아일랜드를 갈라놓았으며 그 결과 아일랜드 해가 형성되었다. 도거랜드는 북해로 가라앉아 사라졌고 브리티시 반도는 하나의 섬(island)이 되었다. 청동기 말 웨일즈는 해상 무역의 네트워크로 형성된 문화의 일부로 당시 켈트어가 발달한 잉글랜드, 프랑스, 스페인 및 포르투갈과 같은 다른 켈트권 국가들이 이 문화에 포함되었다. 이들 나라는 웨일즈로 알려지게 된 부족들과 동화되어 청동기 및 철기시기의 켈트 문화를 공유하고 문화 사상을 교환하였다.

로마가 브리튼(현재 영국)을 침략한 시기에 이르러 웨일즈 지역은 수세기에 걸쳐 여러 부족으로 나누어지게 된다. 기원후 48년 로마는 웨일즈를 정복하기 시작하여 30년 만에 정복을 끝내고 300년 넘게 웨일즈를 지배하였다. 웨일즈는 광물자원이 풍부하였으므로 로마인들은 진보된 기술 공학을 이용하여 많은 양의 금과 구리 및 납을 아연, 은과 함께 채굴하였다.

로마의 경제개발은 브리튼 남동부에 집중되어 웨일즈에는 이렇다 할 산업시설을 갖추지 않았다. 웨일즈에는 숲과 산이 많아서 산업화가 적절하지 않았기 때문이었다. 라틴어는 웨일즈의 공식 언어로 쓰였으나 웨일즈인들은 브리손어(Brythonic)를 계속 사용하였다. 웨일즈의 로마화는 요원하였으나 웨일즈의 상류층은 로마제국 전역에서 모든 자유인들에게 로마 시민권을 허락한 이후 스스로를 로마인으로 생각하기 시작하였다. 더욱이 기독교의 보급으로 인해 로마의 영향력이 웨일즈 전역에 파급되고 기독교를 신봉하는 많은 이들에게 자유로운 예배가 허용되었다.

로마 지배시 살아남은 로마화한 브리튼인(Romano-Britons)과 서부의 여러 왕국의 후손들은 오늘날 웨일즈를 일으킨 장본인이 되었다. 잉글랜드의 머시아 왕국과 노섬브리아 왕국 및 웨섹스 왕국은 저지대를 잃게 되자 잉글랜드인과 웨일즈인 사이의 변방을 정하기 위해 웨일즈의 부족인 포위족(Powys), 그웬트족(Gwent) 및 그위네드족(Gwynedd)과 전투를 벌였다.

6세기 및 7세기 초에 오늘날 머시아 왕국의 서중부 지역의 상당 부분을 잃게 되자 7세기 말 다시 일어난 포위족은 머시아 왕국의 침입을 저지하였다. 머시아 왕국의 애셀발드 왕(Aethelbald)은 웨일즈 부족들의 침입을 막기 위해 둑(Wat's Dyke)을 쌓아 방어하였고 그 후에 오파 왕(Offa)이 포위족과 그웬트족의 자문을 받아 좀 더 크고 튼튼한 둑(Offa's Dyke)을 쌓았는데, 오늘날에도 웨일즈인들은 잉글랜드를 '오파의 둑 건너편'이라 부르기도 한다.

잉글랜드인의 정착에 빼앗긴 그레이트 브리튼의 남부 및 동부 지역은 웨일즈어로 Lloegyr(현대 웨일즈어로는 Lloegr)로 알려졌으며, 원래 머시아 왕국을 지칭하였으나 전체적으로는 잉글랜드를 가리키는 말이었다. 이 지역을 지배한 게르만인들은 언제나 Saeson으로 불리었는데 이 말은 '색슨인'을 의미하였다. 앵글로색슨인들은 로마화한 브리튼인들을 '로마화한 이방인' 또는 '이방인'이란 뜻의 Walha라고 불렀으며, 웨일즈인들은 중세 시기까지 스스로 브리손인들(Brythons) 또는 브리튼인(Britons)을 뜻하는 Brythoniaid라고 불렀다. 그러나 앵글로색슨인들의 정착이 시작된 이후 웨일즈인들은 점차 Brythoniaid라는 명칭 대신 웨일즈어인 Cymry(/ˈkəmrɨ/로 발음)라는 용어를 쓰기 시작하였다.

1066년 헤이스팅스 전투에서 잉글랜드가 노르만인들에게 정복당한 지 채 4

녀도 되지 않아 윌리엄 1세는 일련의 왕권을 확립하면서 웨일즈 국경을 따라 가장 강력한 전사들을 배치하였다. 이에 따라 잉글랜드와 웨일즈 사이의 국경과 그 주위는 Welsh March 또는 the March of Wales(중세라틴어로 *Marchia Walliae)*라고 불렀다. 이 지역의 군주는 잉글랜드 왕과 별개로 어느 정도 특수한 권리를 지니고 이 지역을 450년 넘게 관할하였으나 1536년 연합법에 의해 폐지되었다.

13세기 중엽 이후 오웬 귀네드 왕 루엘린(Llywelyn, 1173~1240)은 1215년 마그나 카르타(Magna Carta)로 양보를 얻어내는데 성공하여 자문회의에서 다른 웨일즈 군주들의 충성을 받아내고 최초로 프린스 어브 웨일즈(Prince of Wales)가 되었다. 그 후 잉글랜드 왕 에드워드 1세와의 전투에서 패하면서 웨일즈 왕자들의 웨일즈 지배는 막을 내렸다. 루엘린의 죽음과 그의 동생 다피드(Dafydd) 왕자의 처형으로 남아 있는 소수 웨일즈 군주들은 에드워드 1세에게 그들의 땅을 바쳐 충성을 서약하였다. 에드워드 1세가 장남을 프린스 어브 웨일즈에 봉(封)하는 관행은 그때부터 시작되어 오늘날 영국의 엘리자베스 2세의 장남 찰스에게 주어지는 프린스 어브 웨일즈는 현재까지도 그대로 유지되어오고 있다.

웨일즈 의회는 1998년 웨일즈 정부법의 결과 1999년에 설립되어 웨일즈에 대한 중앙 정부의 예산 심의에 대한 결정권을 가지게 되었으며, 영국 의회는 다만 웨일즈 의회의 결정권에 대해 그 한계를 정하는 권리를 유보할 수 있다. 영국과 웨일즈 정부는 웨일즈를 거의 언제나 하나의 국가로 정의하고 있다. 웨일즈 정부에서는 “웨일즈는 잉글랜드와 육지로 연결되어 있고 그레이트 브리튼의 일부이기는 하나 (영국에) 예속된 봉토(principality)가 아니라 독자적인 하나의 국가”임을 내세우고 있다. 비록 ‘프린스 어브 웨일즈’라는 칭호는 아직도 찰스 왕자에게 수여되고 있으나 오늘날 웨일즈에서 이 칭호는 법적인 권한은 없다.

언어

18세기부터 브르타뉴, 콘월, 아일랜드, 맨 섬(Isle of Man), 스코틀랜드 및 웨일즈에 거주한 사람들은 켈트인(Celts)으로 알려졌으며, 이들 국가는 오늘날의 켈트 국가들로 간주되고 있다.

이들 나라에서 쓰인 언어는 켈트어(Celtic)로서, 켈트어계는 두 유형으로 나뉘는데, 이들 사이에 유사한 특성이 있는 것으로 알려져 있다. 그 하나는 브리손어계 또는 P-켈트어(브르타뉴어, 콘월어, 웨일즈어)에 속하는 것이고, 다른 하나는 고이델어계 또는 Q-켈트어(아일랜드어, 맨 섬어, 및 스코틀랜드 게일어)에 속하는 켈트어이다.

브리손어계는 골(Gaul, France) 지역에서 유래하였고, 고이델릭어계는 이베리아 반도에서 유래한 어계이다. 따라서 켈트어에서 유래한 언어들을 사용해 온 사람들은 켈트인이라고 불려왔다. 웨일즈어의 사용과 보존에는 성서의 역할이 컸는데, 신약성서는 1567년에 웨일즈어로 번역되고 20여 년 후인 1588년 신구약 성서가 완역(完譯)되기에 이르렀다.

한편, 1993년 웨일즈어 조례 및 1998년 웨일즈 정부 조례가 공표됨에 따라 영어와 웨일즈어는 동등한 위상으로 다루게 되었다. 현재 영어는 웨일즈의 거의 모든 인구가 사용하며 사실상의 주요 언어가 되고 있다. 웨일즈의 거의 모든 지역에서는 영어와 웨일즈어가 상황에 따라 어느 한 언어로 바꿔가며 사용하는 일이 흔하게 일어나고 있다.

Wenglish(= Wales + English의 합성어)는 웨일즈어의 영어 방언을 가리키는 용어이다. 이 방언은 웨일즈어 문법에 커다란 영향을 끼쳤으며 웨일즈어에서 유래한 어휘가 다수 포함되어 쓰이고 있다. 그리하여 이 영어 방언은 웨일즈어가 지닌 것 이상의 훨씬 더 큰 편견의 대상이 되어왔다. 북부 및 서부 웨일즈의 많은 지역에서는 인구의 대다수가 웨일즈어를 제1언어로 사용하며 제2언어로 영어를 배우고 있다. 웨일즈에서 볼 수 있는 도로 표지(road signs)는 영어와 웨일즈어로 쓰여 있으며 어느 언어를 먼저 쓸 것인가는 지방 정부의 결정에 따르도록 되어 있다. Cardiff는 웨일즈어로 Caerdydd인데 도로 표지에는 이들 두 개의 어휘가 함께 표시되어 있다. 20세기를 거치면서 웨일즈어 또는 영어 이외의 벵갈어, 중국어와 같은 다른 언어를 사용하는 이주자들이 웨일즈에 소수의 공통체를 형성하면서 오늘날에는 여러 언어가 함께 쓰이는 실정이다.

종교

웨일즈에서 가장 인구가 많은 종교는 전체 인구의 절반 이상을 차지하는 기독교로서 1914년 웨일즈 교회법에 따라 1920년 해체될 때까지 앵글리칸 종파로 영국 성공회의 일부로 있었다. 웨일즈에서 최초의 독립적인 교회는 1638년 윌리엄 로스(W. Wroth, 1576~1642)에 의해 창립되었다. 웨일즈의 장로교회는 18세기 웨일즈 감리교 부흥에 의해 탄생하였다. 로마가톨릭은 웨일즈에서 두 번째로 큰 종교이다.

1904년 웨일즈에 종교 부흥(Welsh Revival)이 일어나면서 상당수 인구가 비국교도(nonconformist) 및 영국 성공회파로 개종하였고, 새로운 종파인 성령강림교(Pentecostalism) 및 사도파 교회(Apostolic Church: 일종의 사도 계승종교)와 같은 종교가 생겨났다.

이슬람교는 비기독교로는 웨일즈에서 가장 큰 종교이며 뉴포트, 카디프 및 스완시 등 남부 웨일즈의 여러 도시에는 힌두교나 시크교도들의 공통체가 있다. 서부 시골 지역에는 불교 사원이 있고 로마시기부터 비기독교 신앙으로 맨 처음 들어온 유대교(Judaism)도 있다.

문화

웨일즈는 언어와 관습, 휴일과 음악에 이르기까지 다른 곳에서는 찾아볼 수 없는 고유의 문화를 지니고 있다. 유네스코 세계유산에 등재된 곳만 해

디 강 계곡 위의 운하를 지나가는 수로교

도 귀네드에 있는 에드워드 1세의 성(城)들과 마을의 성벽을 비롯하여 폰트커설테 수로교(Pontcysyllte Aqueduct: /pɔntkəˈsəltɛ/로 발음), 및 블레나본 지역(Blaenavon) 등, 세 군데에 이르고 있다.

폰트커설테 수로교
웨일즈 북동쪽 렉스햄 주 보로에 있는 디 강(River Dee) 계곡 위로 랭골렌 운하를 지나가는 항행이 가능한 수로교임.

블레나본 지역
1788년 철강업으로 성장한 마을로 현재 일부는 박물관으로 되어 있음.

기독교 이전의 브리튼인들이 간직한 원주민의 켈트 신화의 흔적은 초기 시인들에 의해 상당히 달라진 형태로 구전(口傳)을 통해 전해 내려왔으며 그 일부는 훨씬 후인 13~14세기에 여러 종류의 책으로 알려진 중세 웨일즈 필사본에 남아 전해지고 있다. 이 필사본 중에는 아서왕의 전설과 로마 이전의 브리튼의 전래 역사가 가장 초기의 형태로 포함되어 있다.

웨일즈 민속학의 다른 자원은 9세기 라틴어로 쓴 《브리튼인의 역사》(History of the Britons. 라틴어로 *Historia Britonum*) 및 12세기에 웨일즈 성직자로 영국 사료편찬 발달에 주요 인물이었던 몬모스의 제프리(Geoffrey of Monmouth c, 1100~1155)가 쓴 《브리튼 왕들의 역사》(History of the Kings of Britain. 라틴어로 *Historia Regum Britanniae*)에 잘 나타나 있다. 웨일즈

는 유럽에서 가장 오래되고 문학의 전통이 끊어지지 않고 이어져 내려온 곳 중의 하나이다. 웨일즈의 문학 전통은 6세기로 거슬러 올라가며 중세 시기의 가장 뛰어난 라틴어 작가들로 알려진 몬모스의 제프리 및 웨일즈의 제럴드(Gerald of Wales, c.1146~c.1223)와 같은 이들이 있다.

> **웨일즈의 제럴드**
> 웨일즈인으로 노르만인과 웨일즈인의 피가 섞인 인물로 성직자이며 역사가. 라틴어로 많은 작품을 쓰다.

웨일즈의 시와 전승되어 온 지식 및 학문은 전통적으로 송가(頌歌)와 애가(哀歌)를 지어 웨일즈 왕자들에게 헌사한 전문적인 시인들(이들을 Poets of the Princes, c.1100~1280이라고 불렀음)과 웨일즈의 중세문학사에서 웨일즈의 전통 시의 가장 중요한 시형(詩形)의 하나로 손꼽는 cywydd meter(cywydd /ˈkəwɨð/로 읽음)를 선호한 일단의 시인들(이들을 Poets of the Gentry, c.1350~1650이라고 불렀음)을 통해 암흑 시기에도 살아남아 전해져 내려왔다. 이 시기는 중세 시기에 웨일즈의 가장 위대한 시인이며 유럽의 위대한 시인들 중 한 사람으로 손꼽히는 다피드(Dafydd ap Gwilym, c.1315/1320~c.1350/1370)를 탄생시킨 것으로도 유명하다.

카디프 시청에 있는 Dafydd의 조각상

1588년 윌리엄 모건(William Morgan)은 성서를 그리스어와 히브리어에서 웨일즈어로 번역한 최초의 인물이 되었다. 16세기부터 웨일즈 시에서 자유시(free verse)가 많이 나왔는데, 17세기 중엽에 이르러서 잉글랜드로부터 음절의 수에 관계없이 한 행에 정해진 강세의 수에 입각한 시(accentual verse)를 수입하여 쓰는 시작법이 널리 인기를 끌었다. 19세기에 이르면 웨일즈 서사시는 웨일즈의 이른바 예술 축제(eisteddfod /ə(i)ˈstɛðvɔd/로 읽음. 문학, 음악 및 퍼포먼스가 어우러진 축제임)로 활기를 되찾아 웨일즈어로 활동하는 작가들에게 큰 매력을 가져다 주었다.

19세기 웨일즈 문학이 발달하게 된 데에는 가장 중요한 중세 웨일즈의 산문으로 쓰인 켈트 신화에 나오는 기사 이야기의 하나인 매버노기언(the Mabinogion /mæbənoʊgiən/으로 읽음)을 영어로 옮긴 레이디 샤롯 게스트(Lady Charlotte Guest, 1812~1895)의 역할이 무엇보다도 컸다.

매버노기언
가장 초기에 쓰인 브리튼의 산문 문학으로 중세 웨일즈 작가들에 의해 초기의 구전으로부터 12~3세기에 편집됨.

샤롯 게스트
영국의 귀족으로 브리튼의 가장 초기 산문 문학인 매번노기언을 현대 인쇄체로 발간한 최초의 발행인이 됨. 19세기 웨일즈 르네상스의 문학연구를 이끈 주도적인 인물.

레이디 샤롯 게스트

20세기는 빅토리아시기의 웨일즈 산문의 중대 변화를 경험한 시기로 1차 세계 대전의 참혹함은 웨일즈 문학에 심대한 영향을 끼쳤으며 한층 비관적인 산문 스타일이 등장하였다. 더욱이 남부 웨일즈의 산업화로 인해 이미 지나가 버린 시골 웨일즈를 묘사한 시풍(詩風)은 물론 산업시설의 풍경화에 비친 모습을 묘사한 작품까지도 등장하였다.

2차 세계 대전이 끝난 후 웨일즈의 시인과 작가들 중에는 영어로 작품 활동을 하는 이들이 생겨났다. 이들은 주로 웨일즈를 무대로 역사 소설을 썼으며, 한편으로는 웨일즈의 암울한 일상생활을 유머러스하게 그려 내면서 영어를 사용하는 웨일즈인의 깊은 골짜기에서 들려오는 목소리가 되어준 알렉산더 코델(Alexandder Cordell, 1914~1997. 웨일즈 소설가이며 작가)과 같은 인물이 있었다. 이와 함께 전후 시기에 20세기 가장 주목할 만하며 대중의 인기를 얻은 웨일즈 작가 중의 한 사람인 시인 딜런 토머스(Dylan Thomas, 1914~1953)가 있었다. 웨일즈어로 작품을 쓰거나 웨일즈풍의 글을 쓰지는 않았으나 웨일즈

알렉산더 코델

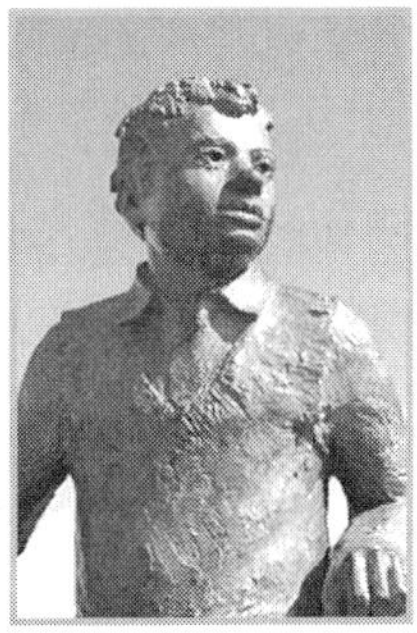

딜런 토머스 동상

태생의 중요한 저자로 노벨상 수상자인 버트런드 러셀(Bertrand Russell)과 동화 작가인 달(Roald Dahl)이 있다.

웨일즈 영어

웨일즈에서 쓰이는 영어 방언은 Welsh English, Anglo-English, Wenglish 등 다양한 명칭으로 불린다. 어떤 식으로든 웨일즈 영어는 웨일즈어 문법의 영향을 많이 받았을뿐더러 웨일즈어에서 유래한 어휘가 많이 쓰이고 있는 것이 특징이다. 웨일즈어에 쓰이는 독특한 문법 및 어휘 이외에도 카디프(Cardiff) 방언에서 남부 웨일즈 계곡에서 쓰이는 방언 및 서부 웨일즈에 이르기까지 웨일즈 전역에 다양한 악센트가 쓰이고 있다.

동부 및 남동 웨일즈에서는 이주민으로 인해 웨스트 카운티 방언의 영향을 많이 받았으나 북부 웨일즈에서는 머지사이드(Merseyside)주에서 쓰이는 영어의 영향이 점차 우세하게 나타나서 쓰이고 있다.

> **머지사이드**
> /ˈmɜrzisaɪd/로 발음. 북서 잉글랜드에 위치한 수도 카운티로 머지 강의 이름을 따서 지음.

웨일즈에서 영어가 쓰이게 된 것은 웨일즈 법령(1535~1542)이 통과되면서였으며, 이 법령의 부속 법규로 인해 웨일즈에서 영어의 지배를 증진시키게 되었고, 수도원의 폐쇄와 맞물여서 그동안 웨일즈어 교육을 실시해 온 많은 교육센터가 문을 닫는 결과를 초래하였고, 그 결과 웨일즈어 사용이 내리막길을 걷게 되었다. 웨일즈어의 쇠락과 영어의 상승은 산업혁명 기간에 한층 더 강화되어 웨일즈어 사용자들은 일거리를 찾아 잉글랜드로 이주하였고, 당시 개발된 광산 및 제련 산업은 영국인들에 의해 운영되었다.

이처럼 웨일즈에서 영어가 끊임없이 우위를 차지하게 된 것은 전 세계의 다른 지역에서 영어가 퍼져나간 상황과 거의 다를 바 없었다. 영국 영어의 다른 악센트가 웨일즈에서 쓰인 영어의 악센트에 영향을 끼쳤다고 한다면 이러한 영향은 두 가지 방향에서 일어났다. 특히, 영국의 리버풀 출신(Scouse)의 영어와 버밍엄 출신(Brummie)의 영어 악센트는 모두 웨일즈로 이주한 이들에 의해 광범위한 앵글로-웨일즈어로 탄생하였다. 물론 전자의 경우 앵글로-아일랜드어의 영향이 더 잘 알려져 있기는 하다.

이제 웨일즈 영어에서 쓰이는 발음(단 단모음, 장 단모음, 이중모음) 및 자음에 관해 몇 가지만 살펴보기로 한다.

• **모음(짧은 단모음)**

1. /æ/(cat)는 전설 평순 모음 [ä]로 발음되며 거의 중설 및 열림 모음에 가깝다. 카디프에서는 bag이란 단어는 장모음 [a:]음으로 발음된다. 이 모음은 포위스(Powys) 지역에서는 뉴질랜드 및 남아프리카의 발음과 유사하여 trap은 /trɛp/과 같이 발음된다.

2. /ɛ/(end)는 한층 더 열린 모음으로 RP(영국 표준발음)보다는 기본모음 /ɛ/에 가깝게 소리낸다.

3. /ɪ/(kit)는 schwa에 가까운 소리로 흔히 발음되며 평순모음이다.

4. /ɒ/(hot)은 /ɔ/를 향해 올려 발음하며 [ɒ̝] 또는 [ɔ̜]로 표기한다.

5. /ʌ/(bus)는 [ɜ]로 발음되고 웨일즈의 북부 지역에서는 시(詩)에 쓰이는 foot(步)를 맞추기 위해 이른바 과잉발음(hypercorrection)으로 표현하는

수가 있는데, 북부 및 중부 웨일즈의 경계지역에서 나타나며 열린 평순 모음인 /a/fh 발음되거나 또는 북동 웨일즈에서는 거의 폐모음에 가깝고 후설쪽에 가까운 /ʊ/로 발음된다. Cheshire 및 Merseyside의 악센트 양향에 기인한다.

6. foot과 strut를 구분하는 악센트에서는 foot의 모음은 한층 더 낮은 모음인 [ɤ̈]음으로 발음되며 특히 북부 웨일즈에서 이처럼 발음된다.

7. better에 나오는 schwa는 일부 악센트의 경우 above에 쓰인 schwa와 다르게 발음되는 경우가 있다. schwa는 어말 닫힌 음절에서 /ɛ/로 대치되어 발음되는 경향이 있다. 예: brightest /ˈbɾəitɛst/.

• **모음(긴 단모음)**

1. car의 모음은 흔히 열린 중성 평순 모음인 [ɑ̈]으로 발음되며 이보다 더 흔하게 긴 열린 전설 평순 모음인 /a:/로 발음된다.

2. 좀 더 다양한 방언, 특히 카디프 지역에서는 bird의 모음은 남아프리카 및 뉴질랜드의 발음 즉, 혀가 더 아래로 내려간 닫힌 중간의 전설 원순 모음인 [ø]로 발음된다.

3. 다른 대부분의 긴 단모음들은 RP의 그것과 유사하게 발음되나, RP의 /əʊ/가 포함된 어휘의 경우 때로 [o:]로 발음되고 RP /eɪ/rk 포함된 어휘에서는 [e:]로 발음된다. 이것을 잘 보여주는 것이 애버크레이브(Abercrave: 현재 포위즈 주에 있는 마을. 웨일즈어로는 Abercraf로 씀) 지역에서 발음되는 예들이다. 예: play-place /ˈpleɪple:s/.

4. 북부 지역의 여러 방언에서는 /əʊ/(coat) 및 /ɔ:/(caught/court)는 하나로 합쳐 긴 단모음인 /ɔ:/로 발음된다.

5. 남동 웨일즈 지역에 위치한 마을 공동체인 럼니(Rhymney /ˈrʌmni/로 발

음. 몬모스셔(Monmouthshire)의 역사적 경계 안에 있는 마을)에서 쓰이는 there의 이중모음은 단모음화하여 긴 단모음 [ɛ:]로 발음된다.

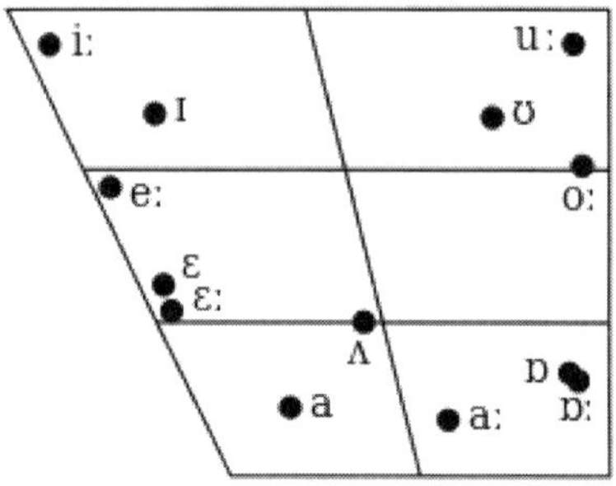

카디프(장단 단모음)

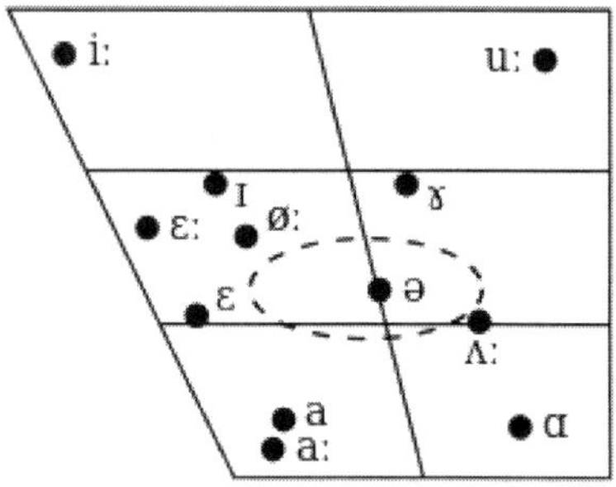

애버크레이브(장단 단모음)

• 이중모음

1. 웨일즈 영어에서 전향 이중모음은 한층 더 중설음화하여 발음되는 어두음인 [ӕɪ](bite)와는 별개로 RP의 발음과 유사하게 발음된다. 그러나 후향 이중모음은 이보다 한층 더 다양하게 발음되고 있다.

2. RP에서 low의 이중모음은 단모음으로 발음되는 것과는 달리, 위에서 기술한 것처럼 [oʊ̟]와 같이 발음되는 경우가 흔하다.

3. town의 이중모음은 뉴질랜드 영어에 쓰이는 tone의 발음과 유사하여 거의 열린 중설 어두음인 [ɐʊ̟]와 같이 발음된다.

4. due에서 RP의 /ju:/는 대체로 참 이중모음인 [ëʊ̟]으로 발음된다.

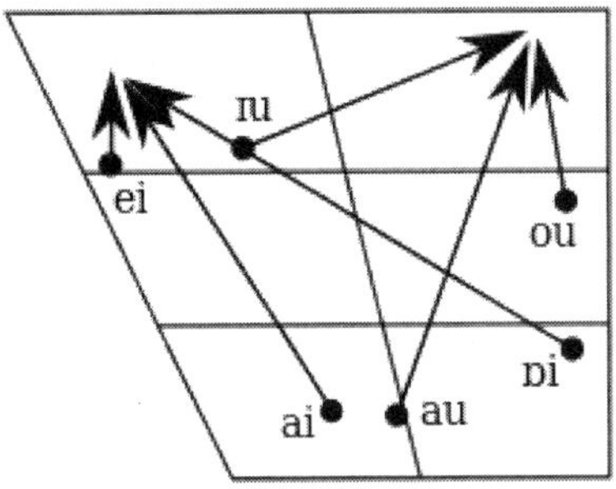

카디프(이중모음)

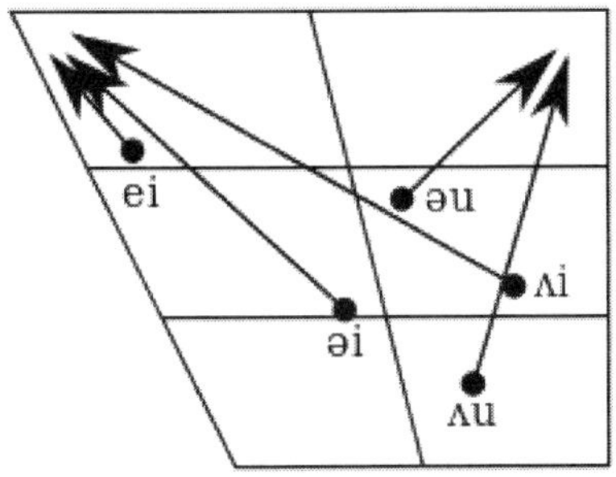

애버크레이브(이중모음)

• 자음

웨일즈 영어의 자음은 대체로 RP와 동일하나 웨일즈어 자음에서 온 [ɬ] 및 [x]와 같은 발음이 Llangefni 및 Harlech와 같은 차용어에서 나타나고 있는 것이 특징이다.

1. 북부에서 쓰이는 다양한 영어 방언은 웨일즈어의 영향으로 하나로 합쳐져서 pens, pence는 /pɛns/로, chin, gin은 /ʤɪn/으로 발음된다.

2. 이와 함께 북동 지역에서는 리버풀 출신자들의 악센트의 영향으로 ng의 발음이 하나로 발음되지 않고 마치 고대영어에서의 발음과 같이 소리내어 sing과 같은 어휘는 /sɪŋg/로 발음된다.

3. 북부 지역의 악센트에서 /l/은 강하게 연구개음화한 장음 [ɫː]로 발음된다. 그뿐만 아니라, 남동부의 많은 지역에서는 RP에서처럼 밝은 /l/과 어두운 /ɫ/이 번갈아 가며 발음된다.

4. 웨일즈 영어에서 /r/을 발음하는 현상은 대체로 흔하지 않다. 그러나 퍼르톨보트(Port Talbot /pər'tɔːlbət/ 또는 /pər'tælbət/로 발음. 웨일즈의 Neath Port Talbot의 카운티에 있는 작은 마을)에 거주하는 주민들은 bird의 전설모음을 북미영어 및 웨일즈어의 영향으로 /ɚ/과 같이 발음한다.

5. 웨일즈 영어에서는 잉글랜드의 대부분의 악센트에 쓰이는 접근음(approximant)인 [ɹ] 대신에 치경 단타음(alveolar tap)인 [ɾ]음으로 발음되는 경향이 강하게 나타난다. 이것은 스코틀랜드 영어 및 일부 남아프리카 영어의 악센트에서 쓰이는 /r/음과 유사하다.

• **문법**

웨일즈 이외의 지역인 다른 영국인 화자들이 일반 웨일즈 화자들의 영어를 별 무리없이 이해하고 있기는 하나 '영어 같지 않은' 웨일즈어 방언에서 온 문법상의 특징이 웨일즈 영어에 쓰이고 있는데 이것은 켈트어가 기층어(substratum)인 웨일즈어가 웨일즈 영어에 영향을 끼친 것으로 보인다. 가령, 부가의문문(tag question)에서는 일반적으로 앞 문장의 '주어-동사'에 따라 정해지는데(예: You're leaving, aren't you?), 웨일즈 영어에서는 앞 문장의 '주어-동사' 여부에 관계없이 is it? 또는 isn't it?으로 나타낸다. 앞에 예시한 You're leaving, aren't you?는 웨일즈 영어에서는 You're leaving, isn't it?으로 나타낸다. 이것은 마치 프랑스어의 n'est-ce pas? 또는 독일어의 nicht wahr?와 같은 것이다.

그뿐만 아니라, 서술부가 앞에 오고 주어부는 뒤에 오며 동사는 문장의 마지막에 오는 통사구조로 되어 있다.

예 Fed up, I am.
Running on Friday, he is.
Very interested, Ifor was.
Intended for Plas Newydd, this lot is.

또한 there로 시작되는 감탄문, There's young she looks!과 같은 문장은 일반 영어에서는 대개 How young she looks!로 표현하고 있다. 남부 웨일즈에서는 where 대신에 where to를 써서 Where to is your Mom?이라고 표현

한다.

웨일즈 영어에서 가장 두드러지게 나타나는 현상으로 문법이라기보다는 발음과 운율에 가까운 표현이 있다. 앞에서도 설명한 것처럼 RP에서 어말에 오는 /i/음은 웨일드 영어에서는 /i:/와 같이 긴 모음으로 발음하여 단수형 valley는 /ˈvali:/로, 복수형 valleys는 /ˈvali:z/와 같이 소리 낸다. 이러한 현상은 웨일즈어와의 특수한 관계에서 기인한다. 즉, 웨일즈인들은 대체로 노래를 사랑하는 사람들로 잘 알려져 있어서 웨일즈어에 나타나는 것과 같은 마치 노래하는 듯한 억양(sing-song intonation)으로 말을 하는 것이 전혀 우연이라고 할 수 없어서 목소리가 강세 음절에서 억양이 계속해서 올라가다가 강세를 받지 않는 음절에서 하강조 억양으로 바뀌어 내려오는 일이 흔하게 일어난다. 가령, Nice day, isn't it?와 같은 문장에서 웨일즈인들의 목소리는 Nice, day, isn't에서 각각 상승조 억양으로 올라가다가 it에서 내림조 억양으로 바뀌게 된다.

웨일즈 영어에는 영미영어에서는 찾아볼 수 없는 독특한 철자법이 있다. 그것이 곧 Llangollen, Llanelli, Llandudno에서 엿볼 수 있듯이 /l/이 중복해서 나타나는 철자로 웨일즈어의 실제 발음에서는 무성의 [ɬ]로 발음한다. 웨일즈의 많은 지명은 이처럼 중복된 /l/로 쓰인 것이 많다. 이러한 예(Crystal, 2007: 3-12) 중에서 웨일즈 북서 해안에서 약간 떨어진 섬인 앵글시(Anglesey)의 동쪽에 있는 작은 마을 이름인 Llanfairpwll에서 Llan은 웨일즈어에서 '교회'를 의미하며 fair는 '성모 마리아'를 의미한다. 따라서 앵글시의 성모마리아 교회는 골짜기(pwll 'hollow')에 위치하고 있다. 실제로 이 골짜기는 하얀 개암나무 골짜기(gwyngyll 'white hazel')에 있어서 붙여진 명칭이다. 이 명칭은 간단히 줄여서 Llanfairpwll 또는 Llanfair PG라고 쓰기도 하나 실제로는 다음과 같이 58개의 철자로 된 긴 명칭을 지니고 있다.

Llanfairpwllgwyngyllgogerychwyrndrobwllllantysiliogogogoch

이 명칭을 의미를 지닌 철자의 묶음으로 나누면 다음과 같다.

Llan **fair** **pwll** **gwyn** **gyll**

Church (of) Mary (in the) hollow (of the) white hazel

goger **y** **-chwyrn** **drobwll** **llan** **tysilio**

near the rapid whirlpool (and) church of (St) Tysilio

gogo **goch.**

(by the) red cave

Suggested Readings

Crystal, D. (2007) *Walking English. A Journey in Search of Language*. New York: The Overlook Press.

Svartvik, J and G. Leech (2006) *English: One Tongue, Many Voices*. Palgrave, Macmillan.

Todd, Loreto (2000) Where have all the Celtic words gone? *English Today* 63: 6-10.

Wells, J. (1982) *Accents of English*. 3 vols. Cambridge: Cambridge University Press.

Questions to Consider

1. 영어가 웨일즈에서 쓰이게 된 것은 언제부터인가? 역사적 배경을 설명하시오.
2. 웨일즈어가 웨일즈 영어에 어떤 영향을 끼쳤는지 두 언어의 관계에 대해 설명해 보시오.
3. 웨일즈 영어는 여러 가지 명칭으로 부르는데, 이들 명칭에 대해 어떤 차이가 있는지, 있다면 설명해 보시오.
4. 웨일즈 영어에 쓰이는 모음의 발음이 영미영어와 다른 점을 예를 들어 설명해 보시오.
5. 웨일즈어와 켈트어는 어떤 관계인가? 사라진 켈트어를 보존하고 있는 다른 지역(아일랜드, 스코틀랜드)에서의 영어와 웨일즈 영어에 대해 아는 대로 설명해 보시오.

북미권

미국 America　　**캐나다** Canada

북미권에 속하는 국가로 이 장에서 다룰 나라는 미국과 캐나다이다. 두 나라는 영어를 모국어로 사용하고, 특히 캐나다는 영어와 프랑스어를 공용어로 사용하고 있다. 여기서는 이들 두 나라의 역사와 문화를 간략하게 살펴보고, 영어 형성의 역사적 배경과 양국에서 쓰는 영어의 특징을 각각 자세하게 서술하기로 한다.

미국

역사

미국, 더 정확히 말해 북아메리카는 10~11세기에 이미 바이킹족에 의해 탐험이 이루어졌으며, 그로부터 약 500년이 지난 후 1492년 이탈리아 출신의 항해사 콜럼버스(Christopher Columbus)가 오랜 항해 끝에 미국이 아닌 산살바도르(San Salvador)를 발견한 이래 유럽에서 건너온 많은 이민자들이 신대륙에 정착하면서 미국의 이민사가 시작되었다.

1607년에 영국의 이민자들이 신대륙인 미국으로 건너온 후 영국은 차츰 세력의 범위를 넓혀가면서 1733년까지 13개의 식민지를 대서양 연안에 세웠다.

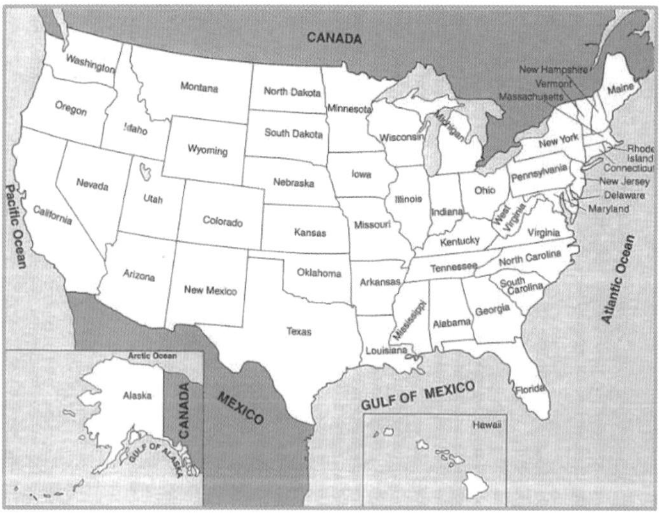

미국의 지도

그러나 이들 식민지도 북쪽과 남쪽에서는 사정이 크게 달랐다. 유럽의 7년 전쟁에서 프랑스를 이긴 영국이 식민지의 통제를 강화하려고 하면서 13개 식민지는 조지 워싱턴을 중심으로 결속하여 프랑스의 원조를 받아 영국으로부터 독립, 미국을 수립한 것이 국가로서의 미국의 시초가 되었다.

이민자들의 미국 정착을 역사적으로 고찰할 때 미국의 이민사는 대체로 다음과 같이 크게 세 단계로 나눈다.

(1) 제1단계: 식민지 시대(1607~1790)

이 시기는 영국의 이민자들이 미국에 처음 도착한 1607년부터 미국의 연방정부 헌법이 비준된 시기(1788)까지로 이민자의 90%가 영국의 중동부 지역을 비롯하여 남동 및 남서 해안지역 그리고 동부의 여러 주(shire)에서 미국의 동부 뉴잉글랜드 지방으로 이주해 왔다. 1607년 현재의 버지니아 주에 있는 제임스타운이 영국 이민자들에 의해 건설되어, 영속적인 식민을 시작했을 때로부터 미국의 이민사는 시작된다.

종교적으로 볼 때 원래의 이민은 가톨릭이었지만, 16세기에 유럽에서 개신교(프로테스탄트)의 출현과 종교 개혁에 이어 종교 전쟁이 일어나면서 청교도들이 1620년의 이민(메이플라워 호)을 계기로 신천지를 찾는 신교도들이 잇따라 미국에 정착했다. 청교도들은 여러 험난한 여정 끝에 105명만이 버지니아 일각에 도착하였고, 이들은 제44대 영국의 왕으로 등극한 제임스 1세(James I)의 이름을 본따서 그곳을 제임스타운(Jamestown)이라고 명명하였다.

1620년 9월 영국을 떠난 메이플라워(Mayflower)호의 청교도들(Pilgrim Fathers)은 당시 청교도주의의 중심지였던, 영국의 동부(East Anglia) 지역 출신들로서 신대륙에 엄격한 청교도주의에 입각한 나라를 건설하기 위해 원래의 도착 목적지인 버지니아(Virginia) 대신 메사추세츠(Massachusetts) 동부의 케이프코드(Cape Cod)에 도착하게 되었다. 이들은 이곳을 플리머스(Plymouth)라고 명명하며, 자신들이 정착하게 될 땅을 뉴잉글랜드(New England)라고 불렀다.

그 후 미국의 동부 동해안을 장악한 영국 이민자들은 원주민 인디언을 몰아내고 영토를 서부로 확대했다. 이 단계에서 13개 식민지를 건설하며, 주에 따라서는 백인 인구가 인디언을 넘어서는 지역이 등장했다. 18세기로 접어들면서, 한랭한 기후로 비교적 농업에 적합하지 않은 동북부에서 양조, 조선, 운수 등의 산업이 발달하면서 영국 본국의 경제를 압박하게 되었다.

토머스 제퍼슨이 1778년 델라웨어에서 델라웨어족과 '인디언 조약'을 처음 체결한 이후, 미국은 인디언들에게 무력을 배경으로 영토를 구입하고, 그들을 보호구역(Reservation)으로 몰아넣는 정책을 추진해 나갔다. 인디언은 땅을 매매(賣買)하는 문화가 없었기 때문에 이러한 계약을 이해하지 못했고, 수많은 인디언 전쟁이 이어졌다. 그 결과 인디언의 영토는 점점 더 축소되었다.

미국 독립(American Revolution)은 18세기 중엽에 13개 식민지 초대 대통령이 된 조지 워싱턴을 중심으로 프랑스의 원조를 받아 대영 제국으로부터 독립하여 미국을 수립한 것을 말한다. 흔히 미국 혁명이라고도 한다. 1775년에서 1783년까지 13개 식민지는 영국 제국을 상대로 미국 독립 전쟁을 벌였다. 미국 독립선언은 1776년 발표되었으며, 전쟁에서 승리를 확고히 한 것은 1781년이었다. 그리고 1783년 파리조약에서 프랑스, 스페인, 네덜란드 등의 합의로 미국의 독립이 승인되었으며, 드디어 1787년 13개 주를 연방으로 한, 삼권 분립을 강조하는 세계최초의 성문헌법을 제정한 미국이라는 새로운 나라가 탄생하게 되었다.

(2) 제2단계: 식민지 확장 및 서부 개척 시기(1790~1900)

이 시기는 영토 확장 및 서부 개척의 시기로, 남북전쟁을 전후하여 미국에 이주한 이민자들이 서쪽으로는 앨러게니 산맥(Alleghenies)과 아팔라치아 산맥(Appalachians)을 넘어 서부로 진출하고, 동부로는 펜실베니아까지 그리고 남부로는 남부 캐롤라이나 주의 일부 비산맥 고원지대에 이르기까지 세력을 확장하면서 정착해 간 시기이다. 처음에는 13개 주로 시작했던 미국은 여러 정책들과 밀려오는 이민자들을 기반으로 서쪽으로 팽창해 나갔다. 따라서

1803년부터 1848년까지는 미국의 '서부 개척 시대'라고 불린다.

마틴 루터 킹 주니어

이 시기의 또 하나의 특징은 이민자들의 국적이 다양하였다는 사실이다. 즉, 아일랜드에서는 대 기근(Great Femine, 1845)이 있었고, 독일에서는 정변(1848)이 일어나서 많은 이주민들이 미국으로 건너왔다. 이들은 주로 오하이오, 위스콘신, 미주리 주의 큰 도시에 정착하거나 또는 광대한 중서부(Middle West)에 정착하였다.

미국의 서부 확장에서 가장 큰 사건은 홈스테드법(1862)이었다. 개척자들은 이 법에 의해 농장 부지를 공정 가격에 구입할 수 있게 되었다. 1849년 캘리포니아 주에서의 골드 러시, 콜로라도 주에서의 골도 러시 그리고 1869년의 대륙횡단철도의 개통은 서부로 확장하는 데 큰 획을 긋는 사건이 되었다. 횡단 철도의 완성으로 서부와의 물류 교류가 활발해지면서 서부 개척 시대가 도래했으며, 광대한 서부에서는 방목이 활발히 이루어지게 되었다.

(3) 제3단계: 제국주의 및 격동의 시기(1900~현대)

이 시기는 서부 개척시대 이후 미국이 가장 많은 변화를 겪은 시기이다. 미국은 태평양에 있는 하와이 왕국을 합병하여 영토를 태평양까지 확대하고, 스페인과 필리핀과의 전쟁을 통해 중미의 여러 나라에서 스페인 세력을 몰아내고, 필리핀, 괌(Guam)을 식민지화하였다. 후에 콜럼비아로부터 분리 독립시킨 파나마에서 운하 지대의 영구조차권을 획득하였다.

제1차 및 2차 세계대전 이후에 미국은 전승국으로 크게 부상하게 되었다. 1960년대는 마틴 루터 킹(Martin L. King)이 공민권 운동을 이끈 시대이기도 하며, 백인과 흑인의 사회적 인종 차별을 법으로 규정한 짐 크로 법(Jim Crow laws)이 폐지되었던 때이기도 하다. 1960~70년대는 냉전(冷戰)이 계속되었으며, 이 와중에 미국은 베트남 전쟁에 참전하였다. 이 시대의 미국은 다양한 정치적, 사회적 변화를 겪으며 미국민의 의식이 크게 성장하였으며, 공민권을 위한 투쟁도 이 시기에 시작되었다. 존슨 대통령에 이은 리처드 닉슨 대통령은 워터게이트 사건으로 미국 역사상 처음으로 임기 중 사임하게 되며, 1970년대 초반에는 우주 정거장이 건설되기도 하였다.

문화와 종교

미국의 문화는 기독교 문화를 바탕으로 한 유럽 문화의 영향을 받았다. 이러한 바탕 위에서 미국은 오늘날 역사적으로 다른 수많은 국가로부터 대규모 이민을 받아들이면서 민족적으로나 인종적으로 다양한 문화를 지니게 되었다.

미국인은 신세계로 이주하면서 함께 묻혀온 영국중심의 '옛 세계' 문화의 씨앗은 건축, 미술, 문학, 음악 등 다방면의 토양으로부터 새로운 사고와 양식이 표출된 미국문화의 꽃을 피워나갔다. 2000년에 이르러 구교도 가톨릭 신자 이민자들의 수가 증가하는 등의 이유로 개신교들의 비율은 60% 정도로 떨어졌지만, 청교도주의가 기반인 개신교도의 믿음체계와 가치관, 그리고 사고방식은 영어와 함께 미국의 개척자 문화의 중심 요소로 자리를 지키고 있다.

미국 문화 중 빼놓을 수 없는 것이 이른바 팁(tip) 문화이다. 호텔보다 비싼 고급식당은 물론 일반 카페테리아까지 셀프서비스 레스토랑 외에는 모두 팁을 지불해야 한다. 팁에 관한 법이 있는 것은 아니지만 이것은 하나의 관습으로 정착돼 팁을 지불하지 않을 경우 그 문화를 모르면 미개인으로 취급받을 수 있다. 팁 덕분에 고객들은 좀 더 좋은 서비스를 받을 수 있다. 영국이나 유럽의 여러 나라에서도 팁 문화는 미국과 마찬가지로 잘 발달되어 있다.

미국 문화를 언급할 때 식문화 또한 빼놓을 수 없다. 맥도날드와 코카콜라로 대변되는 미국의 식문화는 뚜렷한 특징은 없으나 현대 음식이 곧 미국 음식이라고 할 정도로 전 세계의 식문화를 소화해 새로운 식문화를 창조해 낸 것이 미국의 식문화라고 할 수 있다. 미국음식은 신대륙 발견 전부터 이곳에서 살던 인디언 원주민의 식문화와 초기 식민세력이었던 스페인, 프랑스의 식문화, 그리고 그후 미국의 지배세력이 된 영국의 식문화를 바탕으로 후기 이민자들인 독일, 유대인 등 다양한 국가의 식문화가 합쳐지면서 세계적인 식문화를 보유하게 되었다.

19세기 미국인들의 삶을 지배한 종교는 복음주의(Evangelicalism)에 입각한 프로테스탄티즘이었으며, 항상 미국 종교의 주류를 형성하였다. 미국의 복음주의 역사는 단순한 종교 운동의 역사를 넘어서서 이를 이해함으로써 19세기 미국인 삶의 전반적인 모습을 이해할 수 있다. 대다수 미국인들에게 종교는 개인적인 문제로 일상적인 대화에서는 거의 논의되지 않고 있다. 어떤 방식으로 자신의 신앙을 지켜나가든 대부분의 미국인들은 종교적인 국민이라 할 수 있다.

다민족, 다문화 국가인 미국에서 스포츠는 국민들을 하나로 묶을 수 있는 언어로 기능한다. 미국의 학교에서는 체육 과목을 강조하며, 방과후 활동으로 크로스 컨트리(cross-country), 육상, 미식축구(American football) 등 팀 스포츠(team sports)를 장려하고 있다. 한편, 미국인들은 시즌마다 프로 스포츠경기의 관전을 즐기는데, 야구·농구·미식축구·아이스하키는 미국의 4대 스포츠로 대중적 인기를 누리고 있다.

특히 매년 1월 마지막 주 일요일은 슈퍼볼 선데이(Super Bowl Sunday)라고 하는데, 프로 미식축구 챔피언십 경기가 열리고, 이날 미국인들은 맥주와 피자를 먹으며 관전(觀戰)을 즐긴다. 약 9,000만 명이 넘는 미국인들이 미식축

로스엔젤리스에 있는 할리우드 간판(Hollywood Sign)

Gary Cooper 주연 서부영화(1952)

John Wayne 주연 서부영화(1959)

구 경기를 시청하고, 기업들은 경기 중간에 나가는 텔레비젼 광고에 막대한 자본을 투자한다.

미국의 대중음악과 영화는 풍부한 자본과 뛰어난 기술을 바탕으로 세계 각국의 문화에 빠르게 흡수, 발전되고 있다. 다민족 국가인 미국의 코미디(comedy)는 인종 및 종족에 관련된 다양한 내용을 바탕으로 유머러스하면서도 재치있게 표현하고 있다. 무성 코미디 영화는 이러한 인종적인 차이를 소재로 한 개그(gag)를 많이 사용하며, 미국사회는 평등주의적이고 기본적으로 미국에는 계급 제도가 없다는 일반적인 신념을 염두에 두기 때문에 이러한 내용을 통하여 사회에 내재되어 있는 심각한 인종차별주의를 풍자적으로 나타내기도 한다.

미국 서부의 풍경을 배경으로 하는 서부영화는 서부개척시대가 막을 내리기 시작하면서부터 등장하기 시작한다. 1860년대부터 1890년까지의 서부개척시대(西部開拓時代)를 올드 웨스트(Old West), 또는 와일드 웨스트(Wild West)라고도 부르는데, 원주민인 인디언에게는 불행한 시기이기도 하였다. 침략자들에 의해 자신들의 땅이 강탈당하고 무참하게 살육되기도 한 시대이다. 따라서 총잡이와 카우보이, 무법자 등을 시대의 특징으로 한 소설이나 영화(서부

1920~60년대 초 황금기의 할리우드 영화 배우들

극) 등이 등장하게 된다.

1960년대에 이르러서는 30세 이하의 사람들을 지칭하는 '청년'들과 '어른'들과의 세대 간 전쟁이라고 할 수 있는 이념 전쟁을 치렀다. 성적인 문제에 대한 인식, 인종간의 관계, 생활양식에서의 '스타일' 등 여러 가지 개인적, 사회적 문제에 있어서 차이를 보였다. 그 중의 하나인 히피족들의 특징이라 할 수 있는 긴 머리 스타일은 1960년대 반문화의 상징이 되었다. 1961년 존 F. 케네디 대통령의 취임과 함께 미국의 정치는 세련됨과 스타일, 그리고 재치에 대한 인식이 새롭게 강조되기 시작했다.

1960년대에 이르러 성적 행동에 대한 대중의 인식에 변화가 나타나면서 영화의 성적인 내용도 점점 노골적으로 나타났고, 1970년대 와서는 후기 자본주의가 가져온 포스트모던적인 영화가 만들어졌는데, 1980년대에 들어와 제작된 고(高)비용예산 영화들은 '레이건 시대 미국의 신보수주의'를 반영하고 있다. 재생과 새로운 시작의 개념은 이 시기의 무수한 영화 소재가 되었다. 그 중의 하나는 대도시의 삶을 버리고 교회, 농촌, 혹은 손대지 않은 자연에서의 삶을 취하는 것으로 '되찾은 순수성'이란 주제를 가진 여러 형태의 영화가 등장하였다.

1992년 이래 오늘날까지 이어진 할리우드 영화는 다양한 요인들에 대해 반응하면서 끊임없이 자신을 적응시켜 오고 있다. 그 요인들 중 가장 으뜸 되는 것이 개인용 컴퓨터, 인터넷, 그리고 새로운 인포테인먼트(infotainment) 시장이 가져온 문화적 관심과 관습들에 나타난 변화이다. 디지털 시대는 미국 영화 시장에 새로운 사고의 패턴을 만들었으며 공상과학으로만 생각되던 우주와 인간의 세계를 입체적으로 현실감 있게 전달하려는 영화가 제작되어 전 세계 영화팬들에게 미국 영화 산업의 저력을 보여주고 있다.

미국의 인종

다른 나라에서는 찾아볼 수 없는 다양한 인종으로 구성된 나라인 미국은 1850년 무렵부터 아시아계 이민을 받아들이기 시작하여 1965년 케네디 상원의원의 이민개혁법 덕분으로 유럽의 백인만을 주로 받아들였던 미국이민이 한인을 포함한 아시아계에게도 문호를 열게 되었다. 중남미계 사람들의 이민은 흑인보다 더 많은 비율을 차지할 정도로 지난 10년간 3.5%나 증가하였다.

미국은 건국 초기에 영국의 청교도들이 미국에 뿌리를 내린 후, 그 뒤를 이어 앵글로-색슨족을 중심으로 한 유럽 북방계의 이민자들이 유입되면서 이들이 오늘날의 미국을 구성한 초기 정착자들이 되었다. 영국인의 뒤를 이어 스페인, 포르투갈, 프랑스, 네덜란드, 독일, 스웨덴 등, 다른 유럽 국가들로부터 많은 이민자들이 미국에 정착하였다. 남북전쟁 후에는 초기의 북유럽계의 이민자들에 비해 남유럽계 및 동유럽계 이민자의 비중이 점차 높아갔다.

오늘날 흑인은 미국 전체 인구의 11.1%를 차지한다. 1, 2차 세계대전을 통해 흑인들은 그 지위를 향상시켜 왔으며, 최근 수십 년간 중산층을 이룬 흑인들이 대거 늘어났다. 제1차 세계대전은 흑인들이 도시노동자로 진출할 수 있는 발판을 만들어주었으며, 제2차 세계대전은 흑인에게 허용되지 않았던 다양한 중류 계층의 직업으로 진출할 수 있는 계기가 되었다. 특히 1964년에는 민권법이 통과되면서 흑인에게도 참정권이 부여되었으며, 2008년에는 흑인인 버락 오바마가 미국의 대통령으로 당선되었다.

언어

미국에서 쓰이는 언어는 대략 336개이다. 이 중 176개는 미국 고유의 언어이며, 예전에 미국에서 사용하던 언어 중 52개 언어는 사멸하였다 미국 전체 인구의 언어 사용률과 비교할 때 영어(82.1%), 스페인어(10.7%)가 대다수를 차지하고, 그밖에 인도유럽어계 언어(3.8%), 아시아계 언어, 폴리네시아계 언어(2.7%), 그리고 그 밖의 다른 언어(0.7%)가 쓰이고 있다.

미국은 따로 공용어를 지정하지 않으나, 미국영어가 사실상 공용어로 입법, 사법, 행정 등에서 널리 쓰이고 있다. 미국의 일부 주(네브래스카 주, 노스 다코타 주, 노스캐롤라이나 주, 뉴햄프셔 주, 매사추세츠 주, 몬태나 주, 미시시피 주, 미주리 주, 버지니아 주, 사우스다코타 주, 사우스캐롤라이나 주, 아이오와 주, 아칸소 주, 알래스카 주, 앨라배마 주, 와이오밍 주, 웨스트버지니아 주, 유타 주, 인디애나 주, 일리노이 주, 조지아 주, 캘리포니아 주, 켄터키 주, 콜로라도 주, 테네시 주, 플로리다 주, 미국령 버진 군도)에서는 별도로 영어를 공용어로 채택하고 있다.

일부 주와 지역에서는 두 가지 언어를 공용어로 채택하고 있다. 뉴멕시코 주(영어와 스페인어), 루이지애나 주(영어와 프랑스어), 하와이 주(하와이 영어와 하와이어), 푸에르토리코(스페인어와 영어), 괌(차모로어와 영어), 아메리칸 사모아(사모아어와 영어). 그리고 북마리아나 제도(영어, 차모로어, 캐롤라인어)처럼 세 가지 언어를 공용어로 지정한 곳도 있다. 1950년대까지 펜실베이니아 주는 영어와 독일어를 공용어로 사용했다. 아메리카 원주민 제어는 여러 인디언 보호구역과 푸에블로의 공용어이기도 하다.

미국영어

미국의 문화는 기본적으로 앵글로-색슨문화로 언어도 백인과 흑인 모두 영어로 통일되어 있으나 법률적으로 정한 바는 없다. 그러나 히스패닉계(Hispanic)는 대다수가 에스파냐어(스페인어)를 사용하며 그밖에 프랑스어, 이탈리아어도 사용하고 있다. 역사적인 발전과 함께 언어는 발음이나 단어 등 본래의 영어와는 좀 달라진 것도 있어 ‘미국어(American Language)’라고 할 때도 있다. 지역에 따라 방언이 발달하였는데, 특히 서부와 남부의 사투리는 알아듣기 어려울 정도이다. 중남미 지역의 이민이 많은 지역에서는 스페인어 억양이 섞인 영어, 이탈리아인 거리와 차이나타운에서도 독특한 사투리가 섞인 영어를 사용한다. 뉴욕지방의 영어는 일반적으로 말이 빠르다.

‘미국어의 탄생’, 즉 미국영어 형성과정에서 일대 전기(轉機)가 된 것은 역시 영국으로부터의 독립전쟁(American Revolution, 1775~83)이다. 영국으로부터 분리 독립을 원했던 미국인은 자신들을 ‘미국인(Americans)’이라고 부르게 되었고(1782), 미합중국 의회는 공식적으로 ‘미국어(The American Language)’라는 말을 사용하게 되었다(1802). 독립선언문을 기초한 토머스 제퍼슨(Thomas Jefferson)은 많은 신조어를 만들어 냈는데, ‘belittle(과소평가하다)’가 그 중의 하나이며, 미국화폐 단위인 ‘cent, dollar’도 그의 제안으로 채택된 것이다. 또한 그는 언어의 변화과정에도 깊은 이해를 갖고 ‘미국어의 독립선

IN CONGRESS, JULY 4, 1776.

A DECLARATION

BY THE REPRESENTATIVES OF THE

UNITED STATES OF AMERICA,

IN GENERAL CONGRESS ASSEMBLED.

WHEN in the Course of human Events, it becomes necessary for one People "to dissolve the Political Bands which have connected them with another," and to assume among the Powers of the Earth, the separate and equal Station "to which the Laws of Nature and of Nature's God entitle them," a decent Respect to the Opinions of Mankind requires "that they should declare the causes which impel them to the Separation.

We hold these Truths to be self-evident, "that all Men are created equal," "that they are endowed by their Creator with certain unalienable Rights," that among these are Life, Liberty, and the Pursuit of Happiness—That to secure these Rights, Governments are instituted among Men, "deriving their just Powers from the Consent of the Governed," that whenever any Form of Government becomes destructive of these Ends, "it is the Right of the People to alter or to abolish it, and to institute a new Government, laying its Foundation on such Principles, and organizing its Powers in such Form, as to them shall seem most likely to effect their Safety and Happiness." Prudence, indeed, will dictate that Governments long established should not be changed for light and transient Causes; and accordingly all Experience hath shewn, that Mankind are more disposed to suffer, while Evils are sufferable, than to right themselves by abolishing the Forms to which they are accustomed. But when a long Train of Abuses and Usurpations, pursu-

미국 독립선언문(1776)의 첫 장

언'을 다음과 같이 천명하였다(McCrum, 1987:237).

> 미국과 잉글랜드 사이에는 토양, 풍토, 문화, 산물, 법률, 종교, 정부에 이르기까지 너무나 많은 차이가 존재한다. 미국은 이 모든 것들을 떠나보내고 힘차게 우리게 맞는 새로운 언어를 창조하여 미국어에 힘과 풍요로움을 불어넣어야 한다. 그리하여 미국어가 새로운 사상을 표출하는 동력이 되도록 하여야 할 것이다.

신생공화국인 미국이 당시 안고 있었던 문제는 미국이 이미 다언어 국가라는 점이었다. 그러나 상식적으로 볼 때, 역시 영어가 미합중국의 제1언어임은 움직일 수 없는 사실이었다. 당시 미국인 중 90%가 영국에서 온 이민의 후손이었기 때문이다.

영국이 누려왔던 주도권과 그 종속의 울타리 안에서 벗어나야 한다고 생각하고 독자적인 미국식 영어를 만들기 위해 노력한 사람들 중에 노아 웹스터(Noah Webster)가 있었다. 웹스터는 독립전쟁이 끝나자 1783년부터 3년간에 걸쳐 '철자법, 문법, 독본'의 3권으로 된 초등영어교과서를 출판하였다.

맨 처음에 간행된 《미국철자법》(American Speller)이란 책은 그 후 100여 년에 걸쳐 6,000여 만 부가 팔리기도 하였으며, 철자에 충실한 미국식 발음은

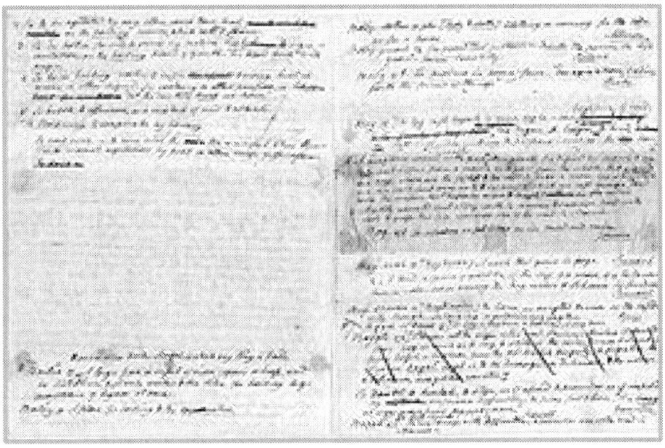

웹스터가 손으로 쓴 《웹스터 사전》의 어휘 항목

웹스터의 덕분이기도 하다. *colour* 대신 *color*, *waggon* 대신 *wagon*, *fibre* 대신 *fiber*, *defence* 대신 *defense*, *tyre* 대신 *tire*와 같은 철자는 그의 노력에서 얻은 열매이다. 또한 어휘를 한 음절씩 발음하는 미국식 패턴도 그의 노력의 결과이기도하다. 즉 secretary BE /s΄ekrətəri/ - AE /s΄ekrət`eri/, waistcoat BE /w΄eskət/ - AE /w΄eɪstk`oʊt/에서처럼 미국영어는 철자에 충실하게 발음하려고 노력하였다. Webster(1789)는 열정적으로 영국식 영어와는 별개로 미국영어의 독립을 강조하기도 하였다. 웹스터의 이러한 일련의 노력은 26년간의 노력 끝에 1828년에 간행된 *An American Dictionary of the English Language*에서 절정에 달하였다.

미국영어의 특성

미국영어의 기초는 제1기 식민지 시대의 영어로서 당시의 엘리자베스 I세 시대의 셰익스피어와 밀턴(John Milton)의 영어가 주축을 이루며 표준어와 지역 방언, 그리고 하층민들의 사투리 등이 이식되었으나 이 후 많은 노력과 국민적 의식으로 인하여 오늘날과 같은 미국영어로 발전하였다. 노아 웹스터는 미국영어 형성의 선봉에 섰던 학자로서 미국인의 철자법, 발음, 관용어법 등에서 미국적인 변혁을 일으켰으며, 미국영어의 표준화에 지대한 공헌을 하였다. 언어학자인 멩켄(H. L. Mencken)은 방대한 분량의 미국어(The American Language, 1919)를 출판하면서 영국영어에 대응하여 처음으로 '미국어'라는 용어를 사용하여 영국영어와 차별화하였다.

미국영어의 일반적인 특징은 다음 세 가지로 요약할 수 있다.

첫째, 광대한 영토와는 달리 동질적 특성을 지닌 획일성(uniformity)을 지니고 있다는 점이다. 영국에서 이주해 온 이주민들이 가장 먼저 정착한 곳은 매사추세츠를 중심으로 하는 뉴잉글랜드 지역과 남부 식민지의 중심인 버지니아 해안의 저지대였다. 이들 지역에는 일찍부터 영국에서 많은 이주민이 정착하였다. 이들은 미개지를 개척하면서 확고한 기반을 닦았으며 영국적인 전통 확립에 노력하였다.

그러나 세월이 흐름에 따라 인구가 점차 증가하면서 이주민들의 이동이 시작되어 서로 뒤섞이게 되었다. 매사추세츠에 정착했던 이들은 주거공간이 좁아지자 북쪽과 남쪽으로 진출하였고 다른 곳에 정착하던 이들도 뉴욕, 뉴저지 심지어는 훨씬 남쪽에 위치한 조지아 주까지 진출하였다. 그리하여 방대한 영토를 차지한 미국임에도 크게 두드러진 방언의 차이가 없다는 것이 미국영어의 통일성과 획일성을 잘 나타내주고 있다.

일정한 지역 내에 오랫동안 머물지 않고 항시 이동하는 미국적 생활양식으로 인해 지역적인 특색을 싹트게 할 시간적인 여유가 없었던 미국인들의 이동성(mobility)은 미국인들의 상호 융화를 촉진하고 미국영어에 통일성을 부여하는데 또 하나의 결정적인 역할을 하였다.

두 번째, 미국영어에서 그대로 유지되고 있는 보수적인 고풍적 특성(archaism) 내지 보수성(conservatism)을 꼽을 수 있다. 영미영어의 차이를 언급할 때 흔히 등장하는 것으로 [r]음의 발음을 들 수 있다. 즉, 영국영어에서는 far away, door open의 경우처럼 연음(liason)으로 [r]음이 발음되는 경우를 제외하고는 발음되지 않는다. 이처럼 [r]음의 상실은 영국영어에서는 이미 17세기에 일어나기 시작하여 18세기에 이르러 완전히 사라져버렸다. 그러나 미국영어에서는 일부 뉴잉글랜드나 남부를 제외하고 뚜렷하게 발음되고 있다.

어휘에 있어서도 영미영어는 서로 다른 어휘를 사용한다. 영국에서는 이미 잘 쓰이지 않는 어휘나 어법이 미국영어에서는 여전히 쓰인다는 점이다. ‘I guess’, gotten, to loan, mad(= angry), fall (= autumn)을 포함하여 뉴잉글랜드 지방의 fast, path 등에서 들리는 ‘flat [a]’, to wilt(= wither), rare(= underdone) 등, 17~18세기 영국영어의 특징적인 현상이 미국영어에 그대로 깃들어 있다.

세 번째, 새로운 복합어(backwoods, underbrush, etc.)를 사용하는 등, 영국영어의 전통과 규범을 따르지 않고 독자적으로 성장과 발전(progressiveness)을 한다는 점이다. 지역 방언으로는 대체적으로 Northern, North Midland,

South Midland, Southern 방언으로 나누어지며 문화, 교육, 연령, 환경 등의 차이에 의한 사회 방언의 하나인 인종적 방언으로는 Black English(Ebonics)에서 쓰이는 어휘나 표현을 들 수 있다. 예: six [sik], box [bok], tests[tɛsiz], thigh[tai], then[den], three[fri], tooth[tuf], fight[fa:t], rest[res], etc.) She be hear everyday.; She happy. He here now.(*be*의 생략), She doesn't have no dog. (double negative), 이밖에 Chicano English, White English 등이 있다.

미국영어의 발음과 철자

18세기 중반 미국에는 지역적인 말투와 문화가 자리잡게 되었고, 그것은 다음과 같은 네 부류의 이민자들 물결이 미국에 들어오면서 생겨났다. 첫째, 영국의 동부지역에서 뉴잉글랜드로 이주해 온 청교도들(1629~1640), 둘째, 영국 남부에서 버지니아로 이주해 온 왕당파와 연기(年期) 고용인들, 셋째, 영국의 북부 미들랜드, 웨일즈에서 델라웨어(Delaware Valley)로 이주해 온 집단(1675~1725), 넷째, 스코틀랜드 국경지방과 북부 아일랜드에서 아팔라치아로 이주해 온 집단(1718~1775) 등, 네 집단이 미국에 자리를 잡았고, 별개의 영어방언을 사용했다. 이러한 방언의 차이에도 불구하고 대체로 '획일성'을 유지할 수 있었다는 것이 또한 미국영어의 특색이라고 할 수 있다. 그러나 1770년대에 오면서 미국영어는 영국영어와 서서히 여러 가지 분야에서 차이를 나타내기 시작하였다.

오늘날 현대영어에서 영국영어와 미국영어 간의 발음 차이를 나타내는 대표적인 예로는 다음과 같다.

1) 철자 ⟨a⟩의 발음의 경우에 있어서 '⟨a⟩ + /f, s, θ/', '⟨a⟩ + /n/ + 자음'의 음운적 환경에서의 ⟨a⟩의 발음에 있어서 영국영어에서는 [ɑ]로 발음이 되는 반면에 미국영어에서는 [æ]로 발음이 되는 경우가 대략 150여 개의 단어에서 나타난다. 그 예를 살펴보면 다음과 같다. *advance, after, aunt,* *answer, ask, bath, blast, brass, cast, command, chance, can't, dance, draft, fast, grant, grass, grasp, glace, half, last, path, pass, past, plant,* etc. 16세기 때는 영국영어에도 [æ]로 발음이 되었으나 19세기에 접어들면서 영국영어에서는 [ɑ]로 발음되기 시작하였다. 그러나 미국영어에서는 옛것을 그대로 사용하고 있으니 이는 미국영어의 보수성을 보여주는 면이다. 그 외의 경우에는 다음과 같은 예를 들 수 있다.

AE /ɑ/ versus BE /ɔ/: *pot, rod, got,*

AE /ɔ/ (low) versus BE /ɔ:/ (much higher and more rounded): *all, saw, law, ball*

2) 철자 〈r〉을 발음하는 경우 영국영어에는 어두에 오는 〈r〉의 경우를 제외하고는 모두 발음을 생략하는데(Non-Rhotic accent), 미국영어에는 모든 환경에서 발음(Rhotic accent)을 한다.

AE central vowels /ɝ/ and /ɚ/ (r-colored) versus BE non-colored /ɜ/ and /ə/: *bird*(/bɜ:d/ (BE) - /bɜrd/ (AE)), *burn, curve, learn, lurk, turn, third etc.*

3) 철자 〈t〉는 미국영어에는 'wa*t*er, bu*tt*er, le*tt*er'의 예에서와 같이 모음과 모음 사이에 있는 음소 /t/의 발음이 [d]에 가까운 유성음화된 발음을 한다. 또한 'twe*nt*y, ple*nt*y, wi*nt*er'의 경우에서와 같이 [n] 뒤에서는 약화 내지 탈락 현상이 일어난다.

4) 그 외 이중모음(diphthong)의 경우 차이를 살펴보면 다음과 같다.

	AE	BE
simultaneously	/sɑɪmlt′eɪjəslɪ/	/sɪmlt′eɪjəslɪ/
anti-(prefix)	/′æntɑɪ/	/′æntɪ/
candidate	/k′ændəd`eɪt/	/k′ændədɪt/
brocade	/broʊk′eɪd/	/brək′eɪd/

5) 기타 불규칙한 차이(Irregular Differences)를 보이는 예는 다음과 같다.

	AE	BE
advertisement	/`ædvɚt′aɪzmənt/	/ədv′ɜtɪzmənt/
dynasty	/d′aɪnəstɪ/	/d′ɪnəstɪ/
either	/′iðɚ/	/′ɑɪðə/
nephew	/n′ɛfyʊ/	/n′ɛvyʊ/
progress	/pr′ɑgrɛs/	/pr′əʊgrɛs/
z	/zi/	/zɛd/

미국영어의 철자(spelling)의 특성은 한마디로 요약하면 발음과 철자의 일치성 및 간결성이라 하겠다. 영국영어에 비해 미국영어의 철자는 덜 번잡하여 다루기 쉽다. 미국영어에서 발달한 철자법은 웹스터(Noah Webster)에 힘입은 바가 크다. 영국과 미국영어 간의 철자 차이를 예를 간단히 들어보면 다음과 같은 것들이 있다. 각 쌍들의 예에서 앞의 단어는 미국영어의 철자를 나타내고 뒤의 영어는 영국영어의 철자를 나타낸다. 대체적으로 미국영어의 철자는 발음과의 일치를 나타내고자 한 노력이 나타난다.

AE	BE	AE	BE
honor	honour	mold	mould
analyze	analyse	center	centre
traveled	travelled	installment	instalment
license	licence	tire	tyre
gypsy	gipsy	medieval	medi(a)eval
program	programme	sulfur	sulphur
inclosure	enclosure	check	cheque etc.

미국에서의 철자개혁은 처음에는 교육적인 관심에서 시작되었으나 나중에는 민족주의와 결부되어 미국영어를 영국영어와 구별하려는 미국인의 열망에서 한층 강화되었다. 18세기 초 벤저민 프랭클린(Benjamin Franklin)이 주장한 철자개혁과 더불어 미국영어의 철자를 개혁하는 데 큰 공헌을 한 사람은 웹스터(Noah Webster)로서 발음이 안 되는 묵음이나 불필요한 철자를 삭제(bread > bred, give > giv etc.)하였다. 오늘날 영국영어의 철자와 구분되는 미국영어의 철자로는 favor(BE favour), meter(BE metre), check(BE cheque) 등이 있으며, music(< musick), logic(< logick) 같은 단어의 어말에서 '-k'를 삭제한 것이 영국영어에서도 채택되어 쓰이고 있는 것은 웹스터의 노력 결과이기도 하다. 20세기 초에는 강철왕 카네기(Andrew Carnegie)의 재정 지원하에 철자 간소화 위원회가 설립되기도 하였고, 정부당국에서도 이를 뒷받침하였으나 끝내 성공하지는 못했다.

어휘, 어법 및 문법

미국영어 어휘와 어법이 영국영어와의 차이를 나타내는 예를 다음과 같이 일부만 비교하여 제시한다.

1) 어휘

AE	BE	AE	BE
apartment	flat	automobile[car]	car
baggage[luggage]	luggage	broiled	grilled
cab [taxi]	taxi	candy	sweets
check(restaurant)	bill		
(to) check out(hotel)	(to) leave, ect.		

2) 어법

AE	BE
(to) break into line	(to) jump the queue
it means: to get into the middle of a line	
green thumb	green fingers
it means: an unusual ability to make plants grow	
(to) hop to it	(to) jump to it
it means: to hurry up, to start doing something	
in high gear	in top gear
it means: at top speed,	
(to) make a long story short	(to) cut the long story short
it means: to say something briefly, etc.	

3) 문법

문법상의 차이라 함은 미국이나 영국에서 사용하는 각각의 방언 개념이 아니고 표준어로서 개념과 관용법(usage)을 포함하는 것으로써, 미국영어 문법의 특색은 관사를 생략한다든가 등의 편리함과 또는 수월함이며, 형용사의 부사적 용법, 시제의 혼동 등, 영국 본토 서민계층의 언어와 밀접한 관계가 있으며, 언어적 규범보다는 사회 변화에 민감하게 반응하여 변화에 대하여 유연하다고 할 수 있겠다. 몇 가지 예를 들어보면 명사 'accommodation'에 대하여 가산명사(Countable Noun)로의 취급으로 인하여 영국영어에서는 'There *isn't* enough *accommodation*. (BE)'로 사용하는 표현을 'There *aren't* enough accommodation*s*. (AE)'로 표기하거나, 조동사 'will/shall'의 구분 사용에 있어서 거의 'will'의 사용으로 대체한다든가, 관용적인 표현으로 사용하는 동사의 어휘 선택에 있어서도 'have a bath(BE)'에서 have 대신에 take 동사를 사용한다든가, 가정법 문장에 있어서 'I demanded that should apologise. (BE)'의 문장에서 'should' 조동사를 사용하지 않는 'I demanded that he apologize. (AE)' 문장을 사용하며, 문장 'Will you be here at the weekend? (BE)' 사용하는 전치사 'at' 대신에 문장 'Will you be here on the weekend? (AE)'에서와 같이 'on'을 사용하고 있다. 특히 시제 표현에 있어서는 다음과 같이 시제(Tense)와 상(Aspect)의 구별을 엄격히 적용하지 않고 시간의 연속적인 사항에 있어서는 문맥적인 판단에 의존하여 하나의 시제로 표현하기도 한다. 즉 'I've lost my key. Have you seen it? (BE)' 이런 문장 내용의 상황에서 'I've lost my key. Have you seen it?'이란 정확한 시상(Aspect)이 반영된 문장을 사용하기도 하지만, 과거시제만으로 쓰인 'I lost my key. Did you see it? (AE)'이란 문장을 사용하기도 한다.

Suggested Readings

Belton, J. (2008) *American Cinema/American Culture.* 2nd. Ed. McGraw-Hill.

Hammond, E. (1994) *A Brief History of the United States.* Kantor Wydawniczy Saww.

Janicki, K. (1995) *Elements of British and American English.* Kantor Wydawniczy Saww.

McCrum, R. et al (1987) *The Story of English.* faber and faber, BBC Publications. [a new and revised edition, 1992]

Svartvik, J. and Leech, G. (2006) *English: One Tongue, Many Voices.* Palgrave.

Questions to Consider

1. 미국의 전통적인 가치관(traditional values)이 무엇인지 설명하시오.
2. 미국은 세계 최다의 다민족 국가이다. 그로 인한 인종차별의 문제가 상존하고 있다. 인종차별에 대한 내용과 그럼에도 불구하고 미국의 힘은 어디에서 나오는가?
3. 표준적인 개념에서의 미국영어는 어떤 영어를 말하고 있으며, 전체적으로 미국영어의 특징은 무엇인가?
4. 영국영어와 미국어로서의 미국영어의 차이점은 무엇인가?

캐나다

개관

캐나다(Canada /'kænədə/)는 세계에서 두 번째로 영토가 넓은 나라로 북아메리카 대륙의 북쪽 부분에 위치하고 있으며, 10개의 주(province)와 3개의 준주(territory)로 연방을 구성하고 있다. 다양한 인종과 가지각색의 문화를 가지고 있는 캐나다는 약 3천 년 전부터 인디언 원주민과 에스키모인들이 거주

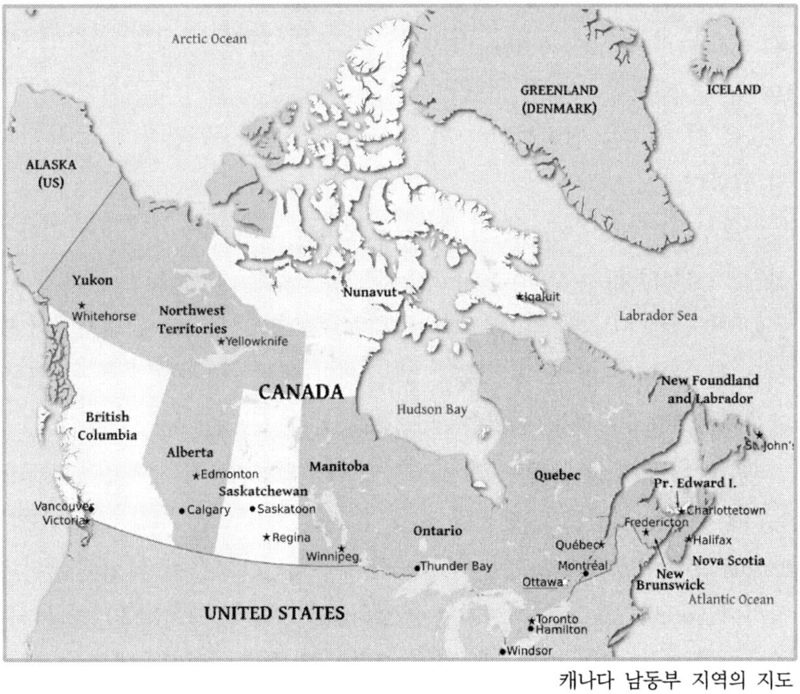

캐나다 남동부 지역의 지도

하고 있었으며, 10세기경에는 북유럽의 바이킹족에 의해 발견되기도 하였다.

정치·지정학적으로 복잡한 역사를 지닌 캐나다는 현재 프랑스어와 영어 등 두 개의 언어를 공식 언어로 사용하는 이중언어 정책을 채택하고 있는데, 이 장에서는 캐나다 성립의 역사와 문화를 간단히 살펴보고 위에서 언급한 영국영어 및 미국영어와는 또 다른 유형의 영어인 캐나다영어(Canadian English)와 그 특징을 자세하게 조명하고자 한다.

역사

캐나다 동부 해안에 맨 처음 도착한 첫 번째 유럽인은 스칸디나비아 반도에 거주하던 이른바 바이킹 부족(Vikings)으로 학자들은 추정하고 있다. 뉴펀드랜드 북쪽 끝에 위치한 넓은 평원(L'Anse aux Meadows)에 흩어진 바이킹인들의 정착지 중 한 곳에서 발굴된 이들의 옛터는 현재 유엔의 문화유산 장소로 지정되어 있다. 그러나 바이킹인들이 미 중서부 내륙 깊숙이 룬 문자(runes)가 새겨진 바위가 있다는 보고가 그동안 끈질기게 나돌았으나, 바이킹인들은 이 지역을 탐험하면서 언어나 다른 증거가 될 만한 흔적을 거의 남기지 않았다.

그로부터 수백 년이 지난 1497년에 영국을 탐험하러 가던 이탈리아 제노바 선원 카보트(John Cabot)가 뉴펀드랜드와 브레튼 곶(岬)을 발견하게 되고, 이 곳에 거대한 대구 어장이 형성되어 있다는 보고가 유럽에 전해지면서 영국 어선을 위시하여 프랑스, 포르투갈 및 스페인 어선들이 이곳으로 몰려들었으나, 당시에는 어느 나라도 이곳을 식민지로 삼을 시도는 하지 않았다.

캐나다의 내륙에 이르는 먼 곳까지 조직적으로 맨 처음 탐험을 시도한 사람은 1534년에 세인트 로렌스만(灣)을 발견한 프랑스인 자크 카르티에(Jacque Cartier)였다. 17세기 초에는 프랑스인이 유럽인으로서는 최초로 캐나다에 정착하여 1663년 프랑스 식민지를 건설하였다. 그 후, 프랑스와 영국 사이에는 캐나다 동부 지역의 지배권을 놓고 수없이 전투가 벌어졌으며, 1763년에 체결된 파리 조약(Peace of Paris)에 의해 드디어 캐나다 전역이 영국의 지배하에 들어가게 되었다.

캐나다의 영어 사용 인구는 미동부의 13개 식민지로부터 미국의 식민정책에 반대하는 많은 영국인(이들을 Royalists라고 불렀음)들이 캐나다로 이민을 오면서 1776년 이후 급격하게 늘어났다. 18세기 후반에서 20세기에 이르기까지 캐나다 이민의 주요 국가는 미국이었다. 18세기 말과 19세기 초에는 수천 명의 스코틀랜드인들이 캐나다에 들어왔으며 1846년 아일랜드에 감자기근이 일어나면서 약 9만 명의 아일랜드인들이 캐나다에 들어와서 정착하였다. 19세기 초반에 캐나다에 이주한 영국인들은 무려 80만 명에 이른다. 한편, 캐나다 서부의 광활한 지역은 20세기 초반 150만 명 이상의 많은 새로운 이민을 불러들이는 계기가 되었다.

1783년 미국의 독립전쟁이 끝난 후 연합제국을 지지하는 이들이 퀘벡(Quebec)과 노바 스코샤(Nova Scotia)로 이주하였는데 이들은 미국에 이주한 영국의 식민지인들이었다. 그리하여 퀘벡을 제외한 캐나다 전 지역에 장차 영어를 사용하는 인구가 우세하게 된 계기가 되었다. 영국은 19세기 동안 북미 지역의 식민지 영토를 계속해서 확장하여 캐나다와 노바 스코샤, 그리고 뉴브런스윅(New Brunswick)을 포함하여 '캐나다'란 자치령 식민지를 형성하였다. 이 자치령은 20세기 중반까지 영국의 다른 식민지와 영토를 흡수하여 오늘날의 캐나다를 탄생시켰다.

1981년 영국과 캐나다 정부에서 헌법 수정권을 영국 정부에서 캐나다 정부로 이양하는 개정 절차에 동의하였으나 퀘벡주는 반대하였다. 그러나 1982년 엘리자베스 여왕 2세의 공표에 의해 캐나다는 헌법 수정권을 영국 정부로부터 이양받으면서 완전히 독립하였다.

1960년대에 퀘벡에서 있었던 이른바 '조용한 혁명'(Quiet Revolution)이 일어나는 동안 심각한 사회, 경제적 변화를 겪은 일부 프랑스계 퀘벡인들은 캐나다 정부로부터 더 많은 지역 자치나 부분적 또는 완전한 분리 독립을 요구하기 시작하였다. 언어, 사회, 문화적인 거리감으로 인한 프랑스계 퀘벡인과 영국계 간의 거리감은 최근에 이르기까지 분리 독립을 위한 수차례의 국민투표를 실시하였으나, 모두 부결되었다. 그럼에도 퀘벡의 분리독립을 위한 주권운동은 지금도 계속되고 있다.

이중 언어정책

앞에서 언급한 것과 같이 캐나다는 영어와 프랑스어를 공식 언어로 사용하는 이중 언어정책을 채택하고 있다. 영어와 프랑스어는 캐나다 연방 법원, 의회 및 모든 연방 기관에서 동등한 지위를 가지고 있다. 1977년 퀘벡주 의회에서 프랑스어 헌장을 채택하면서 프랑스어가 유일한 공식 언어가 되었으나, 실제로는 영어와 프랑스어를 모두 이용할 수 있도록 하고 있다.

캐나다 거주민의 98% 이상이 영어와 프랑스어 중, 하나의 언어를 사용하고 있다. 프랑스어를 사용하는 곳은 퀘벡 주를 포함하여 뉴 브런스윅, 동부 온타리오 주와 북부 온타리오 주, 매니토바(Manitoba) 주의 남부 지역에서 쓰이며 다른 3개의 준주 지역에서는 두 언어를 공식 언어로 사용하고 있다. 프랑스어를 사용하는 주민의 95%는 퀘벡인들이다.

문화와 스포츠

캐나다의 대중문화는 미국의 영향을 많이 받아 발전하였기 때문에 캐나다 고유의 문화가 발달하는데에는 어려움이 많았다. 1970년대에 캐나다 정부는 문화와 예술을 장려하는 법을 제정하고 문화 예술인들을 적극적으로 지원하였으며, 그 후 영화 및 음악 분야에서 괄목할 만한 발전을 이룩하였다.

다문화주의는 캐나다 사회를 잘 나타내주는 표현으로 캐나다 정부는 1971년 캐나다에 거주하는 각 인종의 다양성을 인정하는 '다문화정책'을 채택하고 인종, 언어 및 종교에 관계없이 캐나다 시민이라면 누구든지 모든 시민이 평등하다는 개방적인 사회를 건설하려는 노력을 지속적으로 해오고 있다.

캐나다는 가장 대중적인 오락인 영화 산업의 모든 영역에서 혁신을 추구해 왔다. 영화 제작환경에서 세계적인 경쟁력을 가지고 있기 때문에 미국의 할리우드를 포함한 전 세계 각국의 영화 제작자들이 영화를 제작하는 장소로 캐나다를 꼽고 있는 것 또한 캐나다의 영화산업에 큰 활력소가 되고 있다. 캐나다 영화 및 텔레비전 산업은 북아메리카의 관객을 대상으로 작품을 제작, 배포하고 있다.

밴쿠버(Vancouver)는 로스엔젤리스 다음으로 세계에서 두 번째로 큰 영화 산업의 중심지로 부상하였다. 또한 해마다 토론토에서 열리는 토론토 국제 영화 페스티벌은 북아메리카 영화에서 가장 중요한 행사 중의 하나로 널리 알려져 있다. 이밖에 밴쿠버 국제 영화 페스티벌을 비롯하여 몬트리얼과 몇 개의 다른 도시에서 열리는 영화제도 영화 제작자들과 일반 영화 대중들에게 다양한 영화를 접할 수 있는 기회를 제공하고 있다. 캐나다가 낳은 유명한 영화감독으로는 온타리오 주 출신의 제임스 카메론(James F. Cameron), 애텀 에고얀(Atom Egoyan) 등이 있고 캐나다가 배출한 유명 배우로는 짐 캐리(Jim Carrey), 마이클 폭스(Michael J. Fox), 키아누 리브스(Keanu Reeves) 등이 있다.

캐나다의 음악은 지역에 따라 다양한 음악이 존재한다. 퀘벡으로 들어온 프랑스계 이민자들은 그들의 음악을 캐나다로 들여와 앵글로-캐나다의 켈트음악과 혼합한 음악을 만들어 내었다. 한편, 대서양 북동부에 위치한 캐나다 서부지역에는 스코틀랜드, 아일랜드, 켈트 및 아카디아인들이 지닌 전통의 영향으로 인해 이들 특유의 음악 형태를 만들어 내었다.

영국계 캐나다인의 음악은 뉴펀드랜드(Newfoundland)에 잘 보존되어 있다. 영국 서부 지역의 민요 및 일종의 어부의 노래라고 일컫는 sea shanties의 영향으로 이 지역의 음악은 아일랜드 음악의 주제와 혼합하여 만들어진 것이 특징이다.

캐나다인들은 다양한 스포츠를 즐긴다. 캐나다에서 가장 인기있는 스포츠는 아이스하키(ice hockey)로 1870년대 캐나다에서 처음 시작된 이후 종주국으로서 세계 최강의 실력을 가지고 있다. 캐나다 축구 또한 인기있는 경기로 길고도 유수한 역사를 지니고 있다. 하키 다음으로 캐나다 관객에게 널리 인기를 누리는 컬링(curling)은 하키나 북미 스포츠의 다른 경기 종목만큼 관전 스포츠로 인기가 있지는 않으나 캐나다 전역에 걸쳐 가장 인기가 높다. 컬링의 발상지는 스코틀랜드이나 캐나다는 일찍이 컬링을 받아들인 국가로 1807년 왕립몬트리얼클럽을 결성한 이후 컬링을 발전시켜 왔다. 이밖에 축구, 야구, 골프, 사커, 테니스, 볼링 등, 다양한 스포츠가 있다.

캐나다영어

역사 캐나다가 영어 사용 정착자들에게 처음으로 개방된 것은 1713년 위트레히트 조약에 의해 브레튼 곶 섬(Cape Breton Island)을 제외한 연해지역이 영국인의 소유가 되면서부터였다. 1713년과 1763년 사이에는 영국인과 미국인 정착자들(후자는 주로 대부분 뉴잉글랜드 지역에서 왔음)이 노바 스코샤로 옮겨 왔고, 1749년에는 할리팩스가 생겨났다. 1763년, 캐나다 동부지역의 지배권을 놓고 벌어진 프랑스와 영국간의 7년 전쟁이 종식되면서 브레튼 곶 섬을 포함한 캐나다 전역이 법적으로 영국의 지배하에 들어가게 되었다.

> **연해지역**
> 처음엔 Acadia로, 후에는 Nova Scotia, New Brunswick, Prince Edward Island로 됨.

1776년 이전까지는 캐나다에 인구가 별로 유입되지 않다가 1776년 이후 미 동부의 13개 식민지로부터 미국의 식민정책에 반대하는 많은 영국인들(이들을 Tories 또는 Loyalists라고 부름)이 캐나다로 유입되면서 인구가 급격하게 늘어났다. 이들이 들어오면서 자연히 당시 사용하던 (구어체 영국) 영어를 캐나다에 이식시켰고, 이들이 캐나다의 영어사용 인구의 선조가 된 셈이다. 또한, 자국의 경제사정으로 스코틀랜드에서 게일어를 사용한 스코틀랜드인들도 들어와서 노바 스코샤 본토 동쪽 끝에 위치한 브레튼 곶 섬에 정착하였고, 일부는 프린스 에드워드 아일랜드, 퀘벡, 온타리오에 정착하였다.

노바 스코샤에 들어온 이들은 그들이 가지고 온 영어와 관습을 그대로 유지하였으나, 다른 지역에 들어온 영국인들은 영어를 사용하던 이웃 정착인들과 점차 동화되었다. 화란인, 독일인들도 숫자로는 적으나 노바 스코샤와 온타리오에 들어왔다. 영국에서 온 상인과 무역업자들은 세인트 로렌스 강을 따라 모피 무역의 중심지인 몬트리얼에 정착하였다.

이들 정착자들 중에서 당시 숫자로나, 세력으로나 중요한 위치에 있던 왕정주의자들이 온타리오 주로 유입되고 퀘벡 주에 영어사용의 쐐기를 박았다. 1740년 이후 뉴잉글랜드인들이 살고 있던 연해지역에 정착하면서 명분을 세워 1812년에 일어난 전쟁기간동안 미국인들이 캐나다로 들어오는 것을 봉쇄하였다. 이들 영국인은 영국에 대한 충성으로 인해 뉴잉글랜드로 건너와서 고통받던 보수주의자들(conservatives)로서, 여기에다 그들이 사용한 언어(즉, 영국영어)의 보수성까지 가세하여 강한 정치적, 심리적 보수성을 띠게 되었다. 이들이 지니고 있었던 이러한 정신적인 체질이 오늘날 캐나다영어와 캐나다인의 생활에 적지 않은 영향을 끼치게 된 것이다. 그러므로 캐나다영어는 이들 왕정주의자들에 의해 형성되었다고 해도 과언이 아니다.

이 과정에서 또 한 가지 간과할 수 없는 사실은 초기에 영국인이 지배하던 캐나다에는 미국인이 아닌 영국 군인들이 상당수 주둔해 있었다는 점이다. 1763년 이후 캐나다에는 영국군이 주둔하면서 수비에 임하였고, 당시 할리팩스와 퀘벡은 군사상 중요한 군사기지였다. 미국 혁명을 전후하여 캐나다의 군사적인 중요성이 점차로 증가하고, 요새와 군주둔지가 모두 강화되었다.

1812년의 치열했던 전쟁이 가라앉은 뒤, 영국군의 수는 점진적으로 줄어들었으며, 19세기말에 이르러서는 미국과의 우호적인 관계가 수십 년간 지속되면서 캐나다에 남아 있던 영국군 잔류병력마저 모두 철수하였다. 그런데 이들 중에는 귀국하지 않고 캐나다에 남아 영구히 정착한 이들도 있었는데, 장교들은 활발하게 사회생활을 하였으며 사병들도 일반 서민들과 섞여 생활하였다.

그러나 이들은 근본적으로 캐나다에 와서 생활한 왕정주의자들의 언어사용에 큰 영향을 끼치지는 못하였다. 1830년까지 이들 왕정주의자들에 의해 이루어진 (영국)영어의 틀은 캐나다 땅(주로 Upper Canada)에 확고히 뿌리를 내린 셈이 되었다.

그러다가 19세기 중엽 이후 영국에서 대부분 저소득층의 이민들이 대거 캐나다로 건너와서 정착하기 시작하였다. 캐나다를 형성한 이들은 다름 아닌 왕정주의자들이었고, 캐나다의 지배 계급을 이루고 사회 규범을 세우며 (영국)영어를 뿌리내린 이들 또한 왕정주의자들이었으나, 1850년부터 캐나다에서의 이들의 정치적, 사회적인 위치가 점차 불안해지고 사회적, 민족적인 배경의 차이가 점점 덜 강조되었다.

두 차례에 걸친 세계대전의 참가는 캐나다인들의 민족주의(Canadian nationalism)를 불러일으키는 계기가 되었으며 특히, 프랑스계 캐나다인들(French-Canadians) 중에 이런 성향이 강하게 나타났다. 그러나 언어상으로는 아직도 왕정주의자들의 영향이 전반적으로 널리 퍼져 있었으며, 소위 캐나다영어라는 것은 방언상의 변이가 비교적 큰 미국영어와는 달리 아직 방언의 차이가 두드러지게 드러나지 않았다. 캐나다 서부지역은 미국의 중서부에서 건너온 미국인들에 의해 어느 정도 식민지화하여 이미 캐나다영어의 미국 기지가 된 셈이며, 미국영어의 끊임없는 영향이 캐나다영어에서 무시할 수 없는 요인으로 작용하고 있는 것이 오늘의 현실이다.

영미영어의 혼합어 캐나다영어가 어떻게 해서 생겨났는지에 관해서는 대체로 세 가지 학설이 있다.

첫 번째 학설은 캐나다 성립 초기 식민지 시절로 돌아가서 캐나다영어는 원래 순수하고 단순한 영국영어에서 온 것이라는 학설인데, 영국문학이 오랫동안 캐나다와 같은 모든 영어사용국가의 공통유산의 일부를 차지해온 데다가 학교에서 주요 과목으로 가르쳐온 점을 생각하면 당연한 얘기일 수도 있다.

캐나다의 교육제도는 의식적으로 미국식이 아닌 영국식 교육제도를 택하여 오랫동안 영국영어를 가르치기 위한 교육을 시행하여 온 것이 사실이다. 또한, 캐나다 영어교육의 일부를 이루는 통사(문장구조), 문법, 철자교육이 지난 백여 년 간 거의 유일하게 영국영어를 모델로 하여 이루어져 왔을 뿐만 아니라, 캐나다의 각급 학교에서 가르치는 '공식' 철자는 영국식 표준 철자이고 '공식' 사전 또한 미국식 웹스터 사전이 아닌 옥스퍼드류의 영국식 사전이었다.

두 번째 학설은 캐나다영어가 미국영어의 한 지역변이형(regional variation)에 지나지 않는다는 학설이다. 즉, 캐나다영어는 영국영어의 발음과 어휘의 상당수를 그대로 지니고 있으면서도 미국영어의 언어적 특성을 대부분 공유하고 있다는 것이다.

이 학설은 캐나다가 미국의 강력한 영향을 받게 되면서 미국 어휘와 발음 및 언어 형태가 원래 순수한 영국식 모델(British *Ursprache* of Canada)이었던 캐나다영어에 들어와서 오염되었다는 학설로서, 이것을 오염 이론(contamination/pollution theory)이라고도 한다. 캐나다영어를 연구하는 학자들은 이 학설을 근거없는 것으로 반박하나 오늘날 정치, 경제, 사회, 문화, 언론 및 영화와 같은 매스미디어의 각 부문에서 미국의 강한 영향을 크게 받고 있는 캐나다가 캐나다 성립 초기의 영국영어보다는 미국영어 쪽으로 급선회하고 있는 현실을 감안한다면 이 학설은 어느 정도 설득력을 지닌다.

실제로 캐나다 서부의 중심도시인 벤쿠버(Vancouver)는 미국영어 사용자 수가 영국영어 사용자 수보다 훨씬 더 많고, 토론토(Toronto)만 해도 미국영어 사용자가 영어 사용 인구의 절반 이상을 상회하고 있다. 뿐만 아니라, 몬트리얼에서 쓰이는 영어, 즉 몬트리얼 영어(Montreal English) 또한 영국식보다는 미국식 영어를 더 많이 따르고 있다. 예컨대, *apartment* (flat), *back-yard* (back garden), *candy* (sweets), *living-room* (parlor), *pants* (trousers), *sidewalk* (pavement), *taxes* (rates), *undershirt* (vest) 등이 좋은 예다.

세 번째 학설은 캐나다영어는 근본적으로 영국남부에서 쓰인 표준영어와 스코틀랜드 학교 선생들이 가르친 영어를 수정해서 쓰게 된 18세기 미국영어에서 기인한다는 학설로서, 이것을 수정이론(modification theory)이라고도 한다.

미국의 식민정책에 반대하여 캐나다로 들어온 왕정주의자들이 사용한 영국영어가 후에 개량식 미국영어로 변하면서 붙여진 명칭이다.

> **왕정주의자**
> 이들은 원래 아일랜드와 스코틀랜드가 원 고향인 사람들로 대부분 뉴욕과 펜실베이니아에서 건너왔음.

이들이 사용한 영어는 영국영어이기는 하나 캐나다로 들어온 이후로 이것을 많이 개량한 미국영어가 사용되면서 미국영어는 미국 본토에서 쓰인 영어와는 다른 유형의 영어로 탈바꿈하면서 캐나다영어의 한 축을 이루게 되어 오늘에 이르렀다는 설이다. 그러나 개량식 미국영어라고는 해도 영국영어와의 차이가 별로 크지 않아서 *tarmes* (terms), *keept* (kept), *midle* (meddle), *togither*, *perticular*, *opportunity*, *barrill*, *deligates*, *deputys*, *mentain*, *strick* (strict), *askt*, *sworen* (sworn)에서 알 수 있듯이 대부분 철자의 차이에서 오는 것들이 고작이었다.

그러면 캐나다영어는 영국영어와 미국영어의 혼합어(blend)인가 하는 의문을 품게 된다. 결론부터 말하면 캐나다영어는 초기의 식민 종주국이었던 영국과 밀접하게 관계되어 철자, 발음, 어휘, 표현의 상당 부분에 이르기까지 영국식 영어를 사용하면서도 지리상으로 지척에 있는 미국의 정치, 문화, 경제의 파급효과로 인해 미국의 식민지화하여 미국영어가 갈수록 우위를 점하는 추세에 있다.

미국영어와 영국영어의 어느 쪽을 얼마나 더 많이 쓰는가는 지역과 환경 및 분야에 따라 좌우된다. 캐나다 서부지역의 관문으로 캐나다 제2의 도시인 밴쿠버는 미국영어가 영국영어에 비해 더 많이 쓰이고 남부에 위치한 캐나다 최대의 상업과 문화의 도시인 토론토에서 동북쪽으로 뻗어 있는 몬트리얼, 오타와, 퀘벡으로 올라갈수록 미국영어에 비해 영국식 영어가 더 많이 쓰이는 편이다. 특히, 퀘벡은 프랑스계 퀘벡 인구의 80%를 차지하며 한때 프랑스어만을 유일한 공용어로 사용하자는 '프랑스어 사용법'이 통과된 적도 있을 정도로 프랑스어 사용이 강한 곳이다. 이곳에서도 보수적인 영국식 영어가 사용되고 있다.

캐나다영어의 속성 오늘날 캐나다는 공식적으로는 두 가지 언어, 즉 영어와 프랑스어를 사용하고 있다. 3000만이 조금 넘는 인구 중에서 약 3분의 1에 해당하는 인구는 프랑스어를 사용하고 있으며, 영어를 사용하는 인구보다 프랑스어를 사용하는 인구가 2개 언어를 사용하는 비율이 더 높게 나타난다.

캐나다영어는 발음과 어휘에서 약간의 차이는 있으나, 오늘날 미국영어(GA)와 매우 흡사한 것으로 보고 있으며, 근본적으로는 18세기에 쓰인 미국영어의 후예로 주장하는 학자도 있다. 캐나다영어가 미국영어와 유사하다보니, 영국인들도 캐나다인들이 미국에서 온 것으로 착각하는 경우가 있을 정도이다. 캐나다영어가 이처럼 미국영어에 가까운 것은 지리상으로도 캐나다 인구의 대부분이 미국 국경에서 불과 100마일 이내에서 생활하고 있다는 점도 중요한 요인으로 작용하고 있는 듯하다.

캐나다영어는 호주영어나 미국영어와 같이 본래 토착어에서 출발한 것이 아니라, 캐나다 땅에 거주하던 원주민(인디언, 에스키모인 등)들의 언어를 비롯하여 캐나다에 들어온 이민들이 가져온 여러 유형의 언어가 캐나다영어에 유입, 동화, 수정되는 과정을 통해 형성되었으나, 이들 외부 언어가 캐나다영어에 끼친 영향은 그리 크지 않다.

그럼에도 불구하고, 캐나다의 북동부에 위치한 뉴펀들랜드 영어(Newfoundland English)에서 엿볼 수 있는 특이한 어법과 발음, 어휘 등을 통해 나타나는 커내디어니즘(Canadianism)은 발음, 철자, 어휘, 어법, 속어, 형태, 통사구조, 의미 그리고 명칭(지명, 인명, 동식물 명 등)에 이르기까지 여러 분야에서 영국영어 및 미국영어와는 다른 독특한 특징을 지니고 캐나다영어에 깊숙하게 스며들어 쓰이고 있다.

캐나다영어는 미국영어와 마찬가지로 영국영어에서 엿볼 수 있는 이른바 '표준영어'가 없기 때문에 표준발음(standard pronunciation)이라는 것도 존재하지 않는다. 캐나다영어사전을 편찬한 언어학자인 에이비스(Avis, 1956: 41-59)도 지적하고 있듯이, 심지어는 캐나다영어에 어느 정도 영향력을 지니고 있다는 온타리오 주의 영어사용자들조차 일상적으로 쓰는 어휘의 발음이 다양하게 나타난다. 즉, 캐나다영어를 사용하는 화자들은 지역에 따라 영국영어나 미국영어, 때로는 이들 영어를 혼합한 발음을 다양하게 사용하고 있다. 가령, '토론토'에 대한 발음이 방송 매체에서도 /tə'rɒntə/ 또는 /tə'rɑnə/ 등, 다양하게 쓰이고 있는 것이 좋은 예이다. 그러나 대체로 캐나다영어에서는 영국영어 표준발음(RP)과 미국영어발음(GA) 사이에 차이가 있을 때에는 전자, 즉 RP를 선호하는 경향이 있다.

특이한 것은, 캐나다의 텔레비전과 라디오 방송의 아나운서들은 주로 미국영어 발음을 사용하고 있으며, 후자는 권장사항으로 하고 있다. RP를 구사하는 이들도 상당수 있으나, 그것은 이들의 출신과 성장 및 교육적인 배경에 좌우된다.

캐나다영어에서 GA와 매우 독특하게 구별되는 발음은 무성자음 다음에 발음되는 이중모음 /ɑɪ/ 및 /ɑʊ/의 변이음들이다. 저모음인 /ɑ/(또는 /æ/)로 시작하는 대신 어두음(onset)이 중설모음이나 또는 중설 후모음([ə] 또는 [ʌ])으로 시작한다. 예컨대, *house, out, write*는 각각 [həʊs], [əʊt], [rəɪt]로 발음하는 것이다. 미국인들의 귀에는 캐나다영어의 [əʊ]가 [ɑʊ] 대신 [u]로 들리게 된다.

어떤 경우에는 이들 변이음의 발음으로 인해 동음어로 발음되었을 단어들을 구분해 주기도 한다. 예컨대, 캐나다영어에서도 모음 사이에 오는 /t/는 대개 유성음화시켜 발음하므로 젊은 세대에 속하는 미국인들은 *writer/rider*는 모두 [rɑɪdər]로 발음하여 동음어가 되는 반면, 젊은 세대의 전형적인 캐나다인들은 *writer*는 [rəɪdər]로, *rider*는 [rɑɪdər]로 발음한다.

대부분의 캐나다인들은 많은 미국인의 경우와 마찬가지로 *bought, pot, calm, part*와 같은 단어에서 /ɑ/와 /ɔ/를 음소적으로 구분하여 발음하지 못한다. 따라서 이들에게 *taught-tot, chalk-chock*는 모두 동음어로 간주되어 발음된다. *half, ask, class*는 캐나다인들도 미국영어에서와 같이 /æ/로 발음한다. 그러나 /ɑ/로 발음하는 캐나다인들도 많이 있다. *aunt, France*에서와 같이 비음 앞에 오는 모음은 RP의 /ɑ/보다는 /æ/를 더 많이 발음한다. *either, neither*의 경우, 전형적인 미국영어 발음인 /i/ 대신에 /ɑɪ/로 발음하는 일이 흔하다.

캐나다영어의 자음과 변이음의 수와 이들의 분포는 미국영어와 거의 똑같다.

캐나다영어에서는 어느 위치에서나 /r/을 발음한다. 모음 사이에 오는 /t/의 유성음화도 미국영어에서와 같다. 그러나 자음 /l/의 발음은 모든 음성 환경에서 다소 어두운 소리(즉, dark [l])로 실현되는 경향이 있다. /hw/ - /w/는 미국영어와 달리 구분해서 발음하는 이들이 많으나(*whale-wail*), 전반적인 캐나다영어의 흐름은 아니다.

*tune, due, new*와 같은 단어에서는 대부분의 미국영어 발음과 같이 치경음 다음에 /j/를 넣지 않고 발음한다. *lieutenant, schedule*는 전형적인 영국영어의 발음인데 캐나다영어에서는 대부분 미국영어식으로 발음하고 있으나, 특히 나이가 든 세대로 교육수준이 높은 캐나다인들 사이에서는 아직도 영국식으로 [*lieutenant* [lɛftənənt], *schedule* [ʃɛdjul]와 같이 RP를 선호하여 발음한다.

캐나다영어의 억양 유형(intonation pattern)은 미국영어와 별 차이가 없다. 그리하여 캐나다영어는 미국영어와 함께 북미영어(North American English)로 분류하는 이들도 있다. 그러나 일부 캐나다인들은 영국식 억양을 선호하여 *laboratory, corollary*와 같은 단어를 발음할 때 미국식으로 첫 음절에 강세를 두지 않고 두 번째 음절에 강세를 두어 발음한다. 이러한 경향은 특히 동부 캐나다의 교육수준이 높은 지역에서 흔히 쓰인다. 그러나 -ary, -ery로 끝나는 어휘들은 아직도 미국영어에서와 같이 제2강세를 두어 발음하는 것이 보통이다.

캐나다영어에 쓰이는 철자(spelling)는 영국영어와 미국영어의 철자 사이에서 서성이면서 독자적으로 일관된 철자를 사용하지 못하고 있다. '공식적'으로는 영국식 철자를 쓰도록 되어 있다. 중등학교는 물론 대다수 대학에서도 영국식 철자를 가르치고 있다. 따라서 *labor, center*보다는 *labour, centre*를 쓰며 대학의 연구소는 대부분 이 표준을 따르고 있다.

그러나 한편으로는 소위 'Americanized spelling'의 영향도 캐나다영어에 깊이 들어와서 캐나다에서 발행되는 신문 및 잡지의 상당수는 미국식 철자를 선호하여 영국식 철자인 *aeroplane, barytone, connexion, fount, gasolene* 대신에 미국식 철자인 *airplane, baritone, connection, font, gasoline*을 사용하고 있다. 이와 동시에, 미국식 철자인 *caldron, check, furor* 대신에 *cauldron, cheque, furore*를 쓴다. 1960년 캐나다 교육협의회가 캐나다 언어학회와 캐나다 대학교수 협의회의 위촉으로 영어의 철자개혁에 관한 보고서를 마련하여 철자개혁을 시도한 적이 있었으나, 찬반 양론이 오랫동안 지속되면서 결국 무위로 끝났다. 이것은 초기 현대영어시기에 영어의 철자를 개혁하려고 시도했던 것과 유사한 양상을 보여주는 좋은 예라고 할 수 있다.

대체로, 캐나다영어에 나타나는 어형과 통사구조는 미국영어와 별 차이가 없다. 다만, *got*과 *gotten*을 구분하지 않는 영국영어를 좇아서 모든 경우에 *got*을 쓰는 점이 미국영어의 어법과 다르다. 캐나다영어에서는 *to be*가 'come' 또는 'go'의 뜻으로 쓰이는 문장에서 *there*나 *here*의 생략을 허용하고 있다: *Has the paperboy been yet*?.

미국영어의 어휘 및 의미에서도 캐나다영어와 거의 별 차이가 없다. 다만, 영국영어의 *fortnight*을 흔히 쓴다는 점이 특징이다. 원주민(북미 인디언)들의 언어에서 빌어온 차용어를 쓰고 있는 경우에도 미국영어의 어휘와 구분이 되지 않을 정도로 유사하다. 그것은 이들 차용어가 모두 아메리카 인디언 언어인 알곤킨어(Algonquian)에 속하기 때문이다. 원주민들의 어휘가 차용되어 영어화하였을 때 이들 차용어가 캐나다의 알곤킨어(예: Cree)에서 온 것인지 또는 미국의 알곤킨어(예: Narragansett)에서 온 것인지 분간하기가 거의 불가능하다. 그러나 *muskeg, pemmican, toboggan, wapiti, bogan*와 같은 차용어를 처음 들여온 이들은 아마도 캐나다인들이었을 것으로 짐작된다.

캐나다영어의 특유한 어휘로 왕립 캐나다 기마경찰을 상징하는 Mountie라는 어휘가 있다. 캐나다영어에는 복합어가 많이 쓰이는데, *gird road*, *steelhead* 'trout', *goldeye* 'a fish', *fiddlehead*, *chuck wagon*, *bush pilot* 등이 있다.

커내디니어니즘의 특성 우리가 아메리카니즘의 특질을 운위할 때에는 미국영어가 지닌 보수성이나 고풍스러움(archaism)을 흔히 말하는데, 영국영어에서는 오늘날 쓰이지 않거나 일부 지방에서 쓰이는 지역어가 미국영어에서는 여전히 쓰이고 있다든가, 영국영어에서는 거의 쓰이지 않는 고풍스러운 어휘나 표현이 미국영어에 남아 있음을 의미하게 된다.

미국영어에는 아직도 17, 18세기 영국영어의 잔재가 남아 있는 것은 사실이나 그렇다고 해서 미국영어가 보수적인 특질만을 간직하고 있다고 단정 지을 수만은 없다. 어떤 면에서는 아메리카니즘이라는 것이 보수성보다는 진취적인 미국인의 기상을 잘 대변해주는 개념일런지 모른다. 신대륙에 온 영국의 이주민들이 초기에 새로운 상황에서 새로운 경험과 낯선 환경에 적응하기 위해 한층 더 활동적인 언어활동을 하였고, 여기서 만들어진 새로운 어휘와 표현이 미국적인 독특한 표현양식을 나타내게 되어 그로부터 아메리카니즘이 창출되었을 것으로 생각된다.

그러면, 캐나다영어의 특질을 가장 잘 대변해주는 커내디어니즘(Canadianism)은 어디에서 찾을 수 있는가?

그것은 무엇보다도 캐나다영어에 나타나는 어휘의 특성에서 찾을 수 있을 것이다. 캐나다는 200여 년간 영어를 사용해 오면서 캐나다의 특성을 나타낼 수 있는 어휘를 개발하여 왔다. 그 좋은 증거로, 로벨(Lovell, 1955:3-8)은 16가지나 되는 표제를 정하여 이들을 상세하게 분류하고 있는데, 그중에는 영미영어의 어느 곳에서도 찾을 수 없는 것들이 포함되어 있어서 연구자의 눈길을 끈다. 예컨대, 캐나다 인디언들이 사용했다는 *babiche, caribou, cariole, gaspereau*를 비롯하여 아메리카 원주민 언어에서 직접 들여와서 사용한 *comatik, namaycush, pemmican, shaganappi, tuladi*, 캐나다 고유의 어휘로 분류되는 *insulin, kerosene, liveyer, longlinerman, mountie, splake,* 인명 또는 지명에서 온 *Assiniboian, Bluenose, Herring Choker, Maritimer, Quebec(k)er, Vancouverian, Yukoner,* 영국영어와는 다른 사물을 지칭하는 *black cat(marten), crocus(prairie anemone), north country, maid of honor, robin*, 지리적인 명칭에서 온 *Acadia, Eastern Townships, French Shore, Rupert's Land, Saskatchewan* 등이 있다.

18세기 말 이후 이러한 추세는 눈에 띠게 늘어났으며, 이 현상은 19세기 말까지 계속되었다. 그중 몇 가지 대표적인 예로 뉴펀드랜드의 *Treaty Shore*를 지칭하는 *French coast* (1842), 영미영어 사전에서는 찾을 수 없는 *separate school* (1835), *Red river cart* (1858), *York boat* (1864), *union station* (1865), *McIntosh Red* (1878), *Land of the Little Sticks* (1896), *acclamation* (1844) 등이 있다.

커내디어니즘을 가장 광범위하게 연구하여 펴낸 것으로는 *the Dictionary of Canadinisms on Historical Principles*(1967)라는 사전이 대표적인데, 이 사전은 1쪽이 2단으로 된 879쪽에 캐나다영어의 특성을 나타내주는 풍부한 어휘와 표현에 관한 설명이 옥스퍼드 영어사전과 같이 역사적으로 맨 처음 사용한 연대의 추적과 함께 자세히 기록되어 있다.

이들 중에는 캐나다 역사에 깊이 뿌리를 내린 초기의 어휘나 표현에 대한 설명을 엿볼 수 있는데, 프랑스계 백인과 인디언 혼혈인 *metis*(1816), 허드슨베이 회사를 간단히 나타내주는 *The Company*를 비롯하여 *muskeg*(1775), *pemmican*(1743), *seigniory*(1703), *saska-toon*(1800), *Canuck*(1849), *nitchie* (1768~82), *timber limit*(1854), *end of steel*(1909) 등으로 백인들이 초기에 캐나다에 정착하면서 사용하게 된 것임을 연상시켜주는 것들이다. 이후로 이보다 더 새롭고 현대적인 커내디어니즘이 등장하였는데 19세기말에서 20세기 중반까지 나타난 어휘나 표현 중에는 *remittance man*(1896), *mountie*(1914), *hydro*(1916), *bush pilot*(1936), *chuck wagon*(1923), *blue line*(1931), *faceoff* (1896), *grid road*(1957), *cat train*(1946) 등이 있다.

*insulin*이라는 어휘는 벤팅경(Sir Frederick Banting)의 발견으로 일약 유명해진 말인데, 벤팅경의 원래 이름은 췌장 속에서 인슐린을 분비하는 세포군인 랑게르한스 섬(islets of Langerhans)을 따서 만든 *isletin*이었다. 따라서 이 말은 커내디어니즘은 아니다. 그럼에도 불구하고 인슐린이라는 어휘는 어느새 캐나다영어의 특징을 상징하는 용어가 되어버렸다. 이보다 더 진정한 캐나다영어의 특성을 드러내주는 것은 다양한 사람들의 집단을 나타내주는 *Herring*

Choker, Spud Islander 이외에 캐나다의 각 지역에서 쓰이는 상당수의 독특한 표현에서 찾을 수 있다. 대서양 연안지역에서 쓰이는 *bogan, fish flake, rampike, tilt,* 온타리오 주의 *firereels, pogey, pool train*, 중부 초원지대에서 쓰이는 *bombardier, grid road, pothole trout, wheat factory*, 브리티시 콜럼비아 주에서 쓰이는 *longstocking, salt chuck, steelhead* 등이 그 대표적인 예에 속한다.

그러나 무엇보다도 커내디어니즘을 가장 잘 나타내주는 분야는 아마도 캐나다에 서식하는 동식물이나 특이한 짐승, 지명, 인명에서 엿볼 수 있을 것 같다. 북미를 발견하고 이곳에 정착한 백인들은 신대륙에 서식하는 수많은 동식물의 명칭을 붙이느라고 고생을 했을 것이다. 커내디어니즘의 시초라고 볼 수 있는 것은 초기에 캐나다를 탐험한 사람들과 정착자들이 유럽과는 판이한 새로운 환경에서 부딪친 새로운 사물을 기술하기 위해 캐나다에 거주하던 인디언들의 언어에서 차용한 것들이 주류를 이루었는데 그 대표적인 것이 북미에서 가장 방대한 언어의 그루터기를 이루고 있는 알곤킨어이다. 이 언어에서 빌어다 쓴 것으로는 동물, 나무, 과일 및 어류를 나타내는 명칭이 가장 많으나, 오늘날 캐나다영어에 뿌리를 내리고 쓰이고 있는 이들 어휘 수는 그리 많지 않다. 알곤킨어에서 차용한 어휘의 상당수가 그 내력이 모호한 것도 한 가지 원인이 된다. 사전학자들은 이들 차용어를 아메리카니즘으로 간주하기도 하나, 알곤킨 인디언들이 원래 오타와 동부의 가티노 강(the Gatineau River)가에 거주하면서 그들의 영향력을 퀘벡과 온타리오 주로 확장해 나갔기 때문에 커내디어니즘 또는 북아메리카니즘으로 부르는 것이 더 정확한 표현이 될 것이다.

*Indian*이라는 말 자체도 그 기원은 미국을 발견한 스페인 사람들이 *India*를 발견한 것으로 생각한 나머지, 이들이 만난 원주민들을 *Indios*, 즉 'Indians'으로 부르게 된 데서 유래한다. 이 말이 북미지역 사람들의 언어 스타일에 어느 정도 뿌리 깊게 박혀 있는지를 지적하는 이들도 있다. 이들이 지적한 많은 예 중에는 캐나다영어에서 쓰이는 표현의 수가 그리 많지는 않다. 예컨대, 라브라

도(Labrador) 및 뉴펀드랜드에 서식하는 식물에 붙인 *Indian tea, Indian verveine, Indian whort* 등과 같은 명칭들이 좋은 예에 속한다.

이와 함께 *Indian summer*라는 말도 캐나다와 미국에서 대체로 가을 맨 처음 추운 날씨 다음에 오는 따뜻하고 기분 좋은 날씨가 계속되는 기간을 일컬어 쓰이는데, 이 말의 유래는 분명치 않으나 캐나다에서는 이미 1796년에 쓰인 것으로 기록되어 있다. 이와 비견되는 말인 *Indian winter*는 늦봄에 뜬금없이 찾아온 꽃샘추위를 지칭하는 것으로 네브라스카 주에서 사용된 기록이 남아 있다. 캐나다에서는 이 표현이 1937년까지 거슬러 올라가고 있는데, 이보다 훨씬 전에 캐나다영어에서는 *squaw winter*로 사용된 기록이 있다.

Suggested Readings

A Dictionary of Canadianisms on Historical Principles, Chicago, 1967.

Avis, Walter S. (1956) Speech Differences along the Ontario-United States Border. III: Pronunciation. *Journal of the Canadian Linguistic Association*, 41-59.

Chamers, J. K. ed. (1975) *Canadian English: Origins and Structures*. Toronto: Methuen.

Lovell, Charles J. (1955) Why and Hows of Collecting for the Dictionary of Canadian English. I: Scope and Source Ma-terial. *Journal of the Canadian Linguistic Association*, 5-8.

Questions to Consider

1. 캐나다는 이중 언어 정책을 채택하고 있다. 이 정책의 역사적인 배경을 설명하시오.
2. 캐나다 문화의 특징은 무엇인지 설명하시오.
3. 캐나다영어가 '영미영어의 혼합어'라는 표현에 대해 예를 들어 설명하시오.
4. 캐나다영어에만 쓰이는 어휘를 예로 들어 그 어원과 의미를 설명하시오.
5. 캐나다영어 발음에 쓰이는 이른바 Canadian raising의 예를 들고 설명하시오.

오세아니아권

오스트레일리아 Australia　　**뉴질랜드** New Zealand

오세아니아권에 속하는 국가로는 남반구에 위치한 오스트레일리아(호주) 및 뉴질랜드가 있다. 오스트레일리아는 오래 전 로마세계를 중심으로 하여 프톨레마이오스(Ptolemy, 그리스의 지리학자)가 만든 세계지도에 '미지의 대륙'으로 알려져 왔으며, 17세기에 비로소 유럽인에 의해 알려지게 된 대륙이다. 오스트레일리아 대륙에서 남동쪽으로 약 2천 킬로미터 떨어져 있는 뉴질랜드 또한 유럽인에 의해 17세기에 알려지게 된 섬나라이다. 이 장에서는 이들 두 나라의 역사와 문화를 간단히 살펴보고 두 나라에서 쓰이는 영어에 대해 설명하기로 한다.

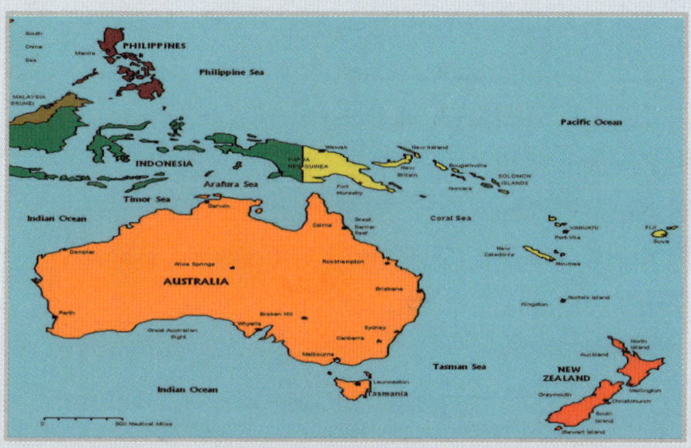

오스트레일리아(호주) 및 뉴질랜드 지도

우리가 흔히 호주(濠州)라고 부르는 오스트레일리아(Australia)는 호주영어에서 /ə'stɹæɪljə/로 발음하는데, 이 말은 '남쪽(southern)'을 의미하는 라틴어 austrālis에서 유래한다. 프톨레마이오스가 언급한 Terra Australis Incognita, 즉 '남쪽의 미지의 땅(unknown land of the South)'인 오스트레일리아는 오랫동안 기록상으로 알려지지 않았다.

Australia라는 명칭이 공식적으로 맨 처음 쓰이게 된 것은 1817년 매튜 플린더스(Matthew Flinders, 1774~1814: 영국인 항해사, 해도 제작자) 선장이 오늘날 타스매니아(Tasmania) 및 오스트레일리아 본토를 항해한 후 해도(海圖)상에 오스트레일리아를 대륙으로 명명한 것을 머쿼리 주지사(Lachlan Macquarie, 1762~1824: /mə'kwɒrɪ/. 스코틀랜드 출신 영국군 장교이며 호주 식민지 행정가. 뉴사우스웨일즈New South Wales주의 주지사를 지냄)가 인정하고 식민청에 이 명칭을 받아들일 것을 요청하면서 비로소 이루어지게 되었다. 1824년에는 영국 해군성이 이 대륙을 공식적으로 Australia로 알려지는데 동의하기에 이르렀다.

뉴사우스웨일즈 주지사 머쿼리

매튜 플린더스

다음으로 New Zealand라는 명칭에 대해 살펴보겠다.

1642년 네덜란드의 탐험가인 아벨 타스만(Abel Tasman, 1603~1659)이 뉴질랜드를 발견하고 남미의 남쪽 끝자락과 같은 이름의 땅덩어리와 연결되어 있다고 생각하여 Staten Landt라고 불렀다. 1645년 네덜란드의 해도(海圖) 제작자들이 네덜란드령 질랜드(Zeeland) 주의 이름을 따서 '새로운 질랜드'란 뜻의 Nova Zeelandia라는 명칭을 붙였고, 그 후 영국인 탐험가인 제임스 쿡 선장이 이 명칭을 영어화하여 New Zealand라고 부르게 되었다.

뉴질랜드의 이전 명칭 Nova Zeelandia. 뉴질랜드서부의 해안선을 보여주는 지도

오스트레일리아

역사

고고학상의 기록에 의하면 오스트레일리아 최초의 원주민(이들을 aborigines이라고 부름)은 수천 년간 이 대륙에 거주하였다. 이들 원주민은 남동 아시아에서 오스트레일리아로 이주하였고, 그들 중에는 자신들을 나타내는 일정한 명칭을 가지고 있지 않았으므로 Aborigines란 명칭을 받아들였다. 이 명칭은 '처음부터'(from the beginning)란 뜻을 가진 라틴어 *ab origine*에서 유래한다.

오스트레일리아 본토에 대한 최초의 기록으로는 네덜란드인 항해사 빌렘 얀손(Willem Janszoon /'vɪləm 'jɑnso:n/. Willem Jansz으로도 씀)의 공이 컸다. 그는 1606년 초 뉴질랜드 서부 및 북부 해안선 전체의 해도를 작성하고 이 섬을 'New Holand'라고 불렀다. 그 후 영국인 탐험가인 윌리엄 댐피어(William Dampier, 1651~1715)가 최초로 이 대륙의 북서 해안에 상륙하였으나 정착하지는 않았다.

1770년 영국인 탐험가이며 항해가인 제임스 쿡(James Cook, 1728~1779)은 New Holland의 동부 해안을 따라 항해하면서 해도를 작성하고 New South Wales(NSW)라는 명칭을 부여하여 영국령임을 주장하였다. 1783년 영국은 미국의 식민지들을 상실하게 되자 1788년 아서 필립(Arthur Phillip, 1738~1814) 선장의 명령하에 11척의 영국 선단(船團)이 오스트레일리아 동부 해안에 있는 보터니 만(Botany Bay)에 도착하였다. 이 선단에는 유형

> **아서 필립**
> 영국 왕립 해군장교로 NSW의 첫 주지사. 후에 시드니 시(市)가 된 영국 유형 식민지의 창립자.

오스트레일리아 동부 해안의 해도를 작성한 최초의 유럽인 제임스 쿡 선장

아서 필립. NSW의 첫 주지사

수, 해군 및 민간인들이 타고 있었다. 아서 필립은 보터니 만은 정착에 알맞지 않다는 결정을 내리고 오늘날 시드니 하버(Sydney Habour)로 더 잘 알려진 포트 잭슨(Port Jackson)에 닻을 내리고 시드니 항을 세계에서 가장 아름다운 항구로 여겼다. 그리하여 영국 선단이 이 항구에 닻을 내린 1788년 1월 28일은 '오스트레일리아의 날'(Australia Day)이 되었다.

뉴사우스웨일즈는 영국인들이 최초로 정착한 유형 식민지(penal colony)가 되었다. 11척의 배에 타고 온 천 명이 넘는 남녀 중에서 4분의 3은 유형수들이었으며 7년간의 중노동에 처해져 있었으므로 사실상 본국으로 돌아갈 기회는 거의 없는 종신형이나 다름없었다. 그 후 80년에 걸쳐 16만 명의 유형수가 오스트레일리아에 왔으며, 1840년에 이르러서는 뉴사우스웨일즈 주로의 유형수 유입은 더 이상 이루어지지 않았고 1852년까지 타스매니아(Tasmania)로 유형수를 보냈으며 1868년까지는 오스트레일리아 서부로 유형수를 보냈다. 1836년에는 남부 오스트레일리아, 1851년에는 빅토리아 그리고 1859년에는 퀸즈랜드가 영국의 식민지가 되었다. 남부 오스트레일리아는 '자유로운 주'(free province)로 건설되어 유형 식민지에서 벗어난 반면, 빅토리아 및 서부 오스트레일리아는 '자유로운 주'로 건설되었으나 후에 유형수를 받아 들였다. 유형수를 실은 마지막 선단은 1848년에 오스트레일리아에 도착하였다.

1869년 원주민 보호법령으로 시작된 정부의 '동화' 정책의 결과 이른바 '잃어버린 세대'(Stolen Generations)로 일컬어지는 많은 오스트레일리아 원주민 자녀들이 그들의 가족과 커뮤니티로부터 제거되어 원주민 인구의 감소를 가져왔다. 유럽인들의 오스트레일리아 정착이 시작된 시기에 토착 인구는 75만에서 백만 명 사이였으나 정착이 이루어진 이후 150년 간 인구의 감소를 초래한 것은 주로 전염병으로 인한 것이었다.

그러나 미국 캘리포니아 주에서 발견된 금광의 열기가 채 가시기도 전인 1851년 뉴사우스웨일즈 주의 서부, 빅토리아 주 및 1862년 서부 오스트레일리아 주에서 금광이 발견되면서 전 세계로부터 이민이 쇄도하였으며 향후 10년간 오스트레일리아 정착 인구는 거의 120만 명에 육박하였다. 금광의 발견으로 인해 금이 형벌보다는 보상에 대한 기회를 제공하였으므로 오스트레일리아에 대한 유형수의 수송은 막을 내리게 되었다. 이 시기에 시작된 이민 유형은 점차 변하여 오스트레일리아는 서로 다른 국적을 가진 국가의 인구가 증가하였다.

영국계와 아일랜드계가 아닌 이민자들이 대규모로 오스트레일리아에 맨 처음 들어온 것은 2차 세계대전이 끝난 이후의 일이었다. 1967년 이후 오스트레일리아는 남반구에서 영국인, 스코틀랜드인, 웨일즈인 및 아일랜드인의 후손으로 이루어진 백인계 인구로부터 벗어나 백호주의 정책을 폐지하고 남유럽과 동유럽 그리고 최근에는 아시아인들을 널리 포용하는 다문화 이민 국가로 탈바꿈하고 있다.

언어

오스트레일리아가 맨 처음 유럽인과 접촉하던 시기에 오스트레일리아에는 250개가 넘는 언어가 쓰이고 있었던 것으로 전해진다. 이들 언어 중에서 20개가 채 안 되는 언어는 오늘날에도 모든 연령층에 의해 매일 사용되고 있으며, 약 110개나 되는 다른 언어는 나이가 든 사람들에 의해서만이 여전히 사용되고 있다. 2006년에 실시된 센서스에 의하면 원주민 인구의 12%에 달하는 5만여 명의 원주민인 오스트레일리아인들은 가정에서 그들의 언어를 사용하고 있다. 한편, 오스트레일리아는 Auslan으로 알려진 수화언어(sign language)가 있어서 약 5천여 명이 사용하고 있다.

오스트레일리아는 공식적인 언어가 없으나 사실상의 국어는 항상 영어가 그 자리를 차지해 왔다. 이른바 호주영어(Australian English)는 독특한 악센트와 어휘를 지닌 언어로 문법과 철자에서 다른 유형의 영어들과는 차별되며 일반 호주영어(General Australian)가 표준 방언으로 통용되고 있다. 2011년의 센서스에 의하면 오스트레일리아에서 영어는 전체 인구의 81%에 육박하는 인구가 가정에서 사용하는 유일한 언어이다. 다음으로 오스트레일리아에서 가장 널리 쓰이는 언어로는 표준북경 중국어(Mandarin, 1.7%), 이탈리아어(1.5%), 아랍어(1.4%), 광둥어(1.3%), 그리스어(1.3%) 및 베트남어(1.2%) 등이며 오스트레일리아에 정착한 상당수 1세대 및 2세대 이민자들은 이중 언어를 구사한다. 최근 조사에 의하면 영어 다음으로 이민자의 자녀들이 가장 널리 사용하는 언어로 아랍어가 1순위로 꼽혔고 베트남어, 그리스어, 중국어 그리고 힌디어(Hindi) 순으로 나타났다.

종교와 문화

오스트레일리아 헌법은 국교를 허용하지 않고 있다. 2011년의 센서스에 의하면 로마가톨릭(25.3%) 및 영국성공회(22.3%)를 포함하여 오스트레일리아 인구의 61.1%가 기독교인으로 기록되어 있다. 인구의 22.3%는 어떤 종교도 가지고 있지 않으며, 인구의 7.2%는 기독교 이외의 종교를 가지고 있는데 불교(2.5%)가 가장 많은 수를 차지하고 다음으로 이슬람교(2.2%), 힌두교(1.3%) 유대교(0.5%) 순이다. 이밖에 오스트레일리아 원주민들이 믿는 전통 종교를 신봉하는 이들도 상당수 존재한다.

1788년 영국의 첫 선단이 오스트레일리아에 도착한 이후 기독교는 오스트레일리아에서 주요한 종교로 성장하였으며 오스트레일리아의 교육, 건강, 복지 향상에 중요한 역할을 수행하였다. 영국 성공회 또한 오스트레일리아 역사의 상당 부분과 종교적으로 긴밀한 관계를 맺어왔다. 그러나 20세기 후반 다문화를 지닌 이민자 수가 늘어나면서 기독교의 위상이 위축되고 로마가톨릭교회가 이민자들로 인해 상대적으로 가장 큰 종교의 역할을 수행하게 되었다. 이와 함께 오스트레일리아에서는 지난 반세기 동안 이슬람교, 불교, 힌두교 및 유대교가 모두 성장하여 오늘에 이르고 있다.

오스트레일리아는 다민족, 다문화 사회로 다른 지역과는 다른 독특한 문화와 예술이 발전해 왔다. 1788년 이후 오스트레일리아 문화의 근간은 앵글로-켈트계인 서구 문화에 큰 영향을 받았다. 그뿐만 아니라 오스트레일리아의 자연환경과 원주민 문화로부터도 독특한 문화의 특징을 이어받았다. 그러나 20세기 중반 이후 미국의 대중문화 특히 텔레비전과 영화가 오스트레일리아에 큰 영향을 끼쳤다. 이밖에도 이웃한 아시아의 여러 나라와 비영어권 국가에서의 대규모 이민자들의 유입으로 인해 서구와는 다른 문화의 영향을 받았다.

오스트레일리아 원주민의 암각예술(rock art; art painting)은 6만 년 전으로 거슬러 올라가는, 세계에서 가장 오래되고 가장 귀중한 예술로서 오스트레일리아 전역에 10만 군데가 넘게 퍼져 있다. 오스트레일리아에 유럽인의 이민이 시작된 첫 세기에 유럽에서 훈련을 받은 식민지 예술가들은 낯선 땅에 대한 환상을 자연주의적이고 태양이 가득한 작품의 예술로 표현하였다. 아서 스트리턴(Arthur Streeton), 톰 로버츠(Tom Roberts) 및 19세기 하이델베르크 학파와 관련된 다른 예술가들이 그들이다. 이들은 서구 예술에서 맨 처음 '오스트레일리아 특유'의 예술운동을 주도하며 오스트레일리아의 민족주의가 싹트는데 주도적인 역할을 하였다. 이들의 학파와 예술운동은 후에 마거릿 프레스턴(Margaret Preston), 시드니 놀란(Sidney Nolan) 및 아서 보이드(Arthur Boyd)와 같은 현대 예술가들에게 전해져서 새로운 예술 트랜드를 개발하는데 중심 주제가 되었다.

오스트레일리아에 유럽인이 들어오기 전 이 대륙에 거주한 원주민 종족은

최초의 원주민이 그린 암각예술(암각화)

자연에서 획득한 동식물로 조리한 소박한 음식(bush tucker)을 식량으로 하였으나 이후 이 대륙에 들어온 최초의 유럽인 정착자들이 영국 음식을 소개하여 오늘날 대부분의 전형적인 오스트레일리아 음식(Sunday roast)이 되었다. 그러나 다문화 인종이 이 대륙에 유입되면서 오스트레일리아의 음식문화에 변화가 생겼다. 제2차 세계대전 이후 유럽계 이민자들, 특히 지중해에서 들어온 이민자들은 오스트레일리아의 커피 문화를 번성하게 하였고, 아시아 문화의 영향에 힘입어 다양한 음식문화가 생겨나게 되었다.

15세 이상의 오스트레일리아 인구 중에서 약 24%는 정기적으로 스포츠 활동에 참가할 만큼 오스트레일리아는 스포츠의 천국이라고 할 수 있다. 오스트레일리아는 국제적으로 크리켓, 필드 하키, 넷볼, 럭비 리그, 오픈 테니스 등에서 세계적인 수준에 달하였다. 대다수 오스트레일리아인은 연안 지역 안에 거주하며 해변을 대중의 레크리에이션 장소로 활용하여 자신들의 정체성의 중요한 일부로 형성해 가고 있다. 수영과 서핑(surfing), 모터 레이싱, 사커(soccer), 스쿼시(squash), 축구, 경마 경기(horse racing) 등은 오스트레일리아에서 인기 있는 스포츠로 각광받고 있다.

오스트레일리아 영어

개관 오스트레일리아 영어(Australian English)로 일컬어지는 영어(이하 '호주영어'로 약칭함)는 지리학상 북아메리카 상황과는 달리 놀라울 정도로 일정하다. 영국의 음성학자인 존 웰즈(John C. Wells, 1939~현재. 런던대 음성언어학과 명예교수)는 '퍼스(Perth)에서 시드니까지 3천 킬로미터가 넘는 거리임에도 호주영어를 사용하는 오스트레일리아 인들의 악센트는 사실상 구별할 수가 없다'고 말한다. 오스트레일리아는 세계에서 여섯 번째로 큰 대륙으로 영어가 이 대륙 전체 곳곳에 퍼져 사용되기까지는 200년 이상의 세월이 필요하였다.

호주영어는 1788년 뉴사우스웨일즈 주(New South Wales: NSW)에 맨 처음 식민지가 세워진 이후 영국영어에서 갈라져 나오기 시작하였으며 1820년에 이르러서는 본래의 영국영어와는 다르게 변천하면서 쓰이게 되었다. 그 후 19세기를 지나면서 스코틀랜드 이민이 쇄도하였고 영국의 여러 제도(諸島, isles)의 각 지역에서 상호 의사소통이 가능한 방언을 사용하는 초기 이민자들이 이들과 서로 섞이면서 오스트레일리아에서만이 들을 수 있는 독특한 유형의 영어로 발전하기에 이르게 되었다. 호주영어의 특징은 다른 영어권 국가에서 사용되는 영어와는 특히 발음, 어휘 분야에서 차이를 나타내며 문법과 문화적인 차이도 독특하게 쓰이고 있다.

역사 호주영어의 가장 초기 형태는 뉴사우스웨일즈 주에서 태어난 식민지에 정착한 이들의 자녀들이 맨 처음 사용하였다. 1세대 자녀들은 후에 오스트레일리아의 언어가 된 새로운 방언(즉, 오스트레일리아 영어)을 만들어내었다. 새로운 식민지(호주)에서 태어난 자녀들은 영국의 전 지역, 특히 아일랜드와 영국의 남동지역에서 들어온 광범위한 방언을 사용하면서 주위에서 들은 말에서 새로운 방언을 만들어내어 동료간의 친밀감을 나타내는데 사용하였다. 이후 새로운 이민자들이 오스트레일리아에 도착한 후에도 이 새로운 방언은 다른 언어 유형을 밀어낼 정도로 강한 힘을 발휘하였다.

오스트레일리아에 온 유형수의 4분의 1은 아일랜드 출신이었다. 이들 중 많은 수는 아일랜드에서 붙잡혔고 일부는 영국에서 붙잡혀서 오스트레일리아로 건너왔으며 대부분은 아니었으나 상당수의 아일랜드 유형수들은 영어를 전혀 하지 못했거나 영어에 서툴렀다. 여기에 영어를 전혀 사용하지 않는 영국의 일부 지역, 즉 스코틀랜드 고지대(Highlands)와 웨일즈에서 이곳으로 온 유형수 인구도 상당수가 되었다.

1788년 오스트레일리아에 첫 이민 정착이 시작된 이후 식민지 오스트레일리아의 여러 지역에 독특한 방언이 쓰이고 있다는 기록은 19세기 초에 쓰인 문헌에서 입증되고 있다. 스코틀랜드 출신 해군 의사로 오스트레일리아 개척자인 피터 커닝햄(Peter M. Cunningham, 1743~1800)은 뉴사우스웨일즈 주를 네 번이나 항해하고 관찰한 경험을 토대로 《뉴사우스웨일즈 주에서의 2년》(*Two Years in New South Wales*, 1827, 2 vols.)이라는 관찰기록서를 펴냈다. 그는 이 책에서 오스트레일리아에서 태어난 식민지 자녀들이 런던영어의 강한 영향을 받은 그들 부모인 1세대와는 다른 독특한 악센트와 어휘를 사용하고 있음을 서술하고 있다. 영국 출신 작가이며 작곡가이기도 한 안토니 버저스(John Anthony Burgess, 1917~1993)도 《공기 한 입: 언어와 언어들, 특히 영어에 관하여》(*A Mouthful of Air: Language and Languages, especially English*, London: Hutchinson, 1992)라는 책에서 "오스트레일리아 영어는 찰스 디킨스 시대에 사용된 일종의 화석화된 런던 토박이 영어"라고 기술하고 있다.

1850년대초 오스트레일리아에서의 금광의 발견은 다른 대륙으로부터 유럽 이민의 물결이 쇄도하는 계기가 되었다. 특히 이 시기에 영국 인구의 약 2%에 해당하는 인구가 뉴사우스웨일즈 및 빅토리아 식민지로 유입되었다. 이 시기에 형성된 오스트레일리아의 악센트를 이루는 다양한 소리는 영국의 남동 지역에서 건너온 것이었다(Bruce Moore, 2008:69).

호주영어에는 호주 원주민들의 언어에서 흘러들어온 어휘나 문화가 녹아 있으며, 주로 지명, 동식물(예: dingo) 및 지역 문화와 같은 것들이 있다. 이들 중 많은 어휘나 표현이 호주 각 지역에서 쓰이며 일반적인 호주영어에서는 제한적으로 쓰이고 있으나 일부 어휘(kangaroo, boomerang, budgerigar, wallaby)는 오늘날 국제적으로 널리 쓰이는 어휘가 되었다. 그밖에도 주의나 관심을 끌기 위해 목청을 높여 부르는 cooee(/kʉ:i/로 발음)는 일종의 '개념상의 거리'로 널리 쓰인다. 예: if he's within cooee, we'll spot him(그가 지척에 있으면 우리는 그를 금방 알아본다). hard yakka란 표현 또한 'hard work'란 뜻인데 yakka는 한때 호주의 브리스번 지역에서 쓰였던 원주민 언어(Jagera/Yagara)에서 유래하였다.

원주민 언어에서 들어온 것으로 'dead'를 의미하는 bung이란 어휘는 시드니 원주민 언어에서 유래하여 시드니 피진 영어를 거쳐 호주영어에 들어온 것으로 그 의미가 확장되어 'broken' 또는 'useless'로 쓰이기도 한다. 호주의 상당수 마을이나 교외 지역의 명칭은 원주민 어휘의 영향으로 지어진 것들이다. 그 중에서 가장 잘 알려진 것이 호주의 수도인 Canberra로 원주민 언어에서 '만남의 광장'(meeting place)이란 뜻을 지닌다.

19세기에 시작된 호주영어의 여러 변화 중에서 북아메리카 영어의 영향을 언급하지 않을 수 없다. 어휘, 철자는 물론 용어 및 어법과 표현에 이르기까지 호주영어 형성에 많은 영향을 끼쳤는데 이렇게 수입된 bushwhacker, squatter와 같은 어휘들은 후에 전형적인 호주영어가 되었다. 이처럼 미국의 영향은 미국 영화 및 제2차 세계대전 중 미국인의 유입으로 계속되었고 이에 따라 전형적인 미국영어인 okay, you guys, gee와 같은 것들이 호주영어에 들어왔다.

발음 이제 호주영어에 쓰이는 모음과 자음에 관해 설명하기로 한다.

호주영어의 악센트는 흔히 런던 토박이영어(Cockney)를 닮았다고 한다. 역사적으로 보면 이들 두 방언이 영국의 남동부 도시지역이라는 지리상의 기원을 공유하고 있기 때문이다. 그럼에도 두 방언의 유사점은 영국표준발음(RP)이나 일반 미국영어(GA)에 특징적으로 나타나는 발음에 비해 더 개방적이고 이중모음의 차이로 인해 표면적인 경우가 많다는 점이다. 호주영어가 런던 토박이영어와 다른 점은 전달이 더 느리고 성문폐쇄음을 자주 사용하며 폐쇄음의 파찰음화가 일어나지 않는다는 점이다. 그러나 호주영어 발음에서 가장 두드러진 특징을 꼽으라면 놀라울 정도의 동질성(homogeneity)을 들 수 있다. 미국과 크기가 거의 맞먹는 넓은 지역인 호주 대륙에서 쓰이는 호주영어가 지리적인 거리에 관계없이 거의 동질적인 유형의 영어로 쓰이고 있다는 것은 주목할 만하다. 만약 차이가 존재한다면 그것은 주로 화자들 간에 나타나는 교육적이고 사회적인 차이 및 스타일 차이의 문제라고 볼 수 있다.

발음은 대체로 세련된 교양인의 발음(Cultivated), 사회 일반인의 발음(General) 및 세련되지 못한 발음(Broad) 등, 세 가지 유형으로 나누어지는데 첫 번째 유형은 RP에 근접한 발음이고, 마지막 유형은 다른 영어 악센트와 가장 차이가 드러난다. 중간 유형은 첫 번째와 마지막 유형의 중간에 존재하는 발음으로 일반 대중이 사용하는 호주영어는 음운론적인 아닌 음성학적인 측면에서 차이를 드러낸다.

자음 RP에서와 같이 호주영어는 /r/을 발음하지 않는다. 즉, 음절의 마지막 또는 자음 바로 앞에 오면 발음하지 않는다. 다만, 연결의 /r/ (linking ‘r’) 및 침입의 /r/ (intrusive ‘r’)은 허용하고 있다. 그러나 RP와 다른 점은 모음 사이에 와서 강세가 뒤에 오는 어휘에 쓰인 /t/는 유성음으로 발음된다는 점이다. 미국영어에서는 이 유성음이 보편적으로 일어나지 않는다.

호주영어에는 치경폐쇄음의 발음에 이음의 변이(allophonic variation)가 어느 정도 나타난다. 북아메리카영어에서처럼 모음 사이에 오는 치경 설탄음 현상(alveolar flapping)은 호주영어의 특징이다. 즉, 모음 앞에 오는 /t/ 및 /d/는 /ŋ/ 이외의 다른 공명음(sonorants) 다음에 와서 치경 단타음(alveolar tap)인 [ɹ]음으로 발음된다. 이와 함께 /tr - tw/, /dr - dw/에서의 /t/ 및 /d/는 각각 /tʃr - tʃw/ 및 /dʒr - dʒw/로 발음되며, 혀끝은 /w/를 발음할 때와 같은 위치에서 아랫니에 그대로 유지하면서 /r/은 호주영어에서 매우 미미할 정도의 권설음(retroflex)으로 발음된다.

호주영어에서는 이따금 /h/를 탈락(h-dropping)하는 현상도 일어나는데 흔한 일은 아니다. 설측음 /l/을 발음할 경우 호주영어에서는 어두운 [ɫ](dark 'l')과 밝은 [l](light 'l')의 구분이 분명하지 않다. 후자의 발음, 즉 밝은 [l]이 미국영어 및 스코틀랜드영어에서처럼 모든 위치에서 어두운 [ɫ](연구개음화)로 발음되는 경향이 있다.

모음 호주영어 발음의 가장 두드러진 특징은 주로 모음에 있다. 호주영어의 모음은 길이(length)에 따라 긴 모음(long vowels)과 짧은 모음(short vowels)으로 나눌 수 있다. 긴 모음에는 단모음(monophthongs)과 이중모음(diphthongs)이 있으며 RP 분석에 따라 대부분 긴장모음(tense vowels)에 해당한다. 단모음으로만 이루어진 짧은 모음은 RP의 이완모음(lax vowels)에 해당한다. 호주영어에서 모음의 길이가 긴 모음과 짧은 모음의 쌍(pair)으로 이루어져서 길이에 따른 음소적인 구분이 되어 모음의 음질(quality)을 나타내고 있다.

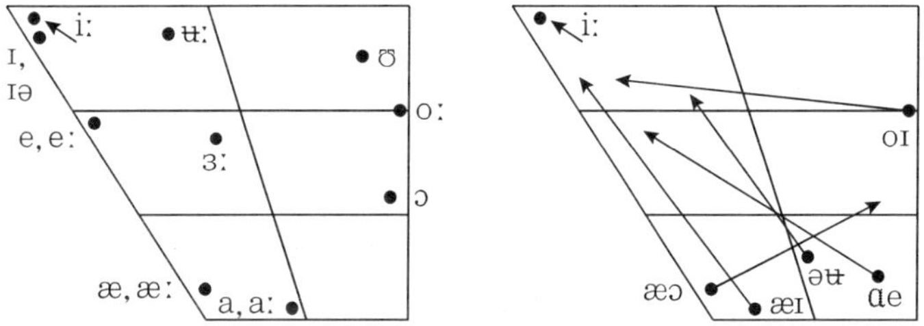

호주영어의 짧은 모음 호주영어의 이중모음

국제음성자모(IPA)에 따라 호주영어의 단모음(monophthongs), 긴 모음(long vowels) 및 이중모음을 예시하면 다음과 같다.

단모음(monophthongs)		
IPA examples	ʊ	foot, hood, chook
	ɪ	kit, bid, hid,
	e	dress, led, head
	ə	comma, about, winter
	æ	trap, lad, had
	a	strut, bud, hud
	ɔ	lot, cloth, hot

긴 모음(long vowels)		
IPA examples	ʉː	goose, boo, who'd
	iː	fleece, bead, heat
	eː	square, bared, haired
	ɜː	nurse, bird, heard
	æː	bag, tan, bad
	aː	start, palm, bath
	oː	thought, north, force

이중모음(diphthongs)		
IPA examples	ʊə	cure, lure, tour
	ɪə	near, beard, hear
	æɔ	mouth, bowed, how'd
	əʉ	goat, bode, hoed
	æɪ	face, bait, hade
	ɑe	price, bite, hide
	oɪ	choice, boy, oil

역사상의 /æ/는 장단 모음의 2개의 음소로 나누어지는데, 오스트레일리아의 일부 지역에서는 bad/lad의 운(韻)이 맞지 않는다. lad가 긴 모음으로 발음되기 때문이다. 그러나 오스트레일리아의 모든 지역에서는 /æ/의 장단음에 따라 그

의미를 구분하여 사용하고 있다. 예: [kæn] ‘know how to, be able to’; [[kæ:n] ‘(tin)can, to can vegetables’.

/o:/를 발음할 때 혀의 위치는 후설(back)이며 스코틀랜드 영어 및 아일랜드 영어의 /o:/를 발음할 때와 음질이 전혀 다르다.

/ʊə/는 호주영어에서 거의 쓰이지 않고 일관되게 /ʉ:ə/ 또는 (/r/ 앞에 와서) /ʉ:/로 발음된다. 호주영어에서 단모음과 이중모음의 경계는 다소 유동적이다. 예컨대, /ɪə/는 특히 닫힌 음절(closed syllables; 자음으로 끝난 음절)에서 흔히 [ɪ:]음으로 발음되며 열린 음절(open syllable; 모음으로 끝난 음절)의 경우 이중모음 [ɪə]임에도 2음절인 [ɪ:a]에서 긴 모음인 [ɪ:]에 이르기까지 다양하게 발음한다. 말음절에 오는 /l/의 음성환경에서 이중모음 [əʉ]는 /l/에 동화되어 [ɔʊ]가 되고 말음의 /l/은 자음이 뒤에 와서 [w]로 발음된다. 그 예로 gold /gəʉld/는 /gɔʊld/ > /gɔʊwd/로 발음되어 goad /gəʉd/와 최소대립쌍(minimal pair)을 이루게 된다.

한편, 일반 미국영어와 호주영어의 모음은 두 가지 면에서 체계적인 차이가 있다. 우선, 전설 저모음으로 이완모음인 순(pure) 모음은 모두 올림조, 긴장모음으로 발음된다. 오름조(raised) 발음은 미국인의 귀에는 호주영어의 /æ/ 및 /ɛ:/를 발음할 때 가장 두드러진다. 즉, bat 및 bet는 각각 bet 및 bait로 들릴 수 있다. 시드니와 주변 지역에서 발음되는 /ɪ/는 상승조로 긴장음이 되면서 Sydney에 쓰인 두 개의 모음이 [sidni]로 똑같이 발음된다.

다음으로, 호주영어에서 이중모음은 한층 개방적이고 일반 미국영어보다 더 내향화한 어두모음(centralized onset)으로 발음된다. 열린 이중모음은 발음하는 동안 혀와 입의 위치가 한 곳에 머물지 않고 광범위하게 변화하는 모음을 지칭한다. 예를 들면 /ɑɪ/는 일반 미국영어에서 열린 이중모음인 반면, /u/는 닫힌 이중모음이다. 일반 미국영어에서 /i, e, o, u/는 닫힌 이중모음(음성적으로는 실제로 단모음)이며 /ɑɪ, ɑʊ, ɔɪ/는 열린 이중모음이다. 이와는 달리, 호주영어에서는 모든 이중모음이 열린 이중모음으로 /i, e, o, u/는 일반 미국영어에 비해 한층 더 내향화한 어두모음점을 가지고 있다. 호주영어를 속된 명칭으로 부르는 Strine이란 어휘에 나오는 이중모음의 발음 /e/는 [e] 또는 [eɪ] > [ʌɪ]로 바뀌어 발음된다.

접미사의 발음 호주영어에서 -ary, -ery, -ory, -bury, -berry, -mony와 같은 접미사(예: necessary, mulberry, matrimony, etc.)의 발음은 세대 간에 발음의 차이가 있다. 즉, 젊은 세대가 비교적 완전 모음(full vowel)을 사용하는 반면, 나이든 세대는 약모음(schwa)으로 발음하는 경향이 있다. 라틴어 형용사 어미인 -ilis에서 유래한 강세를 받지 않는 -ile로 끝나는 어휘(예: fertile)는 완전모음([fə:tail])으로 발음되어 fur tile의 발음과 운(韻)을 맞추고 있다.

호주영어에 쓰이는 발음은 영국영어와 미국영어의 발음의 차이를 그대로 드러낸다. 예컨대, yoghurt의 첫 음절은 미국영어에서처럼 /ɔ/ (short 'o')가 아닌 /əʉ/(long 'o')로 발음하고 vitamin의 첫 음절은 /ɪ/(short 'ɪ')가 아닌 /ɑɪ/로 발음된다. 반면, advertisement의 셋째 음절은 영국영어의 발음에 맞춰 /ɪ/로 발음하고 buoy는 /bu:ɪ/가 아닌 /bɔɪ/로 발음한다. 이것은 오스트레일리아의 사회문화적 요인과 개인의 지리적 배경에 기인한다.

오스트레일리아의 원주민이 사용하는 영어, 즉 Aboriginal English는 오스트레일리아의 각 지역에서 다르게 발달한 형태로 이루어져서 표준오스트레일리아영어에 가까운 형태에서 이보다 더 한층 비표준형태에 이르기까지 넓은 범위에 걸쳐 퍼져 있다. 원주민 영어는 언어의 쓰임은 물론 악센트, 문법, 어휘 및 그 의미가 호주영어와는 다른 독특한 특징을 지니고 있다. 이것은 뒤에 설명하기로 한다.

호주영어에서 소수집단이 사용하는 다양한 악센트는 민족문화적인 방언으로 영어가 아닌 언어를 사용하는 집단의 언어적 배경에서 온 것이다. 한편으로는 오스트레일리아로 들어온 엄청난 수의 아시아 이민자들이 오스트레일리아 대륙에서 그들의 문화적 정체성을 보여주기 위한 다양성과 의지가 나타나면서 아시아 여러 언어에서 볼 수 있는 비영어권 언어들의 특징이 일반 오스트레일리아영어의 특징과 혼재되면서 이민자들의 민족문화적 다양성에 이러한 특징이 스며들게 되었다.

어휘사용의 차이 호주영어의 또 다른 특징은 지역에 따른 어휘 사용의 차이에 있다. 가령, swimming clothes는 뉴사우스웨일즈 주에서는 cossier, 퀸즈랜드 주에서는 togs, 빅토리아 주, 서부 오스트레일리아 및 남 오스트레일리아에서는 bathers로 쓰인다. 오스트레일리아 대부분의 지역에서 stroller로 쓰이는 말도 빅토리아 주에서는 pusher, 서부 오스트레일리아에서는 pram으로 사용하고 있다. 동의어로 쓰이는 어휘들도 주(州)마다 다르게 쓰인다. garbage(즉, garbage bin, garbage truck)는 뉴사우스웨일즈 주 및 퀸즈랜드 주에서는 rubbish보다 더 압도적으로 쓰이는 반면 빅토리아 주, 서부 오스트레일리아 및 남 오스트레일리아에서는 rubbish를 더 널리 사용하고 있다.

어휘의 쓰임뿐만 아니라 어휘의 발음 또한 지역에 따라 다르게 나타나는 것도 호주영어의 특징이다, 이것은 오스트레일리아에 정착한 이민자들의 이민 역사가 서로 다른 시기와 서로 다른 지역에 걸쳐 일어났고 이에 따라 초기에 이민 정착이 이루어진 남 오스트레일리아가 다른 지역에 비해 음운상의 발달이 훨씬 먼저 일어났기 때문이다. 이 지역은 남 오스트레일리아를 벗어난 다른 지역보다 영국영어의 영향을 더 많이 받았다. 가령, dance, advance, plant, graph, example, answer와 같은 어휘에 나오는 모음이 남 오스트레일리아 지역 내에서는 [a:]로 발음되는 데 비해, 이 지역을 벗어난 지역에서는 예전에 발음된 [æ]로 훨씬 빈번하게 발음되고 있다.

어휘와 표현 호주영어에는 다른 영어권 나라에서 쓰이는 어휘와는 달리 오스트레일리아 대륙이라는 독특한 환경에서만 찾을 수 있는 특유한 어휘가 수없이 많으며 오스트레일리아 전역에서 광범위하게 쓰이고 있다. 그 중에서 국제적으로 널리 알려진 어휘로는 *outback* ‘a remote, sparsely populated area’, *bush* ‘a native forest or a country area in general’, *g’day* ‘a greeting’과 같은 것들이 있다.

호주영어에 쓰이는 dinkum(또는 fair dinkum)이란 표현은 문맥과 상황에 따라 'true?' 또는 'Is that true?'란 의미로 쓰이며 여기서 파생된 dinky-di란 표현은 'true or devoted'란 의미로 dinky-di Aussie라는 말은 '진짜 호주 사람'(true Australian)이란 의미를 지닌다. 오스트레일리아의 민요인 'Waltzing Matilda' 및 〈the Man from Snowy River〉와 같은 오스트레일리아 시(詩)에는 오늘날 널리 쓰이지 않는 표현이나 어법이 있기는 하나 오스트레일리아인들이라면 누구나 충분히 이해할 수 있는 오스트레일리아의 특유한 어휘와 어구(phrases)의 역사가 스며들어가 있다.

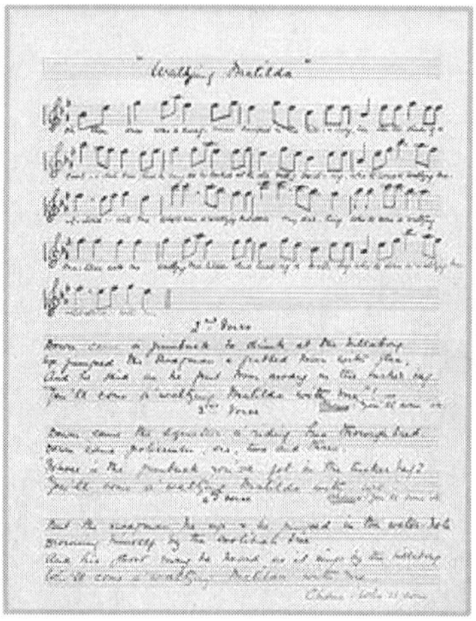

"Waltzing Matilda"의 원본(1895)

> **Waltzing Matilda**
> 오스트레일리아에서 가장 널리 알려진 오지 민요bush ballad로 오스트레일리아의 비공식 국가國歌임

호주영어에서는 영국영어의 일부 방언(Cockney, Scouse, Glaswegian, Geordie)에서처럼 어휘의 짝(word mate)을 사용하고 있다. 오스트레일리아인들이 사용하는 이들 많은 어휘는 한때에는 영국에서 사용되었으나 그 후 세월이 흐름에 따라 영국에서는 이미 그 의미나 어법이 변화하여 쓰이지 않게 된 것들이다. 가령, creek라는 어휘는 북아메리카에서처럼 오스트레일리아에서는 '시냇물이나 작은 강'을 의미하나 영국영어에서는 '바다로 흘러드는 작은 물길'을 뜻하는 말로 쓰인다.

오스트레일리아에서 paddock은 '(탁 트인) 들판'이란 의미로 쓰이나, 영국에서는 '가축을 가두어두는 작은 우리'를 의미한다. 또한, bush 또는 scrub이란 어휘는 오스트레일리아는 물론 북아메리카에서도 '숲이 울창한 지역'이란 의미로 쓰이는 방면, 영국에서는 Shepherd's Bush 또는 Wormwood Scrubs에서처럼 고유명사에 널리 쓰이고 있다.

Shepherd's Bush
Shepherds Bush 또는 Bush라고도 씀. 런던 서쪽에 위치해 있고 원래 주거지역이었으나 오늘날에는 쇼핑센터가 둘러싸고 있음.

Wormwood Scrubs
The Scrubs 또는 단순히 Scrubs라고도 씀. 런던 자치구 북동쪽에 위치한 공유지.

완서법
억제된 표현을 써서 오히려 더 강한 뜻을 부여하는 수사법.

Shepherds Bush Green

호주영어에서는 'not bad (at all)', 'not much' 그리고 'you're not wrong'과 같은 완서법(緩舒法, litotes['laiəti:z])도 쓰인다. 이와 함께 친근감을 나타내기 위해 단어의 일부를 축소하여 나타내는 지소형(diminutives)도 많이 쓰인다. 널리 쓰이는 예로, afternoon > arvo, cigarette break > smoko, barbecue > barbie, Australian > Aussie, present/gift > pressie와 같은 것들이 있다. 이러한 유형은 인명(人名)에도 적용되어 Gary > Gazza, John Smith > Smitty와 같은 별칭을 만들어내기도 한다.

공식적인 아닌 일상 말씨에서는 때때로 비교구문에서 문장을 끝내지 않고 표현하는 That car is sweet as와 같은 표현을 많이 쓴다. 또한 full, fully, heaps와 같은 어휘를 강의어(强意語, intensifier)로 사용하여 형용사 앞에 와서 The waves at the beach were heaps good.과 같이 쓰기도 한다. 이러한 표현은 남 오스트레일리아와 지역 오스트레일리아에서는 한층 많이 쓰였고 오스트레일리아 도시지역에서도 수십년 동안 널리 사용되어 오고 있다. 특이한 것은 일반적으로 쓰이는 호주영어에서는 흔하지는 않으나 really good > real good에서처럼 접미사 -ly를 생략하여 쓰기도 한다.

영미영어와의 어휘비교 호주영어에서는 영국영어 및 미국영어의 어휘와 전혀 다른 어휘를 쓰는 경우가 있다. 이를테면, footpath는 미국영어(AE)에서는 sidewalk, 영국영어(BE)에서는 pavement로 쓴다. 이밖에도 capsicum(AE bell pepper; BE green/red pepper); doona(AE comforter; BE duvet)과 같은 예들이 있다. 그러나 미국영어와 영국영어의 어느 한쪽의 어휘를 가져다가 호주영어의 어휘로 쓰는 경우도 있다. 그 예로, 미국영어에서 가져온 어휘로 truck (BE lorry) 및 eggplant(BE aubergine)가 있는가 하면 영국영어에서 들여온 어휘로는 mobile phone(AE cell phone) 및 bonnet(AE hood)와 같은 것들이 있다.

영국영어에서는 널리 쓰이나 호주영어(AuE)에서는 흔히 쓰이지 않는 어휘들을 몇 개만 열거해 보면 다음과 같다.

arctic/articulated lorry (AuE semi-trailer); auberine (AuE eggplant);
bank holiday (AuE public holiday);
bedsit (AuE one-bedroom apartment);
bespoke (AuE custom); bin lorry (AuE garbage truck);
black pudding (AuE blood sausage); cagoule (AuE raincoat);
cash machine (AuE automatic teller machine/ATM);
child-minder (AuE babysitter); crisps (AuE chips/ potato chips);
dustbin (AuE garbage/rubbish bin); estate car (AuE station wagon);
flannel (AuE face washer/wash cloth); free phone (AuE toll-free);
football (AuE soccer); high street (AuE main street);
kitchen roll (AuE paper towel); lavatory (AuE toilet);
pillar box (AuE mail box); pushchair (AuE pram/stroller);
sweets (AuE lollies); utility room (AuE laundry);
Wellington boots (AuE gumboots).

다음으로 호주영어에서는 흔히 쓰이지 않는 미국영어의 어휘들을 몇 개만

열거해 보면 다음과 같다. (괄호 안은 호주영어)

acclimate (acclimatise); aluminum (aluminium);
bangs (fringe); bellhop (hotel porter); broil (grill);
candy (lollies); cilantro (co-rinader);
cookie (biscuit); counter-wise (anticlockwise);
diaper (nappy); emergency brake (handbrake);
faucet (tap); flashlight (torch); gasoline (petrol);
jell-o (jelly); jelly (jam); math (maths);
parking lot (car park); railway ties (sleepers);
rear view mirror (rear vision mirror);
streetcar (tram); takeout (takeaway);
vacation (holiday); windshield (windscreen).

영미영어에서는 함께 쓰이나 호주영어에서는 그처럼 널리 흔하게 쓰이지 않는 표현으로는 abroad (overseas); cooler / ice box (esky); pickup truck (ute); wildfire (bushfire)와 같은 것들이 있다.

오스트레일리아는 대륙의 특성상 섬나라 영국은 물론 미국의 자연 및 지리적 환경과도 다른 독특한 자연환경과 이 대륙에서만이 볼 수 있는 동식물이 많다. 이런 이유로 해서 영국영어에 쓰이는 어휘와는 다른 지리상의 특성을 잘 나타내는 어휘들이 쓰이고 있는데, 몇 가지 예를 들어보면 다음과 같다. (괄호 안은 호주영어)

coppice (cleared bushland); dell (valley); fen (swamp);
heath (shrubland); meadow (grassy plain); moor (swampland);
spinney (shrubland); stream (creek); woods (bush).

지금까지 영미영어와 호주영어에 쓰이는 어휘들을 다양하게 살펴보았는데, 호주영어에 쓰이는 어휘 중에는 영미영어의 어휘와 그 의미가 다르게 쓰이는 것들도 많이 있으며 특히 의류와 관련된 어휘가 눈에 띄게 많다. 예를 들면, 호주영어에 쓰이는 pants는 영국영어의 trousers를 가리키나, 영국영어에서는 호주영어의 underpants에 해당하는 말이다. vest는 영국영어의 waistcoat를 지칭하나 영국영어에서는 호주영어의 singlet을 의미하는데 쓰인다. thong이라는 어휘는 영미영어에서 underwear를 의미하나 영미영어에서는 flip-flop (footwear)를 가리킨다. 흥미로운 것은 오스트레일리아에 이민이 정착한 이후 생겨난 Asian이란 어휘의 쓰임이다. 호주영어 및 미국영어에서는 이 단어가 '동아시아의 문화유산을 지닌 사람들'(people of East Asian heritage)이란 의미로 쓰인다. 영국영어에서는 Oriental이란 뜻으로 쓰이는데 흔히 '남아시아 혈통을 지닌 사람들'(people of South Asian descent)이란 의미를 지닌다.

문법 호주영어의 문법은 독특한 데가 있다. 오스트레일리아 대륙에 맨 처음 상륙한 영어는 영국영어였으나, 시간이 흐름에 따라 영국영어와는 다르게 미국영어의 문법을 따르는 경향을 띠고 있다. government나 team과 같은 집합명사(collective nouns)의 예에서 알 수 있듯이 거의 항상 단수형을 쓰는 미국영어의 어법을 따르고 있다.

예 the government was unable to decide. (영국영어에서는 복수형을 씀).

영국영어에서 shall/should을 쓰는데 반해 will /would을 쓰는 경향이 있다. 대동사(pro-verb)로 쓰이는 do는 영국영어와는 달리 조동사(auxiliary) 다음에서는 자주 쓰이지 않는다.

그런가 하면 learn, spell, smell과 같은 동사의 과거시제 및 과거분사형은 영국영어의 시제형을 따라 각각 learnt, spelt, smelt과 같은 불규칙형을 사용한다. 오스트레일리아인들은 Will you see her this afternoon?과 같은 의문문에 대한 응답에서 I may do와 같은 문장을 쓰지 않는 경향이 있다. 한때 문장 끝에 와서 however란 의미로 쓰인 but을 독특하게 사용한 호주영어의 용법은 현재 뉴질랜드로 퍼져 나가 사용되고 있다.

구어체로 쓰이는 호주영어의 경우 접미사 -o를 써서 다양한 표현을 사용하는 것은 잘 알려져 있다. 그 예로는 '승인하다'는 말로 쓰이는 beauto, '휴식(a rest)'을 뜻하는 spello, '임신중(pregnant)'임을 의미하는 prego와 같은 것들이 있다. 호주영어에서 널리 쓰이는 구어체 말씨의 하나로 대명사 she가 있다. 이 말은 무생물 명사 또는 비인칭 구문을 의미할 때 쓰인다. 가령, She'll be right.라는 문장은 호주영어에서 Everything will be all right.라는 의미를 지닌다.

요일 앞에 오는 전치사는 미국영어에서는 생략하여 쓰이는 경우가 있다.(She resigned Thursday.) 그러나 호주영어에서는 영국영어에서와 같이 그대로 쓴다.(She resigned on Thursday.) 또한 요일의 기간을 나타낼 때 영국영어는 Monday to Friday, 미국영어는 Monday through Friday라고 쓰나, 호주영어는 전자의 용법을 택하여 쓰고 있다. 아울러 수(numbers)를 말하거나 쓸 때 호주영어는 미국영어의 방식을 따라 1200과 같은 수의 경우 one thousand two hundred라고 하는 대신 twelve hundred라고 발음한다.

호주 원주민영어 호주영어를 언급하면서 호주 원주민영어(Australian Aboriginal English: AAE)에 대해 설명하지 않을 수 없다. 호주 원주민영어는 오스트레일리아의 토착 원주민(Aborigines) 부족들이 사용한 호주영어의 한 방언이기 때문이다.

영국인 쿡 선장과 그의 선단이 1770년 오스트레일리아에 도착했을 때 오스트레일리아에는 약 250개의 언어가 있었다(Dixon, 1993). 이들 언어는 원주민 사이에 상호 의사소통이 가능한 언어로 당시 오스트레일리아는 다언어, 다문화 사회가 형성되어 있었다. 이처럼 원주민들이 사용하던 수많은 언어는 그 후 점차 사라져가고 오늘날에는 원주민 자녀들이 20개가 채 되지 않는 언어를 배우고 있다.

오스트레일리아 원주민 언어가 거의 소멸된 데에는 이 대륙에 영어가 들어와서 점차 널리 사용된 것에서 그 원인을 찾을 수 있다. 다언어 사회였던 원주민 사회의 다문화가 지닌 성격에는 오스트레일리아의 모든 원주민이 의사소통 수단으로 사용되는 어느 하나의 원주민 언어가 그 역할을 제대로 수행하지 못했다는 말이 된다. 아이로니컬하게도 그 역할은 영어로 넘어가서 호주 원주민 영어로 재현되었고, 원주민 집단 간에 이 영어는 공통어(lingua franca)의 역할을 해왔다. 그리하여 영어는 호주 원주민들 간에 의사소통을 위한 가장 성공적인 수단이 되었다.

호주 원주민영어는 오스트레일리아의 여러 다른 지역에서 다른 양상으로 발달해 온 상당수의 변이형으로 이루어져 있다. 이 변이형들은 일반적으로 표준 호주영어에 근접한 가볍게 다룰 수 있는 유형에서 원주민들이 사용하는 크리올어 중의 하나인 Kriol(백인의 이민이 시작된 초기시기에 뉴사우스웨일즈주의 시드니 및 뉴카슬 지역에서 처음으로 쓰인 피진어에서 발달한 오스트레일리아 크리올어임. 약 3만 명의 원주민이 사용하고 있음)에 가까운 복잡하고 어려운 유형에 이르기까지 넓은 범위에 걸쳐 있다. 호주 원주민영어는 언어의 쓰임은 물론 악센트, 문법, 어휘 및 그 의미에 있어서 독특한 특징을 지니고 있으며 위에 언급한 3만 명이 넘는 원주민이 사용하는 Kriol어와 혼동해서는 안 된다. 원주민 영어는 파푸아 뉴기니의 톡 피진어(Tok Pisin), 솔로몬제도의 피진어(Pijin) 및 바누아투섬의 비스라마어(Bislama)와 같은 크리올어와 그 특징을 공유하고 있다.

호주 원주민영어가 지닌 통사상의 특징은 상당부분 원주민들의 언어에서 가져온 것들이다. 그럼에도 이러한 특징들 중 많은 부분이 영어의 다른 변이형에서 일어나고 있음은 흥미롭다. 다음에 몇 가지 예를 들어 보기로 한다. (괄호 안은 표준영어 문장임)

- **이중 주어구문**

  My mother, she came from down there

  (My mother came from down there.)

- **다중 부정어 표지**

  They didn't give us nothing. (They did not give us anything.)

• **명사구 생략**

We went with Christen, with bus, to get alla wild bananas, and come back Tricking Yard ....

(We went with Christen by bus to get nananas and we came back to the Tricking Yard ...)

표준영어에서 he 및 him은 남성 대명사로 쓰이나, 원주민 영어 특히, 북부 오스트레일리아에서 쓰이는 원주민 영어에서는 여성 및 무생물 목적어를 지칭할 때에도 쓰인다. 그리하여 주격형으로서의 he와 사격형(斜格形, oblique form)으로서의 him 사이의 구분은 모호하며 동사의 주어로 him이 쓰이는 경우도 있다. 이와 함께 원주민 영어에 쓰이는 일부 어형 중에서 fellow(원주민 영어에서 fella, feller, fullah, fulla 등으로 쓰임)는 형용사 또는 수사(數詞)와 결합하여 쓰이는 것이 특이하다.

Suggested Readings

박영배(2013) 《영어의 세계속으로 - 역사·문화·어원산책》. 서울: 경문사.

Burgess, A. (1992) *A Mouthful of Air: Language and Languages, especially English*. London: Hutchinson.

Dixon, R. M. W. (1993) Australian Aboriginal Languages. in: Schulz, G. ed. (1993) *The Languages of Australia*. Canberra: Australian Academy of the Humanities, 71-82.

Moore, B. (2008) *Speaking our Language: the Story of Australian English*. South Melbourne: Oxford University Press.

Sidney, B. (1945) *The Australian Language* (1st ed.). Sydney: Angus and Robertson.

Questions to Consider

1. 오스트레일리아의 역사와 문화에 대해 간단히 요약해 보시오.
2. 오스트레일리아 영어의 어휘가 다른 유형의 영어에 쓰이는 어휘와 다른 점을 예로 들어 열거해 보시오.
3. 오스트레일리아 영어발음의 가장 두드러진 특징은 무엇인가?
4. 영미영어와 비교할 때 오스트레일리아 영어의 통사상의 차이는 무엇 인지 예를 들어 설명하시오.
5. 호주 원주민영어가 오스트레일리아 영어에 미친 영향은 무엇이라고 생각하는가?

뉴질랜드

개관

마오리어로 아오테아로아(Aotearoa [aɔ'tɛaɹɔa]), 즉 '희고 긴 구름의 땅'이란 뜻을 지닌 뉴질랜드(New Zealand)는 원래 마오리어가 북섬만을 가리키는 말로 이 용어를 사용하였다. 그러나 유럽인들이 이곳에 오기 전까지 마오리 부족이 뉴질랜드 섬 전체를 가리키는 명칭으로 사용했는지는 확실치 않다. 마오리 부족은 북반구에서 이곳에 유럽 정착자들이 오기 전, 적어도 600년 간

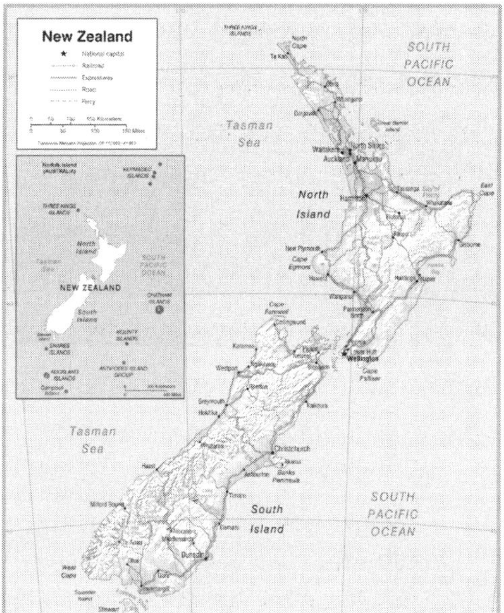

뉴질랜드 지도

이 섬에 살아왔다.

뉴질랜드는 남서태평양에 위치한 섬나라로 북섬(North Island)과 남섬(South Island) 등, 2개의 섬과 남쪽으로는 스튜어트 섬(Steward Island) 등이 있고, 오클랜드 제도(Auckland Islands) 및 그 밖의 여러 섬과 동쪽의 채텀 제도(諸島), 북쪽으로 쿡 제도(Cook Islands) 등 여러 섬과 부속도서로 이루어져 있다. 이 섬의 원주민인 마오리 부족(7.4%)은 유럽인(56.8%), 아시아인(8%)에 비해 적은 인구를 가지고 있다.

역사

네덜란드인 탐험가인 아벨 타스만(Abel Tasman)이 1642년 뉴질랜드에 맨 처음 들어온 이후 1769년까지 이곳을 찾아온 탐험가는 아무도 없었다. 영국인 탐험가로 항해사인 제임스 쿡(James Cook, 1728~1779) 선장은 오스트레일리아에 도착하기 전 뉴질랜드의 본토와 여러 암석투성이로 이루어진 섬의 해안을 여러 차례 항해하였고 후에 뉴질랜드를 영국령으로 주장하였으며, 이곳의 원주민인 마오리 부족의 언어를 영어로 사용한 최초의 인물이 되었다. 후에 그가 사용한 마오리어 중의 하나인 pah는 '요새화한 마을'이란 의미로 뉴질랜드인들이 널리 쓰이는 어휘가 되었다.

19세기 중엽까지는 뉴질랜드에 영어가 설땅을 얻지 못하였으나, 1840년 마오리족과 영국 간에 와이탕기 조약(Treaty of Waitangi)이 체결된 이후 비로소 영국인의 이민이 시작되었다. 이들 이민자들은 1841년 독자적인 식민

제임스 쿡 선장

와이탕기 조약
마오리어로 *Tiniti o Waitangi*라고 함. 마오리족을 보호해 주는 대가로 뉴질랜드의 통치권을 영국에 양도한 조약.

지를 이루어 정착하였다. 뉴사우스웨일즈와 달리, 뉴질랜드는 유형수들이 정착한 식민지가 아니었다. 정착 초기 시기 특히 1840년부터 1850년대 말까지 대부분의 정착자들은 영국에서 높은 사회계층에 있었거나, 또는 전원 지역에서 건너온 사람들이었다. 당시 정착지에는 스코틀랜드어에서 유래한 지명이 있었던 것으로 보아 뉴질랜드에 온 이민 중에 스코틀랜드인들이 있었음을 알 수 있다. Ben Nevis, Invercargill과 같은 지명 이외에도 Dunedin(게일어로 Edinburgh를 지칭함)과 같은 지명이 현재 남아 쓰이고 있다.

뉴사우스웨일즈(오스트레일리아)의 식민지 일부였던 뉴질랜드는 1852년 자치 정부를 구성하고 1854년에는 처음으로 의회를 개원하였다. 그 후 뉴질랜드는 의회의 요청에 따라 1907년 영국의 에드워드 왕 7세(King Edward VII, 1841~1910)가 뉴질랜드를 대영제국 내의 자치국가로 선포하고 자치정부의 지위를 부여하였다. 이에 따라 1907년부터 영국의 자치국이 되었다가 1947년 웨스트민스터 법령을 채택하면서 영국으로부터 독립하였다.

종교와 문화

뉴질랜드 사회는 세계에서 가장 세속적이고 비종교적인 사회 중의 하나로 꼽히는 곳이다. 그럼에도 2013년의 통계에 의하면 기독교는 뉴질랜드 인구의 49%가 신봉하는 영향력 있는 종교로 자리잡고 있다. 그러나 종교를 전혀 가지고 있지 않은 인구도 41%가 넘는다. 주요 기독교 교파로는 로마가톨릭교, 영국성공회, 장로교파 등이 있다. 소수 인구를 가진 종교로는 힌두교, 불교 및 이슬람교가 있고, 원주민 마오리 기독교인들은 영국성공회 및 로마가톨릭교와 관련되어 있다.

뉴질랜드에 거주한 초기의 원주민인 마오리족은 더 크고 더 다양한 자연환경에 도전하면서 열대 문화인 동폴리네시아 문화를 받아들여 그들 특유의 고유한 문화로 발전시켰다. 영국과 아일랜드 이민자들은 그들 자신의 문화가 지닌 여러 가지 특성을 뉴질랜드에 가져와서 마오리 부족 문화에 영향을 끼쳤으며 특히 기독교의 도입은 마오리족 문화에 많은 영향을 미쳤다. 최근에는 미국, 오스트레일리아, 아시아 및 다른 유럽국가의 여러 문화도 뉴질랜드 문화 형성에 영향을 주고 있다.

뉴질랜드의 문화는 영국과 아일랜드 등 유럽의 이민자들이 전체 인구의 주류를 이루고 있어서 서구적인 문화, 예술의 전통과 가치관이 지배적이다. 20세기 초에서 1960년대 말까지 마오리족의 문화는 영국계 뉴질랜드인들에 의해 동화가 시도되면서 한때 주춤하기도 했다. 그러나 1960년대 이후 뉴질랜드에서의 고등교육이 한층 더 가능해지고 도시가 확장되면서 도시 문화가 뉴질랜드를 지배하게 되면서 마오리족의 독특한 문화가 뉴질랜드에서 중요한 위치를 차지하게 되어 오늘에 이르고 있다. 마오리족의 전통 조각 공예는 유명하며 오늘날 널리 전승되고 마오리 예술가들의 수도 증가하여 그 영향력을 발휘하고 있다.

뉴질랜드에서 즐기는 스포츠의 대부분은 영국에 기원을 두고 있다. 럭비(Rugby)는 뉴질랜드의 국기(國技)로서의 지위를 차지할 정도로 대중에게 인기 있는 스포츠로 각광을 받고 있다. 럭비 이외에도 뉴질랜드는 스포츠의 나라답게 수많은 운동경기 종목이 활발하다. 크리켓, 스키, 서핑, 하키, 넷볼, 테니스, 사이클링, 카누타기, 야구, 복싱 등의 옥외 스포츠는 매우 활발하다. 이 중에서 골프, 넷볼, 테니스 및 크리켓 경기는 어른들의 높은 참여도를 가지고 있고 넷볼, 럭비 및 사커(축구)는 젊은층에 인기가 높다. 뉴질랜드 성인의 약 54%가 학교에서 각종 스포츠에 참여한다. 1880년대 말과 1900년대 초에 오스트레일

럭비경기

호주와의 크리켓 경기

마오리 전사의 전통 춤, 하카(haka)

리아와 영국과의 럭비 원정은 뉴질랜드인의 정체성을 확인하는데 큰 역할을 하였다. 뉴질랜드에서는 경마(horse racing) 또한 인기있는 스포츠로 1960년대만 해도 뉴질랜드인 사이에 '럭비, 경마 그리고 맥주' 문화가 성행한 적이 있었다. 유럽인의 스포츠, 특히 럭비 경기에서 원주민인 마오리족의 참가도 두드러지게 나타났는데, 경기에 참가하기 전에 치르는 럭비 팀의 의식인 마오리족의 전통 춤인 하카(haka)가 유명하다.

언어

유럽인들이 뉴질랜드에 도착했을 때 이들은 원주민인 마오리 부족이 영어와는 전혀 다른 폴리네시아어계에 속하는 마오리어(Maori)를 사용하고 있음을 알았다. 특히 북섬의 많은 지명(Hokitika, Rotorua, Taranaki, Te Anau, Timaru, Wanganui 등)이 마오리 부족의 언어에서 유래하였다. 20세기가 시작되면서 뉴질랜드에 정착한 영어 사용인구가 증가하게 되고, 이로 인해 마오리족 일부는 유럽 정착민들이 가져온 낯선 질병으로 인해 인구가 감소하였다.

1987년 이후 마오리어는 영어와 함께 뉴질랜드에서 공식 언어로서의 지위를 지니게 되어 현재까지 사용되어오고 있다. 그 좋은 예로, 웰링턴에 있는 빅토리아 대학의 명칭은 공식적으로 영어와 마오리어를 함께 사용하고 있다.

VICTORIA UNIVERSITY OF WELLINGTON

Te Whare Wānanga o te Ūpoko o te Ika a Māui

마오리어에서 뉴질랜드 영어에 차용된 어휘는 각 고장의 수목(樹木), 꽃과 동물, 그리고 마오리 원주민의 전통 문화를 가리키는 어휘들로서 오늘날 뉴질랜드 영어에서 널리 쓰이고 있다. 그뿐만 아니라, 뉴질랜드 영어의 발음과 철자는 마오리어 발음과 조화를 이루기 위해 수정되어 쓰이고 있다. 토착 마오리어에는 복수형을 따로 쓰지 않으며 Maori라는 말 자체가 곧 단수와 복수형을 나타낸다. 예: one Maori, two Maori.

마오리어로 pakeha는 뉴질랜드에 정착한 백인 이민자를 가리키는 말이다. 이들 백인 이민자들 중 소수이기는 하나 마오리어를 사용하고 있으나, 상당수의 마오리어는 뉴질랜드 영어 어휘 형성에 기여하였으며 1,000개의 영어 어휘마다 약 6개의 어휘는 마오리어에서 유래한다. 이 어휘 대부분은 동식물 및 지명을 가리키는 어휘이기는 하나, 마오리족의 문화 및 마오리 사회의 여러 개념을 나타내는 어휘들이 뉴질랜드 영어에 들어와서 쓰이는 수도 점차 늘어나고 있다. 수목을 나타내는 kauri, totara, rimu, 조류를 나타내는 kiwi, tui, moa 그리고 tarakihi, moki와 같은 물고기를 지칭하는 말은 뉴질랜드 영어에 들어와서 쓰인 마오리어에서 유래한다. 그밖에 뉴질랜드 영어에서 널리 쓰이

뉴질랜드의 국조인 갈색 키위

1898년에 발행된 키위 우표

는 마오리어 차용어로는 koha 'gift, present', taonga 'object of value, property, treasure'가 있다. 뉴질랜드에서 전화를 받을 때 hello 대신 널리 쓰이는 마오리어는 kia ora이며, 뉴질랜드에만 서식하는 날개가 없는 야행성 조류인 kiwi는 마오리어에서 들어온 말로 널리 알려져 있다.

오스트레일리아의 캥거루(kangaroo)처럼 갈색 키위(brown kiwi)는 뉴질랜드의 국조(國鳥)로 보호를 받고 있다. 특히, kiwi란 말은 조류를 지칭하는 어휘로 쓰일 뿐만 아니라 과일(kiwi fruit) 그리고 뉴질랜드인(New Zealanders)을 가리키는 말로도 쓰인다.(예: Is your husband a Kiwi?) 그뿐만 아니라 뉴질랜드 화폐를 가리키는 말로도 쓰이며(예: Last week the Kiwi went up.), 때로는 뉴질랜드 영어를 나타낼 때에도 kiwi가 쓰인다.(예: Take a crash course in Kiwi.). 그리하여 kiwi는 부지런함과 차별 없이 배려하는 모습에서 뉴질랜드인과 그들의 정신을 상징하는 말로 널리 쓰인다.

1987년 마오리어는 영어와 함께 뉴질랜드의 공식 언어가 되면서 학교에서는 마오리어 몰입교육을 실시하고 있을 뿐만 아니라, 마오리어로 뉴질랜드 전역에 방송하는 두 개의 텔레비전 채널이 있다. 한편, 공식적으로 뉴질랜드의 지명은 상당수 마오리어와 영어로 되어 있다. 뉴질랜드에서 마오리어 다음으로 가장 널리 사용되는 언어는 사모아어(Samoan)이다. 폴리네시아어계에 속한 사모아어는 폴리네시아어의 여러 언어 중에서 가장 잘 알려진 언어로 현재 약 20만 명이 사용하는 언어이다. 그밖에 프랑스어, 힌디어 및 유에이어 등이 있다. 뉴질랜드 수화(手話)언어(sign language)는 약 2만 8,000명이 사용하는 언어로 2006년 뉴질랜드의 공식 언어가 되었다.

> **유에이어**
> Yue /ˈjuːeɪ/로 발음. 중국 남부의 자치구, 특히 광둥 및 광시廣西 지역에서 쓰이는 광둥어廣東話

뉴질랜드 영어 뉴질랜드에서 영어는 전체 인구의 98%가 사용하는 지배적인 언어이다. 위에서 예로 든 문장에서도 엿볼 수 있듯이, 흔히 Kiwi로 상징되는 뉴질랜드 영어(New Zealand English)는 19세기 뉴질랜드에 건너온 식민자들에 의해 맨 처음 확립되었다. 영국영어를 비롯하여 미국영어, 호주영어 및 원주민 마오리어 등, 네 개의 언어로부터 교차 영향을 받아 형성된 뉴질랜드 영어는 이들 언어 이외에도 아일랜드 영어, 스코틀랜드 영어에서도 적지 않은 영향을 받았다. 그러나 뉴질랜드 영어는 발음에 있어서 몇 가지 차이가 있기는 하나 호주영어와 닮은 점이 가장 많다.

20세기 후반 이후 뉴질랜드 사회는 본래 영국의 뿌리에서 서서히 벗어나서 전 세계 모든 곳으로부터 영향을 받아들였으며 특히 21세기 초에는 영국계가 아닌 나라의 이민자가 증가하고 이로 인해 다언어사회(multi-national society)가 한층 더 두드러지는 경험을 하게 되었다. 한편으로는 인터넷과 텔레비전, 영화 및 대중음악과 같은 정보통신매체가 뉴질랜드 사회 및 어휘에 전 세계적인 영향력을 행사하였다. 제2차 세계대전 이후 뉴질랜드 사회와 언어는 이웃나라인 오스트레일리아에서처럼 점차로 미국의 영향을 받아 미국회(Americanization)가 진행되었고 특히 1970년대에 그 영향이 증대되었다.

발음 뉴질랜드 영어는 대부분 /r/을 발음하지 않는다. 그러나 뉴질랜드의 남쪽 끝에 위치한 스코틀랜드 이민자들이 주로 거주하는 지역인 사우스랜드(Southland) 및 오타고(Otago)에서는 스코틀랜드어의 영향이 짙은 거친 시골사투리 소리(이것을 사우스 발음Southland burr라고 함)인 연구개 진동음으로 내는 /r/음(uvula trill)을 낸다. 오래전부터 사우스랜드 지역에 살아온 나이든 세대의 화자들은 모음 다음에 오는 /r/발음이 일정하지 않으나, 젊은 세대는 오늘날 letter의 두 번째 음절에 오는 /r/을 때때로 발음하는 편이다. 사우스랜드 지역에 거주하는 젊은 화자들은 third, term에서의 /r/은 발음하면서도 farm, cart의 /r/은 발음하지 않는다.

호주영어에서처럼 뉴질랜드 영어에서 /l/은 모든 음성환경에서 '어두운' 소리, 즉 [ɫ]로 발음한다. 그러나 음절 말(syllable coda)에 오면 유성음화하는 경우가 자주 일어난다. 이러한 음성현상은 지역에 따라 다르게 나타나며, 서로 다른 사회-경제적인 집단, 즉 젊고 낮은 계층의 사회계급 화자들 간에 /l/을 대부분 유성음으로 내는 경향이 있다.

한편, 뉴질랜드 영어에서는 /w/(witch)와 /ʍ/(which)의 구분이 사라지고 /w-wh/발음(wine-whine)이 하나로 병합(merger)되는 현상이 일어난다. 또한, 호주영어 및 미국영어에서처럼 뉴질랜드 영어에서 모음 사이의 /t/음은 설탄음(flap)으로 발음하여 use a little bit of butter와 같은 표현은 마치 'use a liddle bid of budder'를 읽는 것처럼 발음한다.

다음으로 뉴질랜드 영어의 모음에 대해 설명하겠다.

뉴질랜드 영어의 모음은 이중모음 및 전설모음에서 호주영어에서와 똑같은 변화를 거쳤다. 위에서 살펴본 것처럼 발음의 병합현상은 salary-celery (/ɛl/- /æl/ > /æl/)에서도 일어난다. 그리하여 elery-allery, Alan-Ellen의 모음은 뉴질랜드 영어에서는 동음어(homophone)로 발음되며 이러한 발음의 병합현상은 적어도 1939년 이후 계속 진행되어왔다. 전설모음 /æ/ 및 /ɛ/는 호주영어에서보다 닫힌 모음 쪽으로 발음되는 경향이 있어서 pat는 [pɛt]로 발음된다.

이와는 달리, /ɪ/모음의 경우, /i/로 상승해서 발음되지 않고 내향모음화(centralization)하여 [ə] 또는 [ɨ]로 발음되는 경향이 있어서 bit는 [bət]로 발음된다. 그리하여 많은 뉴질랜드 영어 화자들에게는 /ɪ/-/ə/ 음이 음운상으로 대조를 느끼지 못하고 발음한다. 호주영어와 뉴질랜드 영어 모음에 나타나는 [i]음의 내향화 현상은 제2차 세계대전 이후 뉴질랜드에서 빠르게 진행되어 오스트레일리아인과 뉴질랜드인 사이에 이 발음으로 인해 우스운 얘기가 오고 간 일이 있다. 즉, 오스트레일리아인들은 [i] > [ə]로 발음하는 뉴질랜드인을 향해 fish and chips를 'fush and chups'로 발음한다고 핀잔을 주는가 하면, 뉴질랜드인은 [i] > [i:]로 발음하는 오스트레일리아인을 향해 'feesh and cheeps'로 발음한다고 조롱하는 일까지 생겨나기도 한다.

뉴질랜드 영어에서는 상당수의 모음 대조가 적어도 일반 대중의 악센트에서는 중립화하여 발음되는데, dole, doll, dull에 각각 나오는 /o/ ~ /ɒ/ ~ /ʌ/는 /l/ 앞에 오면 모음의 대조가 사라지고 모두 동일한 소리로 발음한다. 이와 마찬가지로, /l/ 앞에서 /ɛ/ ~ /æ/의 대조가 사라져서 mallow는 mellow로 발음된다.

뉴질랜드 영어 모음의 또 다른 특징으로는 철자 /r/ 앞에 오는 /ɪ/ 및 /ɛ/음의 융합(coalescence)이다. 즉, 영국표준발음에서 steer /stɪə/ 및 stare /stɛə/의 경우, 뉴질랜드 영어에서는 두 모음이 합쳐져서 /stɪə/에 훨씬 가깝게 발음되는 경향이 있으며, 이러한 현상은 특히 21세기가 시작된 이후 점차 늘어나고 있다. 그리하여 hare-here, bear-beer, rarely-really는 모두 동음이의어로 똑같은 운(韻)으로 발음되며, 뉴질랜드 항공사인 Air New Zealand와 Ear New Zealand의 첫 어휘의 모음은 동일하게 발음된다. 이러한 현상은 뉴질랜드 영어에서만 특이하게 일어나는 현상은 아니다. 영국의 동앵글리아(East Anglia) 지방과 미국의 남 캐롤라이나 주에서도 나타난다.

인용형(citation)으로 쓰인 어휘에 나오는 /ɛ/는 남부 미국영어에서 일반적으로 발음하는 것처럼 이중모음이 되어 pen은 ['pi:(ə)n], pest는 ['pi:(ə)st]로 발음된다. 그러나 교육받은 뉴질랜드인의 영어 발음에서는 영국영어, 북미영어 및 오스트레일리아 영어 화자들의 표준발음과 별 차이가 없다.

어휘 및 의미 뉴질랜드의 마오리족 문화가 뉴질랜드인의 일상생활에서 차지하는 비중으로 볼 때 마오리어가 뉴질랜드 영어에 들어온 차용어의 수가 그리 많지 않다는 것은 다소 놀라운 일이다. 통계에 의하면 마오리어에서 유래한 차용어는 대략 0.6%로 대부분 지명과 인명에서 온 것들이다.

대체로 마오리어에서 뉴질랜드 영어에 들어온 차용어로는 자연현상이나 동식물 및 지명을 지칭하는 명칭이 많다. 가령, 수목을 가리키는 totara, rata, nikau와 같은 어휘를 비롯하여 pipi, hapuka, terakihi와 같이 물고기나 조개 등 갑각류를 가리키는 어휘가 있다. 이에 비해 마오리어에서 뉴질랜드 영어에 들어온 지명(地名)은 오스트레일리아의 원주민들의 지명에서 온 것보다 더 많이 남아 있다. 몇 가지 예를 들면, Kekerengu, Takapuna, Wanganui, Lake Wanaka, the Waikato River, Urewera National Park, Mt. Tatawera 등이 있다.

일상생활에서 구어체로 널리 쓰이는 마오리어는 대부분 젊은층에서 두드러지게 나타나는데, *kia ora* 'hello', *kai* 'food'과 같은 어휘는 뉴질랜드인이라면 누구나 익숙하게 알고 사용하는 어휘들이다.

뉴질랜드 영어에는 다른 나라에 없는 뉴질랜드만의 고유한 어휘와 표현을 사용하고 있는데 몇 가지 예를 들어보면 다음과 같다.

- big bickies: '큰 돈'(big money)을 의미함.
  예 That costs a big bickies.

- dairy: 명사로 쓰여 '코너에 있는 가게 또는 편의점'을 의미함

- iwi: 마오리어에서 온 것으로 '부족'(tribe)을 의미함

- kiwi: 마오리어에서 온 것으로 '뉴질랜드인'뿐 아니라 때로는 '뉴질랜드'라는 국명 대신에 쓰이기도 한다.

- puku: 마오리어에서 온 것으로 '위(stomach)'를 지칭함.

- nice: (음식에 적용되어) '맛있는'이란 뜻.

- tramping: 하이킹을 뜻하는 어휘로 오스트레일리아에서는 bushwalking이란 어휘를 씀.

- wee: 형용사로 쓰여
  (1) 'a short time, a little bit'이란 의미를 지님.
    예 my chicken was a wee bit overcooked.
  (2) small, little이란 뜻을 지님.
    예 He was a wee boy.
  이 어휘는 스코틀랜드 방언에서 온 것으로, 뉴질랜드에서는 격식을 지닌 표현에 흔히 쓰임.

뉴질랜드에서 요트경기(sailing)는 인기 있는 스포츠로 각광받고 있어서 요트경기와 관련된 영어 어휘가 많이 쓰인다. 그런데 이들 어휘에 쓰이는 -ie 및

-o는 호주영어에 전형적으로 널리 쓰이는 접미사로 뉴질랜드 영어에서도 이들 접미사가 붙어 형성된 어휘가 널리 쓰이고 있다. 몇 가지 예를 들어보면 *boaties* 'sailing enthusiasts', *posties* 'post (wo)men', *truckies* 'truck-drivers'. 이들 접미사가 붙어 구어체로 쓰이는 어휘들도 있는데, 전형적인 예로는 *arvo* 'afternoon', *compo* 'compensation', *smoko* 'a break from work' 등이 있다.

호주영어와 뉴질랜드 영어는 공통점을 많이 가지고 있어서 북미영어와 구분이 된다. 뉴질랜드 영어에 쓰이는 어휘 중 상당수는 오스트레일리아에서 유래한다. 그 중에서 가장 잘 알려진 것이 'mate, friend, buddy, person'의 여러 의미로 쓰이는 mate란 어휘로, 'G'day mate, how are ya?' 또는 'cheers, mate!'와 같은 표현에 쓰이고 있다. 원래 이 어휘는 오스트레일리아에 차용되어 적응하면서 쓰이게 된 초기 영국영어의 어법이었으나 뉴질랜드 영어에서도 오스트레일리아에서와 똑같이 쓰이고 있다.

오스트레일리아(호주) 영어의 영향을 받아 뉴질랜드 영어에 쓰이고 있는 어휘로 coo-ee란 것이 있다. 이 말은 원래 'to come'을 뜻하는 오스트레일리아 원주민 언어에서 유래한 것으로 누군가를 호출할 때 쓰는 어휘로 다목적으로 사용되었으며 뉴질랜드 영어에 들어와서는 'near'를 뜻하는 'within coo-ee'라는 표현에 남아 사용되고 있다. 오스트레일리아에서 유래한 또 다른 어휘로 tall poppy란 것이 있는데, 누군가를 부정적으로 지칭할 때 쓰였으며 뉴질랜드 영어에 차용되어 변형되어 쓰이면서 tall poppyitis, 즉 Tall Poppy Syndrome이란 표현으로 변형되어 쓰인다.

이밖에 호주영어에서 뉴질랜드 영어에 들어와 널리 쓰이는 차용어로는 bushed 'lost, bewildered', chunder 'to vomit', dinkum 'geine, real', drongo 'a foolish or stupid person', fossick 'to search', jumbuck 'sheep'(호주 피진어에서 유래), larrikin 'mischievous person', Maccas 'McDonald's food을 지칭하는 21세기 속어', station 'a large farm', pom/pommy 'an Englishman' 및 ute 'pickup truck' 등이 있다.

뉴질랜드 영어에서는 공식적으로는 영국식 철자를 따라 쓰는 편이다. 그리하여 미국식 철자인 center, miter, liter, theater에 비해 뉴질랜드 영어는 centre, mitre, litre, theatre와 같이 쓴다. 오스트레일리아에서는 노동당을 Labor Party라고 쓰는 반면, 뉴질랜드 및 영국에서는 Labour Party로 쓴다. 또한 뉴질랜드 영어에서는 *program* 'computer heuristic'과 *programme* 'schedule, broadcast show'를 구분하며, *disk* 'information storage device'와 *disc* 'flat circular object'를 구분하여 사용한다.

colour/color, behaviour/behavior에서처럼 -our/-or로 끝나는 철자인 경우, 뉴질랜드 영어에서는 Colorsteel, The Color Run과 같이 상표(商標)에 쓰이는 경우를 제외하고 전자(-our)를 항상 사용한다. 그러나 -(e)ment로 끝나는 어휘(예: judg(e)ment)의 경우, 뉴질랜드 영어는 영국식 철자인 -ement를 따르지 않고 양쪽을 모두 사용하는 것이 특징이다.

Suggested Readings

Bauer, Laurie et al. (2007) New Zealand English, *Journal of the Internatonal Phonetic Association* 37 (1): 97-102.

Gordon, E. et al (2004) *New Zealand English: its Origins and Evolution.* Cambridge: Cambridge University Press.

Mannell, Robert et al. (2009) *An Introduction to Phonetics and Phonology*, Macquarie University.

Orsman, H.W. ed. (1997) The Dictionary of New Zealand English: a dictionary of New Zealandisms on historical principles. Auckland: Oxford University Press.

Trudgill, P., Hannah, Jean (2002) *International English: A Guide to the Varieties of Standard English*, 4th ed. London: Arnold.

Questions to Consider

1. 마오리족의 문화가 뉴질랜드 문화에 끼친 영향에 관해 설명하시오.
2. 뉴질랜드 영어와 오스트레일리아 영어의 공통점과 차이점에 대해 예를 몇 가지 들어가며 설명해 보시오.
3. 뉴질랜드 영어의 형성과정에 관해 아는 대로 설명하시오.
4. 뉴질랜드 영어에 들어온 차용어에 관해 설명하시오.
5. 영미영어와 뉴질랜드 영어의 차이점을 발음과 철자에 국한하여 설명하시오.

II 제2언어로서의 영어사용 국가

– 역사, 문화 및 언어 –

▌아시아권 ▌아프리카권 ▌태평양권 ▌카리브해권 ▌

아시아권

인도 India | **스리랑카** SriLanka | **필리핀** Philippines

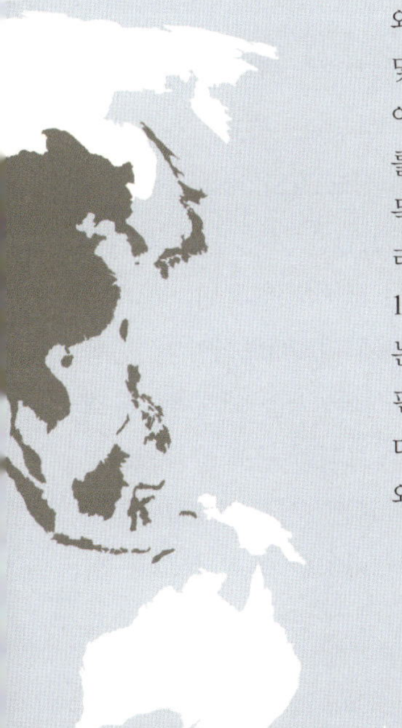

아시아권에 속하는 국가 중에서 영어를 공식 언어 또는 제2언어로 사용하는 나라들로는 인도 및 스리랑카를 비롯하여 싱가포르, 말레이시아, 필리핀, 및 홍콩이 있다. 정치와 문화의 언어이면서 영어를 구사하는 이들에게 경제적 및 사회적으로 실질적인 이득을 주는 인도, 영어를 포함하여 4개의 공식 언어를 가진 다언어사회인 싱가포르, 영어를 외국어로 사용하면서도 교육현장에서는 여전히 필수과목으로 쓰이며 공통어(lingua franca)의 명성과 지위를 누리는 말레이시아는 모두 아시아권역에 속하는 나라들이다. 150년 넘게 영국의 식민지(1842~1997)였던 홍콩에서 영어는 오늘날에도 여전히 중요한 지위를 지닌 언어이다. 필리핀영어는 필리핀에서 언론매체와 교육받은 필리핀인들 대다수가 사용하고 있다. 이 장에서는 이들 언어에 관해 역사와 문화적 배경과 함께 자세하게 살펴보기로 한다.

인도

공식적으로는 인도 공화국으로 불리는 인도(India [ɪndɪə]로 발음)는 12억이 넘는 인구를 가진 나라로, 남쪽으로는 인도양, 남서쪽으로는 아라비아해, 그리고 남동쪽으로는 벵갈 만으로 둘러싸여 있고 서쪽으로 파키스탄, 북동쪽으로 중국, 네팔, 부탄 그리고 동쪽으로는 미얀마(옛 버마) 및 방글라데시와 국경을 접하고 있다. 인도양에서는 스리랑카 및 몰디브와 이웃하고 있으며, 인도의 안다만 및 니코바르 군도(Andaman & Nicobar Islands)는 태국 및 인도네시아와 해양 경계를 공유하고 있다.

니코바르 군도
안다만과 니코바르 두 군도群島로 이루어진 인도령 군도. 안다만군도는 벵갈 만에 있으며 안다만군도 남쪽에 니코바르 군도가 있음.

고대 인더스 문명의 고향이며 역사상의 교역 루트로 거대한 제국을 일구어낸 인도아대륙은 그 오랜 역사만큼이나 상업과 문화의 풍요로움을 지닌 지역이었다. 힌두교, 불교, 자이나교(Jainism: 인도에서 기원전 6세기에 일어난 종교) 및 시크교(Sikhism: 힌두교의 개혁파) 등 4개의 종교가 이곳에서 시작되었으며, 조로아스터교(고대 페르시아의 민족종교. 성화聖火를 예배함), 유대교의 아브라함 종교, 기독교 및 이슬람교는 서기 1000년경에 이르러 다양한 종교 문화를 형성하였다. 인도는 18세기 초기

인도 지도

부터 영국 동인도회사의 운영하에 관리되어 오다가 점차 1857년에 발생한 세포이 항쟁, 즉 인도 반란(Indian Rebellion)이 일어난 후 영국의 직접 통치를 받게 되었으며, 마하트마 간디(Mahatma Gandhi, 1869~1948)의 무폭력저항운동에 의한 독립투쟁으로 1947년 독립국이 되었다.

인도 반란
인도의 세포이 용병이 중심이 되어 인도 전역으로 확산된 반영국 투쟁으로 제1차 독립전쟁이라고도 함. 반란이 실패로 끝남에 따라 영국 동인도회사의 인도지배가 끝나고 대영제국의 인도에 대한 직접 통치가 시작됨.

마하트마 간디

인도를 나타내는 *India*라는 국가명은 고대 페르시아어인 *Hinduš*에서 내려온 *Indus*에서 유래한다. 이 말은 궁극적으로는 산스크리트어 *Sindhu*에서 온 것으로 역사상 인더스강을 나타내는 지역의 명칭이었다. 고대 그리스인들은 인도인을 *Indoi*(Ινδοί)라고 칭하였으며 이것을 번역하면 '인더스 강가의 민족'(the people of the Indus)이란 뜻이었다. 원래 '인더스강의 영토'(Land of the Indus)를 뜻하는 페르시아어는 *Hindustan* ([ɦɪnḍʊsṱaːn]으로 발음함)이었다. 1947년 이전만 해도 '힌두스탄'이란 명칭은 북부 인도와 파키스탄을 전부 포함하는 지역을 지칭하였다. 이 말은 때로 인도 전체만을 가리키는 말로 쓰이기도 하였다.

문화와 종교

인도 문화의 역사는 4500년이 넘는다. 인도는 베다 시기(c.1700~500 B.C.)에 힌두교의 철학, 신화, 신학 및 문학의 기초를 세웠고 다르마(dhárma), 카르마(kárma), 요가 및 모크샤(mokṣa)에서처럼 오늘날에도 여전히 시행되고 있는 많은 종교적 신앙과 의식이 이 시기에 확립되었다. 인도는 앞에서 언급한 다양한 종교를 지닌 나라로 힌두교(Hinduism)는 그 중에서도 가장 두드러진

세계문화유산에 등재된 타지마할

종교로서 우타니샤드(Upanishads: 베다 경전의 일부로 대화형식의 철학서임), 요가 수트라(Yoga Sutras: 요가 경전), 바크티 운동(Bhakti movement: 바크티는 힌두교에서 '신에 대한 한신적인 사랑'을 의미함)의 사상을 포함하여, 다양한 사고방식과 부처의 철학사상에 의해 형성되었다.

인도 건축의 상당 부분은 타지마할(Taj Mahal: [tɑ:dʒ məhɑ:l]로 발음), 무갈 건축의 다른 작품과 남인도의 건축을 포함하여 고대 지역의 전통을 혼합한 양식으로 지어졌다. 타지마할은 인도 무슬림교의 보석이며, 널리 존경받는 세계유산의 걸작 중의 하나로 유네스코 세계유산에 등재되었다.

> **타지마할**
> 인도 아그라 시에 있는 야무나 강 남쪽 둑에 위치한 흰 대리석 무덤으로 1632년 무갈제국의 황제인 샤자한(Shah Jahan, 1628~1658)이 사랑하는 아내 뭄타즈 마할(Muntaz Mahal)의 무덤을 안치하기 위해 건립함.

인도영어

인도의 공식 언어는 힌디어(Hindi)이나, 실제로 인도 헌법은 영어로 쓰여 있다. 인도에서 영어는 '준(準) 공식 언어'로 분류되어 있음에도 비공식적이든,

공식적이든 광범위한 분야에 걸쳐 사용되고 있다. 또한, 영어는 10억이 넘는 인도 인구의 대다수가 영어를 한마디도 할 수 없음에도 불구하고 교육을 제대로 받지 못한 이들로부터 중산층과 상류층에 이르는 모든 계층에 속하는 사람들이 사용하는 언어이기도 하다. 그러면 영어가 인도에서 이러한 지위를 차지하게 된 배경은 무엇인지 인도에서의 영어의 역사를 간단히 살펴보기로 한다.

토머스 매콜리경(卿)

인도에 영어가 들어온 것은 1600년으로, 이 해는 영국의 엘리자베스 여왕 1세가 영국 상인들에게 인도와의 교역 독점권을 부여한 해이기도 하다(Ferguson, 1996:29-39). 그 뒤를 이어 1659년 이후에는 영국 선교사들이 동인도회사의 상선을 사용할 허락을 얻게 되면서 인도에 들어왔다. 그러나 영국 하원이 1813년에 인도의 '원 거주민들' 간에 유용한 지식과 종교적이고 도덕상의 증진을 향상시키기 위해 통과시킨 의결안이 나온 19세기 초까지는 이들의 선교활동이 제한되었다.

그리하여 영국 동인도회사의 지배하에 있던 인도에서의 본격적인 대중 영어교육은 1830년대에 이르러 비로소 시작되었다. 인도는 오늘날과 마찬가지로 당시에도 세계에서 가장 다양한 언어를 사용하는 지역의 하나였다. 1837년 영어는 페르시아어를 제치고 동인도회사의 공식 언어가 되었다. 영국의 역사가이며 정치가인 토머스 매콜리경(Lord Thomas B. Macaulay, 1800~1859)은 인도에 처음으로 영어를 소개하고, 인도 교육에 서구 사상을 도입하는데 큰 역할을 한 장본인이었다. 매콜리경은 문학적으로도 칭송받는 《영국사》(전 5권)의 저자로도 유명하였는데, 그가 식민지 인도의 최고 자문회의의 위원으로 캘커타에 도착한 직후인 1835년 통과된 그 유명한 '매콜리 의사록'(Macaulay Minute)으로 인해 인도에서 영국 정부의 공식 언어정책이 시작되었고, 인도의 행정, 교육 및 사회 전반에 영어 우선정책이 실시되었다.

매콜리경은 페르시아어 대신 영어를 공식 언어로 대체하고 인도의 모든 학

1820년대의 런던대학

현재(2015)의 런던대학본부(UCL)

교에 교육 매체로 영어를 사용토록 하였으며 영어를 사용하는 인도인들의 교사 교육을 지원하였다. 그리하여 1840~50년대에 영국령 인도의 많은 지역에 있는 초중등학교가 개교하면서 대부분 고등학교에 영어 과목을 개설하였다. 1857년에는 인도의 대학들이 영국 런던대학을 모델로 삼았으며 봄베이, 캘커타 및 마드라스의 대학에서 영어 강의가 개설, 시행되기에 이르렀다. 영국이 인도를 통치(1858~1947)하는 동안 영어는 인도 전역에 스며들었으며 점차 영어를 구사하는 인도인들을 공무원으로 고용하는 일이 늘어나게 되었다. 1947년 인도가 독립하던 시기에 영어는 인도에서 유일한 공통어로서의 기능을 갖는 언어가 되었다.

인도가 독립한 1947년 이후 힌디어(Hindi)는 인도의 제1공식 언어로 선포되었고 특히 힌디어를 옹호하는 집단으로 인해 1950년에 제정된 인도 헌법은 힌디어를 공식적인 국어로 선포하였다. 그러나 이 헌법에서 영어는 향후 15년간 공식적인 목적으로 사용할 수 있게 하고, 그 후에는 점차 힌디어로 대체하여 사용하도록 허락하였다.

그러나 이러한 인도의 언어정책, 즉 영어를 힌디어로 대체하여 사용하는 일은 힌디어를 사용하지 않는 인도 남부의 여러 주에서 힌디어를 인도의 유일한 국어로 선포하는 것에 반대하는 목소리가 매우 거세게 일어나면서 부분적으로 성공하지 못하였다. 그리하여 1967년 공식 언어 개정 법령이 선포되면서 이 법령에 따라 영어는 '준 공식 언어'(an associate official language)의 지위를 갖게 되고, 인도의 국가적 차원에서 힌디어와 함께 모든 공식적인 일에 영어를 계속 사용할 수 있게 되었다. 이와 함께 인도 헌법은 18개의 지역 언어를 지정하여 각 주의 공식 언어로서의 기능을 수행할 수 있는 권한을 부여하였다. 오늘날 영어는 인도에서 필수불가결한 언어로 쓰이고 있으며, 인도 중앙 정부와 힌디어를 사용하지 않는 주들 간에 일상적으로 일어나는 의사소통에 관한 한 유일하게 믿을 만한 의사전달 매체가 되고 있다.

인도영어의 언어적 특징

발음 영국영어와 달리, 인도영어 발음의 가장 큰 특징은 'r'을 발음하는 것으로 영국 표준발음(RP: Received Pronunciation, 용인 발음이라고 함)에서 어두에 오는 경우를 제외하고 어중에서 모음 다음에 오는 경우(예: part), 또는 어말 위치에 올 때에 'r'을 발음하지 않는 것과는 대조를 이룬다. 이것은 인도인 대부분이 사용하는 자국어(힌디어)의 영향을 받은 것으로 여겨진다. 표준발음(RP)을 구사하는 소수의 인도인들의 발음도 표준발음과 꼭 같지는 않다.

영국 표준발음의 이중모음(예: coat, day)은 인도영어에서는 (/ko:t/, /de:/와 같이 각각 단모음으로 발음되며, 영국 표준발음의 중설모음(/ɜ:/, /ə/, /ʌ/)은 인도영어에서 모두 /ə/로 발음한다. cot/kɒt/ 및 caught/kɔ:t/는 인도영어에서는 각각 /kɒt/ 및 /kɒ:t/로 발음된다, 대부분의 인도영어를 사용하는 인도인들은 /ɒ/와 /ɔ:/를 분명히 구분하여 발음하지 못한다. 후설모음 /a/(class, staff, last)의 경우, 표준발음(RP)에서처럼 각각 [klɑ:s], [stɑ:f], 및 [lɑ:st]로 발음한다. 3중모음에서도 상당수 인도인들은 flower를 [flaʊə(r)]로 발음하지 않고 [fla:(r)]로, our[aʊə(r)] 대신 [a:(r)]로 발음한다. 이러한 현상은 영국영어, 남아프리카영어 및 파키스탄영어에서는 흔히 나타나고 있고 미국영어방언에서는 발음되지 않는다.

인도영어에서 /v/ 및 /w/는 동음이의어(homophone)로 발음된다. (예: wet - vet). 힌디어 및 인도의 다른 대부분의 토착어(벵갈어, 펀잡어 등)에서 두 소리가 구분되지 않고 발음되기 때문이다. 따라서 상당수 인도인들은 두 음을 무마찰 순치 접근음(frictionless labio-dental approximant)인 [ʋ]로 발음한다.

무성 파열음(/p/ /t/ /k/)은 영국 표준발음(RP), 일반 미국영어(GA) 및 다른 영어 악센트에서 어두 위치 또는 강세가 오는 음절에서 유기음으로 발음되는 것과는 달리 인도영어에서 항상 무기음으로 발음된다. 따라서 pin의 어두음 /p/는 [$p^{=}$](우리말의 된소리와 유사함)음으로 발음되며 표준발음(및 일반 미국영어발음)에서 강한 유기음으로 소리나는 [p^{h}]음과 다르다.

인도영어의 또 다른 발음상 특징은 치경 파열음 /d/ 및 /t/의 경우 특히 인도 남부지역에서 흔히 권설음(retroflex)인 [ɖ] 및 [ʈ] 음으로 각각 발음한다. 인도 토착어를 사용하는 인도인들은 영어의 치경 파열음(/t d/)을 권설음에 더 가깝게 발음하는데 이러한 현상은 인도영어에 전반적으로 나타나는 공통적인 특징이다. 한편, 유성 마찰음 /ʒ/는 상당수 인도인들이 /z/ 또는 /dʒ/로 발음한다(예: treasure /'trεzə:r/). 그러나 인도 남부 지역에서는 이들 발음 대신 /ʃ/로 발음하는 경향이 있다. 예: treasure/'trεʃər/.

인도의 모든 주요 토착 언어는 벵갈어(Bengali)를 제외하고 치마찰음(/Θ/, /ð/)이 없다. 따라서 이 두 음은 각각 파열음으로 발음하는데, 무성 마찰음(/Θ/)은 무성 유기 치파열음([t^{h}]), 유성 마찰음(/ð/)는 유성 무기 치파열음([ɖ])으로 발음한다. 그 예로, thin은 [Θɪn]이 아닌 [$ʈ^{h}$ɪn]으로 발음한다.

라틴어에서 유래한 접미사 -ile (예: missile)의 발음의 경우, 인도영어에서는 일반 미국영어의 발음인 [-^{ə}l]을 따르지 않고 영국 표준발음(RP)인 [-aɪl]로 발음한다. 다른 예로 tensile은 ['tεnsɪl] 대신 ['tεnsaɪl]로 발음한다. 이처럼 인도영어는 영연방 국가에서 발음하는 표준발음 양식을 따라 발음한다. anti는 영국영어발음(['æntɪ])와 일반 미국영어발음(['æntaɪ]이 다르다. 인도를 통치한 영국 식민지배의 영향은 철자에도 그대로 반영되어 있다. 가령, 're', 'ise', 'our'과 같은 철자(예: metre, realise, colour)를 쓰는 인도영어와 달리 일반 미국영어에서는 각각 meter, realize, colour와 같은 철자로 쓰고 있다.

인도영어의 리듬과 강세에 대해 간단히 설명하겠다. 영어는 강세박자(stress-timed)언어로, 한 문자 또는 어구에서 어떤 특정한 단어의 음절에 강세가 온다. 이와는 달리, 인도의 토착 언어들은 실제로 라틴어나 프랑스어 그리고 우리말과 같이 음절박자(syllable-timed) 언어이다. 인도영어를 사용하는 인도인들은 강세가 아닌 음절 리듬을 따라 영어를 사용한다. 일부 인도 언어에서는 강세가 낮은 음도(pitch)와 연관되어 있는 반면 대부분의 영어 방언에서는 강세를 받는 음절이 대체로 한층 높은 음도로 발음된다. 그리하여 인도인들이 영어를 발음할 경우에는 옳지 않은 음절에 강세를 두거나, 영어 단어가 긴 경우에는 모든 음절에 강세를 두어 발음한다. 인도영어의 악센트는 때로 마치 '노래하듯' 하는 특성을 지니고 있으며 이러한 특성은 영국 리버풀 영어(Scouse) 및 웨일즈 영어(Welsh English)와 같은 영국의 일부 영어방언에 엿보인다.

어휘/어법 현대영어에서 쓰이는 어휘 중에는 인도 토착어에서 쓰인 어휘가 많다. 몇 가지 예만 들어보아도 jungle, tank, bungalow, verandah와 같은 것들이 있다. 현대 인도의 정치, 사회 및 행정에 쓰이는 어휘들(dharna, hartal, eve-teasing, vote bank, swaraj, swadeshi, scheduled caste, scheduled tribe, etc.)이 있는가 하면, 인도계 영국영어의 성격을 띤 어휘(tiffin, hill station, gymkhana)가 있고 인도의 지역 언어에서 유래한 어휘, 속어 및 인도영어에서는 각기 상이한 의미상의 범위를 지니고 쓰이는 어휘가 많이 있다(Mehrotra, 2003:19-25 참조).

영미영어의 의미와 다르게 쓰이는 인도영어의 어휘 및 어법(usage)을 몇 가지 예를 들어 살펴보기로 한다.

1. face-cut: profile이란 뜻.

예 Her *face-cut* is very impressive.

2. airdash: to make a quick journey by air. 특히 위급한 상황에서 일어나는 경우에 쓰임.

예 He *airdashed* to the city, yesterday, flew back to Imphal.

3. chaste: pure란 뜻.

예 He speaks *chaste* Hindi.

4. English-knowing: 영어를 사용하거나 말하는 사람(또는 사람들)이란 뜻으로 형용사로 쓰임.

   예 the *English-knowing* intelligentsia.

5. freeship: a studentship or scholarship(전액 장학금)

   예 Fifty students have applied for *freeship* this year.

6. press person: 인도영어에서 한 단어로 쓰며 a newspaper journalist, a reporter, a member of the press 등의 의미로 다양하게 쓰임.

   예 The Prime Minister greeted the *presspersons* with a 'namaskar' and a broad smile.(복수로도 씀)

7. matrimonial: 주로 인도영어에서 'redress'(명사)란 의미로 쓰임.

   예 There is an urgent need for setting up an independent authority for *redressal* of telecom consumer complaint.

8. whole sole: boss, the man in charge(책임자)란 뜻.

   예 He is the *whole sole* in this factory.

9. match box: empty box.

   예 This is a *match box*.

10. upgradation: 지위, 가치 또는 어떤 일의 수준을 한 단계 상승 또는 향상시키는 의미를 지님.

    예 Our company lays great stress on technical training and knowledge *upgradations*.

구문 인도영어 구문에는 세 가지의 통사상의 특징이 쓰인다. 첫째로, 관사를 전혀 쓰지 않거나 변별적으로 쓴다는 점, 둘째로, 어휘를 중복해서 사용한다는 점 그리고 셋째로 오스트레일리아 원주민 영어에서처럼 'yes-no'를 혼동해서 사용한다는 점이다(Kachru, 1983 참조). 다음에 인용한 문장(두 사람의 대화) 내용에서 B의 대답은 No(반대하지 않는다는 의미)라고 했어야 한다.

A: You have no objection?

B: Yes. (I have no objection.)

인도영어 구문에 쓰이는 다른 특징으로 간접의문문에 쓰이는 의문문형식의 어순(예: tell me where can you meet us.), 시제에 관계없이 일정한 부가의문문 형식을 사용하는데 있다. (예: you know it, isn't it?; he is coming, isn't it?; you went there yesterday, isn't it?) 특히 인도영어와 대부분 관련되는 통사상의 특징으로 단순현재시제(simple present)를 써야 하는 경우에도 현재진행형(present continuous)을 쓴다는 점이다. 이러한 용법은 감각(상태, 인지)동사가 쓰이는 구문에 특히 두드러지게 쓰이고 있다. 현대영어에서는 이들 동사는 진행형 동사를 쓸 수 없다. 다음은 인도영어 구문에 쓰이는 진행형 구문의 예들이다.

1. I am knowing him for 20 years.
2. You're not being audible.
3. We are having our house in Thana.
4. There is a matter being before the supreme court now.

위에 든 구문의 예(1~4)에서 알 수 있듯이, 인도영어의 현재진행형 용법은 대체로 인도의 여러 언어로부터 인도영어에 직접 전해져서 그 영향을 받은 것으로 설명할 수 있다. 인도인들에게 '진행형'은 영어 구문에 쓰이는 단순한 '진행형'의 의미뿐만 아니라 '미래에도 계속해서 진행'된다는 의미를 지니고 있다. 예컨대 위의 예문 (1)은 (a) I have known him for 20 years. 및 (b) I shall continue to know him in the future.의 두 가지 의미를 모두 포함하고 있다.

Suggested Readings

Ferguson, C. A. (1996) English in South Asia: Imperialist legacy and regional asset. In Baumgardner, R. J. (ed.) *South Asian English: Structure, Use and Users*. Urbana: University of Illinois Press, pp.29-39.

Kachru, B.B. (1983) *The Indianization of English*. New Delhi: Oxford University Press.

Mehrotra, R.R. (2000) Indian Pidgin English: Myth and reality, *English Today*, 63, 16(3): 49-52.

Mehrotra, R.R. (2003) A British response to some Indian English uses. *English Today*, 75, 19(3): 19-25.

Questions to Consider

1. 인도에 영어를 소개하고 서구사상을 도입한 장본인은 누구인가?
2. 인도의 힌디어 정책과 인도의 독립후 영어의 위상에 대해 자료에 근거하여 설명해 보시오.
3. 인도영어의 언어상의 특징을 몇 가지만 예를 들어 설명하시오.
4. 인도 토착어에서 인도 영어에 들어온 어휘를 찾아 설명하시오.
5. 인도영어에서 쓰는 구문의 통사상 특징을 열거하고 예를 들어 설명하시오.

스리랑카

인도 남동쪽 근방 남부 아시아에 위치한 섬나라 스리랑카(Sri Lanka [sri:lɑ:ŋkə]로 발음)는 공식적으로 스리랑카 민주사회주의공화국으로 18세기 말부터 영국의 식민지 통치가 시작되고, 1972년까지는 실론(Ceylon [si:lɒn]으로 발음)으로 세상에 알려져 온 국가이다. 기록된 역사에 의하면 스리랑카는 적어도 12만 5,000년으로 거슬러 올라가 선사시기에 인간이 이 지역에 정착

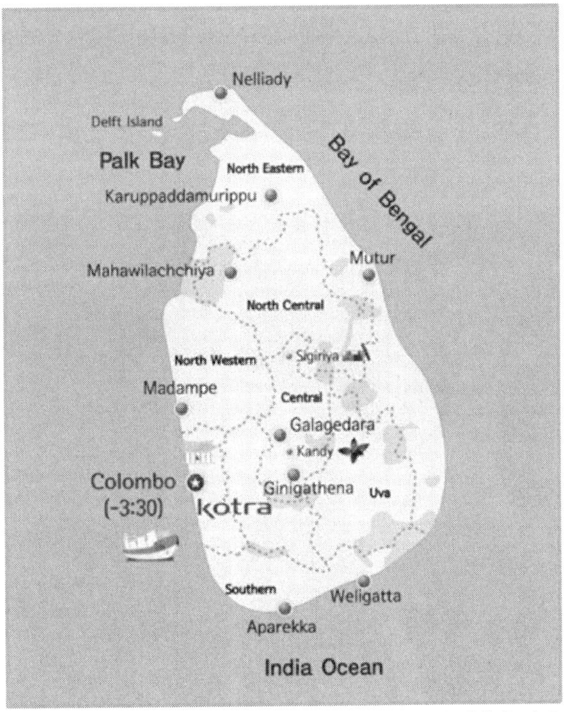

스리랑카 지도

했다는 증거와 함께 3000년의 긴 역사를 지니고 있다. 지리상 위치와 항구로서의 최적 조건으로 인해 스리랑카는 고대 해상실크로드(Silk Road) 시기로부터 제2차 세계대전에 이르기까지 전략상 매우 중요한 요충지가 되어왔다.

역사

고대시기에 스리랑카는 여행자들에 의해 다양한 명칭으로 알려져 왔다. 당시 스리랑카의 비자야 왕자가 이 섬에 도착했을 때 그는 이 섬을 '구리색을 띤 야자수'란 뜻의 탐바파니(Thambapanni)라고 명명하였다. 인도에서는 랑카(Lanka) 또는 신할라(Sinhala)로, 고대 그리스의 지리학자들은 타프로바니(Taprobane /təprɒbəni:/)로, 페르시아와 아랍인들은 세렌딥(Serendib: 현대영어 serendipity의 어원)이란 명칭을 부여하였다. 1505년 포르투갈인들이 이 섬에 왔을 때 스리랑카에 실라오(Ceilão)라는 국명을 붙였으며, 이 말이 영어로 음역되어 실론(Ceylon)이라는 명칭이 생겨나게 된 것이다.

다양한 문화를 지닌 스리랑카는 다종교, 다민족 및 다언어 국가이다. 다수

스리랑카 원주민 베다인 족장(chief)

현존하는 팔리 경전

를 차지하는 신할리족(Sinhalese)을 포함하여 스리랑카 및 인도계 타밀인, 무어인, 버거인(Burghers), 말레이인, 카피르인(Kaffirs) 그리고 원주민 베다인(Vedda: ['væd:a:]로 발음)의 고향이기도 하다.

> **버거인**
> 포르투갈인, 네덜란드인, 영국인 후예 및 이 섬에 정착한 다른 유럽인의 후손으로 이루어진 유라시아 민족 그룹에 속하는 민족을 일컬음.
>
> **카피르인**
> 스리랑카 카피르인이라고도 함. 16세기 포르투갈인 무역상 및 이들에 의해 노동자와 병사로 이곳에 온 반투족 노예들의 후예인 민족 집단.
>
> **팔리 경전**
> 팔리어로 쓰인 현존하는 가장 완전한 초기 불교 경전. 북부 인도에서 만들어져 기원전 29년 스리랑카에서 경전이 나오기까지 구전口傳으로 보존되어 옴.

스리랑카는 풍부한 불교 유산을 가지고 있으며 최초로 알려진 스리랑카의 불교 경전인 팔리 경전(Pāli Canon)은 스리랑카의 귀중한 문화 유산이다.

스리랑카는 16세기부터 열강의 침입이 시작되었으며, 포르투갈(1505), 네덜란드(1602)에 이어 1795년 영국이 네덜란드를 굴복시킨 다음 1815년에 마지막 신할라 왕조를 멸망시키고 스리랑카를 식민지로 통치하였다. 그 후 신할라족 사이에서 유적발굴에 따른 불교 르네상스가 일어나고 인도 민족운동의 영향으로 독립운동이 활발하게 전개되었다. 제2차 세계대전이 끝난 후 1948년 스리랑카는 영국으로부터 독립하였다. 스리랑카는 1972년 새 헌법을 공포하고 국명을 스리랑카 민주사회주의공화국으로 고쳐 오늘에 이르렀다.

문화

스리랑카의 문화는 2500년 이상으로 거슬러 올라간다. 불교와 힌두교의 영향을 받은 스리랑카는 고대 문명이 풍부하게 녹아있는 문화의 보고(寶庫)이다. 스리랑카의 불교문화는 스리랑카인들에게 높은 종교적 이상과 도덕적 가치를 형성케 해주는 역할을 해주고 있다.

스리랑카는 고대 도시인 캔디와 아누라다푸라(Anuradhapura)에 중심을 둔 신할리족의 문화 그리고 자프나(Jaffna) 시에 중심을 둔 타밀족의 문화 등, 두 개의 주요한 전통 문화가 공존하는 섬이다. 최근에 와서는 영국의 식민지 시기의 문화가 스리랑카 섬 지역인들에게도 영향을 끼치고 있다. 고대 시기의 스리랑카는 수력 공학과 건축에서도 놀라운 능력을 나타냈는데, 스리랑카의 모든 문화가 공유하는 풍부한 문화적 전통은 이 섬 사람들의 장수(長壽)에 대한 기대수명과 건강 증진 및 높은 식자율(literacy rate)에 근간이 되고 있다.

스리랑카의 국민 스포츠는 배구(volleyball)이나, 이보다 훨씬 더 인기 있고 국민들에게 사랑받는 스포츠는 무엇보다도 크리켓(cricket)이다. 스리랑카는 1996년 크리켓 월드컵에서 우승한 후에도 2014년 국제 크리켓 대회에서 크리켓 강국 인도를 물리치고 우승하는 등, 국제적으로도 크리켓 강국으로 활약하고 있다. 이밖에도 럭비, 육상경기, 축구(soccer) 및 테니스도 스리랑카인들에게 인기 있는 스포츠이다.

스리랑카 영어

스리랑카에서 쓰이는 영어(Sri Lankan English)는 영국이 스리랑카를 식민지로 통치하던 시기에 이 섬에 도입한 것으로 인도에서와 마찬가지로 영국의 선교사들이 스리랑카에 들어와서 영어를 가르치면서 시작되었다. 1830년대에 이르러 스리랑카 정부는 "교육을 통해 스리랑카인들이 머지않아 정부기관의 요직을 차지할 수 있는 자격을 갖추어야 한다"는 슬로건을 내걸고 영어 교육을 증진시키기 시작하였다. 1832년 640개의 사립학교 및 236개의 기독교계통의 학교가 영어를 수업의 매개 언어로 사용하게 되었으며 97개 주립 학교만이 그들의 모국어로 가르쳤다. 1942년에는 실론 대학교가 설립되고 영어 강의가 도입되어 영국식 교육 정책이 절정에 이르렀다(Fernando, 1996:206-17).

그런데 스리랑카가 1948년 영국으로부터 독립한 후 실론(Ceylon)을 스리랑카라는 국명으로 변경하면서 상황은 급격하게 달라지게 되었다. 전체 학교 인구의 7%만이 사립 또는 기독교 계통의 학교에 다니게 되고 93%에 해당하는 인구가 주립 학교에서 모국어로 수업을 받게 되었다. 이렇게 된 데에는 스리랑카와 인도의 언어적 상황이 다른데서 그 이유를 설명할 수 있다. 즉, 인도에 비해 스리랑카는 언어적으로 훨씬 덜 복잡하다. 스리랑카에서 쓰이는 주요 언어는 2개가 있다. 하나는 인구의 대다수가 사용하는 스리랑카어로 신할어(Sinhala, Singhalese)라고도 하며, 또 다른 언어는 소수의 인구가 사용하는 타밀어(Tamil)이다. 스리랑카 인구의 대다수는 자국어인 신할어를 사용하고, 이들 대다수의 종교인 불교를 통해 스리랑카의 주체성(애국심)을 뚜렷하게 나타내고 있다. 그리하여 스리랑카는 영국으로부터 독립한 후 자국어인 신할어만을 사용하는 언어정책을 도입하면서 독립 이전에 영어를 사용하는 엘리트에 의해 이끌어온 교육의 위상이 바뀌어 새로운 중산시민(부르조아) 계급이 출현하게 되었다. 새로 등장한 신할어 사용 엘리트는 영어를 장려할 생각이 전혀 없었는데 영어를 장려하게 되면 그들의 위상을 위협하는 새로운 영어 사용 엘리트가 나타날 것이라고 믿었기 때문이었다.

이런 상황에서도 영어는 스리랑카인 생활의 일정한 분야에서 그 위상을 유지하면서 대학의 과학과 의학 및 공학부의 수업 매개 언어로 계속 사용되었다. 영어의 국제적인 위상으로 인해 정부 기관은 물론 무역과 관광 분야에서도 스리랑카에서 영어를 지속하는 것은 중요하였다. 한편, 영어는 스리랑카 인구의 대다수를 차지하는 신할족과 소수 인구의 타밀족 간의 공통어 내지 연결언어로 작용하여 타밀어 사용자는 신할어를, 신할어 사용자는 타밀어를 서로 알게 되는 중개 역할을 하게 되었다. 이처럼 연결 언어로서의 역할을 수행한 영어는 1987년 공식적으로 인정을 받고 1995년에는 스리랑카의 국어(a national language)로 선포되기에 이르렀다. 그 후 영어는 학교에서 과목으로서가 아닌 이중언어 교육의 형식으로 도입되어 초등학교 1~3학년생부터 초등학교 교사들이 영어와 모국어에서 어휘를 선택하여 지도할 수 있게 되었다. 오늘날 스리랑카의 젊은 세대는 영어를 식민지 시기의 영어로 생각하는 대신 현대생활의 필수 언어로, 그리고 공학과 젊은이의 문화언어로 여기고 있다.

발음 스리랑카 영어를 사용하는 화자들은 영국영어의 표준발음(RP)이나 일반 미국영어(GA)의 발음과 다른 소리를 내는 경우가 종종 있다. 가령, father의 'a'이 발음이나, luck의 'u' 발음은 신할어에 없는 소리이므로 이들 소리를 발음하는데 어려움을 나타낸다.

다른 많은 언어에서와 마찬가지로 스리랑카 영어에서도 음운도치(metatheses)현상이 일어나서 exercise(/'ɛksərsaɪs/)는 ['ɛksaɪs]로 발음된다. 이처럼 발음의 차이가 나타나는 것은 교육수준과 사회경제적인 배경과 관련된다. 예를 들어보면 note와 같은 어휘는 영국 표준발음과 일반미국영어에서는 각각 이중모음 /nəʊt/ 및 /noʊt/로 발음된다. 그러나 스리랑카 영어에서는 단모음 /no:t/로 발음되며 스리랑카에서는 정상적인 발음으로 받아들여져 쓰이고 있다. 이와는 달리, 스리랑카 영어에서 hall(/hɔ:l/)을 /ho:l/로 발음하는 것을 받아들이지 않는다. take, made라는 어휘도 이중모음이 아닌 단모음으로 발음한다.

스리랑카 영어의 다른 공통된 특징을 몇 가지 예로 들어보기로 한다. What is the matter?라는 표현은 영어에서는 What's the matter?라는 축약형(contractions)을 쓰는데 반해 스리랑카 영어에서는 축약을 쉽게 쓰지 않는 경향이 있다. 강세를 받지 않는 음절은 영어에서 schwa(/ə/)로 표기하는데, 스리랑카 영어의 경우 /ə/를 /a(:)/, /o:/, /u/, /e/, /i/)에서와 같이 다양하게 발음한다. 예: camera(/'kæmərə/) > /'kæməra(:)/. 한편, 영어에서 둘째 또는 셋째 음절에 강세가 오는 어휘의 경우에도 스리랑카 영어에서는 첫 음절에 강세가 와서 발음된다. 예: address, cassette, dessert, museum, hotel, gazette, etc.

어휘와 표현 스리랑카 영어에는 다른 영어에서와 다른 의미로 쓰이는 어휘나 표현이 많다. 괄호 안에 있는 것이 영어 어휘 및 표현이다. pass out (graduate), shorteats (snacks), stay (reside), petrol shed (gas station US; filling station UK), get (them) down (invite [them] over), current (electricity or power), today morning (this morning), yesterday night (last night), Tele Drama (TV Series).

통사구조 스리랑카 영어에 쓰이는 특이한 표현(어구) 및 의미를 몇 가지만 들어보기로 한다.

1. 'isn't it?' / 'no?' 의문문에는 예외없이 이 두 가지 부가의문문을 붙여 사용한다. 예: He's here, no?
2. He went to different different places. 강조할 경우 형용사를 두 번 연속해서 사용하며 He went to many different places.란 의미로 쓰임.
3. 정관사의 생략 예: Let's go to city.
4. 어순의 변화 영어와는 다른 어순을 사용한다. 예: Yesterday only they came.이란 문장은 It was only yesterday that they came.이란 의미로 쓰임. 다른 예로 Why they are here?란 문장은 영어에서 Why are they here?란 어순으로 쓰임.
5. 시제의 변화 스리랑카 영어에서 If you came here yesterday, you could meet her.라는 문장은 영어에서는 If you had come here yesterday, you could have met her.라는 시제로 바꾼 의미로 해석해야 함.

Suggested Readings

Fernando, C. (1996) The ideational function in English in Sri Lanka. In Baumgardner, R. J. (ed.) *South Asian English: Structure, Use and Users*. Urbana: University of Illinois Press, pp.206-17.

Kirkptrick, A. (2007) *World Englishes: Implications for International Communication and English Language Teaching*. Cambridge University Press.

Kachru, B. B. (1983) *The Indianization of English*, New Delhi: Oxford University Press.

Mehrotra, C. (2003) 'A British response to some Indian English uses', *English Today*, 63, 16 (3): 49-52.

Questions to Consider

1. 스리랑카에서 쓰이는 영어의 과거와 현재에 대해 요약하고 스리랑카영어의 특징을 몇 가지 예를 들어 설명하시오.
2. 스리랑카영어의 어휘와 표현에 쓰이는 의미와 현대영어의 차이점에 대해 간단한 예를 들어 설명하시오.
3. 인도영어와 스리랑카영어의 언어상 차이에 대해 설명하시오.
4. 스리랑카에 영어가 들어온 역사와 배경을 간단히 설명하시오.
5. 스리랑카영어에 쓰이는 통사구조의 특징을 예를 들어 설명하시오.

필리핀

개관

서태평양상에 있으며 남동 아시아에 위치한 필리핀(Philippines /'fɪlɪpi:nz/)은 무려 7107개의 섬으로 이루어져 있고 이들 수많은 섬에 약 1억 명의 인구가 흩어져서 약 85개의 말레이-폴리네시아계 언어를 사용하고 있는 주권 섬나라이다. 필리핀은 지리적으로 루손 섬, 비사야 제도 및 민다나오 섬 등, 세 개의 주요 섬으로 나누어져 있으며 수도는 마닐라인 반면, 가장 인구가 많은 도시는 케손 시티(Quezon City: 1948~1975년 필리핀의 공식 수도였음)로, 이들 두 도시는 메트로(폴리탄) 마닐라의 일부로 되어 있다.

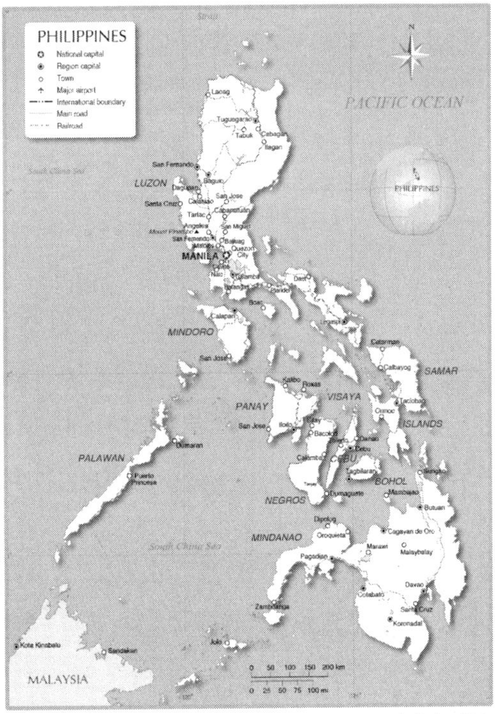

필리핀 지도

역사

스페인 국왕 필립 2세

필리핀이 외부세계에 알려지게 된 것은 16세기 초인 1521년이다. 마젤란(Ferdinand Magellan)이 스페인 왕실의 후원으로 필리핀을 발견하면서부터였으며 이로 인해 스페인 식민지의 시작을 알리는 계기가 되었다. 1543년 스페인의 탐험가인 로페즈(Ruy Lopez de Villalobos)가 스페인의 필립왕 2세를 기념하여 필리핀 열도를 *Las Islas Filipinas*라고 명명하였다. 1565년에는 처음으로 필리핀 열도에 스페인 정착이 이루어지면서 필리핀은 300년 넘게 스페인 제국의 일부가 되었다. 그 결과 필리핀은 로마가톨릭교가 우세하다. 이 시기에 마닐라는 아시아와 아메리카를 연결하는 환태평양 마닐라-아카풀코 범선 무역의 서부 중심 도시가 되었다.

그 후 스페인과 미국 간의 전쟁에서 승리한 미국의 식민지배하에 넘어간 필리핀은 정치 및 행정의 큰 변화를 초래하였고 미국영어를 널리 사용하도록 교육체계가 바뀌어 전국에 영어로 수업하는 학교가 생겨났다. 그리하여 1895년 미국의 지배하에 놓인 필리핀은 3년이 안 되는 사이에 마닐라에는 미군정에 의해 7개의 학교가 생겨났고 식민지 시기를 거치는 동안 필리핀인을 교화시키기 위해 영어를 체계적으로 향상시켰다(Martin, 2002:201-2). 1901년에는 영어로 수업하는 교육이 도입되고 필리핀의 모든 학교에 영어가 수업의 매개 언어가 되기에 이르렀다.

1942년 일본이 마닐라를 점령하면서 1945년까지 필리핀은 일본의 통치를 받게 되었으나 제2차 세계대전이 끝난 후 1946년 4세기에 걸친 외세에서 벗어나 독립하였다. 독립한 시기에도 필리핀은 식민지 역사로 인해 토착어인 타갈로그어(Tagalog, Filipino)와 함께 영어와 스페인어를 사용하였다.

미국 식민지 시기에 지은 건물

대나무춤(bamboo dance)

문화

동서양 문화가 융합한 필리핀은 다양한 종족과 종교는 물론 스페인과 미국 문화까지 혼합된 복합적인 사회의 성격을 띠고 있다. 스페인의 오랜 식민지 역사는 스페인식 이름과 성(性, surname)이 오늘날에도 여전히 남아 있는 것으로 짐작할 수 있다. 뿐만 아니라 거리, 마을 및 지역(구) 이름 또한 스페인어로 되어 있는 곳이 많다. 스페인 건축은 필리핀에 흔적을 남겼는데 많은 마을에 스페인식 중앙 광장(plaza mayor)이 있었고, 스페인의 영향을 받은 많은 건물이 있었으나 제2차 세계대전 중에 이들 중 많은 건물이 파괴되었다. 바로크 양식의 교회 건물 4개는 유네스코 문화유산에 등재되어 있다.

필리핀 사회에 미국의 문화 충격이 나타난 것은 필리핀에서 영어가 널리 사용되면서부터이다. 미국영어의 사용으로 인해 필리핀이 미국의 팝 문화를 받아들이고 그 영향을 받았다. 그뿐만 아니라 미국식 패스트푸드 체인점(stalwarts)이 상륙하고 서구 영화와 음악이 밀려 들어왔다. 스페인과 아시아 양식의 건물뿐만 아니라 미국 식민지 시기에 지어진 오래된 건물도 많이 남아 있다. 한편으로는 대나무를 엇갈아가며 흥겨운 리듬에 맞춰 춤을 추는 민속 춤인 대나무춤은 필리핀의 가장 유명한 전통 춤이다.

필리핀영어

필리핀에서 방송매체 및 교육받은 대다수의 필리핀인들이 사용하는 필리핀영어(Philippine English)는 공식 언어인 타갈로그어(Philipino라고도 함)와 함께 필리핀의 공식 언어로 쓰이고 있다. 이 두 언어는 비공식적인 상황에서 그때그때의 형편에 맞춰 교차 사용(code-switching)하는 일이 자주 일어난다. 지역에 따라서는 필리핀영어가 화자의 언어적 영향력에 좌우되어 그 변종이 쓰이는 경우도 있다.

필리핀에서는 극히 예외적으로 법률과 법원의 결정사항은 모두 영어로만 작성하고 있다. 또한 영어는 고등교육, 종교 행사, 인쇄물, 방송매체 및 비즈니스에도 두루 사용되고 있다. 그리하여 교육받은 대부분의 필리핀인들은 이중언어를 사용하며, 영어는 그 중의 하나로 사용하고 있다. 그리하여 오늘날에도 (필리핀) 영어는 각종 교재는 물론 커뮤니케이션 관련 행사에 매개 언어로 우선적으로 쓰이고 있다. 필리핀에서 상영되는 영미권 영화는 한국과 달리 더빙을 하지 않는다.

이처럼 영어가 필리핀의 초중등학교의 교과과정으로 운영되고 있으므로 필리핀인 상당수는 어법이나 발음에서 몇 가지 차이가 있음에도 유창한 필리핀영어로 쓰고 말한다. 필리핀의 학교는 대부분 필리핀영어를 쓰는 교사들이 영어를 가르치고 있어서 미국영어와의 차이가 두드러지게 나타나고 있다. 실제로 필리핀영어는 미국영어에서 갈라져 나와 생겨난 것이다.

필리핀영어는 구두법과 날짜 표기를 제외하고 원래 미국영어의 철자 및 문법을 좇아 만들어졌다. 이를테면, 필리핀의 지상파 방송에서 유창한 영어를 구사하는 일부 뉴스 앵커를 제외하고 영어로 진행하는 미디어에서조차 '1월 1일'이라는 날짜를 서수(序數)인 January first로 읽는 대신 기수(基數)인 January one으로 읽는 경우가 흔하다.

간결함(brevity)과 단순함(simplicity)은 문장구조 형성에서 강조하는 사항이다. 그러나 필리핀영어에서는 문장을 만들 때 불필요한 여분의 말을 집어넣어 표현하는 일이 흔하며 이러한 현상은 나이든 세대에서 자주 일어난다. 그리하여 필리핀에 온 영어 교사들은 옛날 방식의 문법을 배워 그 방식을 그대로 학생들에게 전수하였다. 예컨대, now라는 표현 대신 at this point in time을 쓰거나 I will go ... 라고 쓰는 대신 I will be the one who will go ... 라고 쓰는 경우이다.

발음 필리핀에서 말레이-폴리네시아계 언어들은 대부분 /f/ 음소가 없다. 따라서 필리핀인들은 /f/ 음소가 포함된 영어 어휘를 발음할 때 /f/를 /p/로 바꿔 발음한다. 음소 /v/ 역시 대부분의 필리핀 주요 토착 언어들에서는 사실상 존재하지 않는다. 부분적인 이유로는 현대 스페인어에서 [b] 및 [v]를 구분하지 않고 두 음을 [b]로, 모음 사이에서는 [β]로 발음하기 때문이다. 그러나 필리핀이 스페인 식민 정부의 지배하에 있을 때 접촉이 많지 않았던 민다나오 섬과 비사야 제도의 루마드 부족의 언어와 같은 소수 토착 언어에는 여전히 [v]음을 유지하고 있으며 [f]음도 일부 토착 언어에서 쓰이고 있다.

필리핀영어에서는 [ɪ], [æ], [ʌ]음이 없고 [ə]음을 그대로 유지하고 있는 경우도 극히 드물다. 그리하여 'bit-beat', 'hit-heat', 'fill-feel'의 모음은 한결같이 [i]음으로 발음하므로 두 음을 구별하지 못한다. 또한 필리핀영어에는 [Θ] 및 [ð]음이 없어서 각각 [t] 및 [d]로 발음한다. 때로는 지나치게 정확한 발음을 한다고 생각해서 Thai, Thomas의 첫 음(th)을 [Θ]로 발음하는 경향(이것을 hypercorrection이라고 함)도 나타나고 있다. 한편 필리핀영어에서는 [æ] 및 [ʌ] 음의 구별이 되지 않으므로 'back[bæk]-buck[bʌk]', 'cat[kæt]-cut[kʌt]', 'pass[pæs]-pus [pʌs]'와 같은 어휘 쌍의 경우 모두 [a]음으로 발음된다. 일부 화자들은 [æ]음을 [ɛ]음으로 발음하여 bad 및 bed는 필리핀영어에서 동음어가 된다.

다음으로 필리핀영어에 쓰이는 [ə](schwa)에 관해 살펴보기로 한다.

필리핀영어에는 [ə]가 없다. 따라서 이 음이 쓰이는 환경에서는 다른 음으로 대체하여 발음한다. 우선, -ble, -fle, -ple, -cle, -dle, -gle의 어말에 오는 소리는 [ə]가 아닌 [o] 또는 [e]로 대체하여 발음한다. 가령, Google['gug(ə)l]은 ['gugel]로, handle['hænd(ə)l]은 ['handel]로 발음한다. circle['sərk(ə)l]의 경우에는 ['sirkel] 또는 ['sirkol]로 발음한다. 또한, 필리핀영어는 철자에 따라 발음에 영향을 미치는데, travel['træv(ə)l]은 ['trabel], computer[kəm'pjutər]는 [kom'pjuter]로 각각 발음한다. 이런 이유로 인해 영어의 -cion, -sion, -tion은 필리핀영어에서는 한결같이 [ʃon]이란 소리와 운(韻)을 맞추어 발음한다.

필리핀영어에 나타나는 발음상의 특징 중의 하나는 star, spade, stampede, strict, stigma, sky에서 엿볼 수 있듯이 's + 자음'으로 시작하는 자음군의 발음이다. 이 발음은 특히 나이가 든 필리핀 세대에서 나타나는 현상으로 이들은 스페인어의 음운체계의 영향을 받아 성장한 세대로 istar/estar, istampede/estampede, istigma/estigma, istrict/estrict, isky/esky와 같이 발음한다. 스페인어에는 's + 자음'으로 시작하는 자음군이 없기 때문에 이 자음군 앞에 e-를 붙여서 'es- + 자음'과 같이 발음한다. 예: estrella(star), estampida(stampede), estigma(stigma), estofado(stew), etc. 이런 음운현상은 모음삽입 현상(epenthesis)이라고 한다. 한편, 영어의 -qu-의 발음은 필리핀영어에서는 영미영어의 발음과는 다르게 발음된다. 따라서 conquest 및 liquidity는 영미인들의 귀에는 각각 ['konkest] 및 [li'kiditi]와 같이 들리게 된다.

필리핀영어에서 [r]을 발음하는 현상은 일반 미국영어(GA)의 발음과 대체로 똑같으나 필리핀영어가 한국어의 리듬에서 엿볼 수 있듯이 음절박자 중심(syllable-timing)의 리듬을 띠는 경향이 있는 점은 강세박자 중심의 리듬을 지닌 영미영어의 리듬과는 차이가 있다. 필리핀영어의 억양은 마치 '노래하듯' 흘러가는 것이 특징이다(McArthur, 2002:344ff).

어휘 및 문법 필리핀영어의 어휘는 의미상의 변환에서 품사전환, 번역차용(loan translations), 신어(新語), 복합어 및 혼성어(hybrids) 등을 포함하여 다양한 범위에 걸친 언어현상에서 유래한다(Bautista, 1997:49-72). 의미상의 변환(semantic shift)에서 내려온 예로는 아기 기저귀나 유아의 용변 연습용 팬티 등, 유명 상품을 만드는 회사의 로고인 Pampers를 사용하여 '쓰고 버리는 아기 기저귀'란 뜻으로 쓰이거나 치약을 나타내는 colgate를 일반 명사로 사용하는 것이 좋은 예이다. 이와 비슷한 예로 모든 진공청소기를 hoover, 복사기를 xerox로 지칭하여 나타낸다.

아기용품 전문 미국회사의 브랜드 상표(로고)

품사 전환의 예는 다음의 예에 잘 나타나 있다.(이탤릭 부분)

'Sorry I'm late, it was so *traffic*'

'Why are you so *high-blood* again? What's upsetting you?'

어휘를 새로 만드는 현상(new coinages)도 예외는 아니어서 carn-apper (car thief), holdupper(thief), cockfighter(닭싸움을 위해 수탉을 키우는 사람)와 같은 어휘도 필리핀영어에서 쓰이고 있다. 한편, 복합어(compounds)의 예로는 captain ball(team captain), green joke(blue joke. 중국영어에서는 yellow joke)과 같은 것들이 쓰인다. 혼성어는 서로 다른 언어에서 들어온 어휘로 이루어진 복합어가 흔히 쓰이고 있는데, 가령 *buco* juice(어린 코코넛열매에서 얻은 즙), *pulcot* boy(테니스공을 줍는 소년) 및 common *tao*(일반 필리핀인)의 예에서 이탤릭체로 쓴 어휘가 필리핀영어에 흔히 쓰이는 것들이다. 이와 함께 필리핀의 자연환경에 나타나는 동식물군, 음식 및 문화 관련 어휘들이 필리핀영어에 자연스럽게 쓰인다.

필리핀영어는 시제(tense) 및 시상(aspect) 체계를 재구성하여 사용하고 있다. 따라서 특정한 시제는 다른 문맥과 구별되는 상황에 쓰인다. 그 예로, 영어에서 과거단수형이 쓰이는 문맥에 현재완료형(예: I have seen her yesterday.)을 쓰는 경우이다. 또한 현재완료 또는 과거 단순시제형을 쓸 경우에도 과거완료형이 종종 쓰인다.(예: Sen. Francis had already started sponsoring the proposed ... Act)

필리핀영어에 쓰이는 어순(word order)은 영미영어와 달리 '동사 - 부사 - 목적어'의 순으로 쓰인다. 예: let the pupils read part by part the selection ...; 'interpret orally the selection'. 명령문에 쓰이는 의문문의 어순 또한 영미영어의 그것과 다르게 쓰인다. 예: 'ask what are boys fond of playing'.

다음에 필리핀영어 구문에 쓰이는 세 가지 특징을 요약해서 살펴보기로 한다.

우선, 필리핀영어에는 'one of the + N(단수형)'이란 표현(어구)을 쓰고 있다는 점이다. 예: That's *one of the related problem* we will be discussing. 그러나 이러한 표현은 필리핀영어뿐만 아니라 홍콩영어, 인도영어 및 싱가포르영어에 더 흔히 쓰이고 있다.

다음으로 필리핀영어에 전형적으로 쓰이는 특징으로 선행하는 관사없이 majority라는 어휘를 쓴다는 점이다. 예: But a survey done by Pulse shows *majority of their respondents* want President Estrada to keep his post. 인도영어에서는 이러한 구문이 더 많이 쓰이고 있다.

마지막으로 필리핀영어에 쓰이는 특징으로는 'wherein'의 사용이다. 다음에 인용한 예문을 보기로 한다.

This practice is still being done in several universities in the US okay *wherein* they have a quota for different racial groups.

위에 인용한 예문에 쓰이는 wherein의 용법은 필리핀영어에 자주 쓰이며 특히 구어체 영어에서 많이 쓰이고 있다. 이처럼 필리핀영어에 흔하게 쓰이는 wherein의 독특한 용법은 필리핀 토착어(타갈로그어)에 나오는 불변화사인 na에 대응하며 다음 예문에 잘 나타난다.

And I don't like her reasoning *na* she doesn't wanna pay me because it's not her priority because I have money.

Suggested Readings

Bautista, M. L. (1997) The lexicon of Philippine English, In Bautista, M. L. (ed.) *English is an Asian Language: The Philippine Context*, Sydney: Macquarie Library, 49-72.

Crystal, D. (2003). *English as a Global Language*, revised ed. Cambridge University Press.

Homma, H. and M. Matto eds. (2009) Gonzalez, A. (2009) The Transplantation of American English in Philippine Soil, In *A Companion to the History of the English Language* Oxford: Wiley-Blackwell, Chapter 31.

Martin, I. P. (2002) Canon and pedagogy: The role of American colonial education in defining standards for Philippine literature. In Kirkpatrick, A. (ed.) *Englishes in Asia: Communication, Identity, Power and Education.* Melbourne: Language Australia, pp.201-2.

McArthur, T. (2002) *The Oxford Guide to World Englishes*, Oxford: Oxford University Press.

Questions to Consider

1. 필리핀이 외부세계에 알려진 배경을 역사적으로 설명하시오.
2. 스페인과 미국의 문화를 받아들여 형성된 필리핀의 복합문화가 필리핀영어에 끼친 영향에 관해 요약하시오.
3. 필리핀영어의 발음에 나타난 특징을 예와 함께 설명하시오.
4. 필리핀의 전통 문화에 대해 수집한 자료를 토대로 몇 가지만 설명하시오.
5. 미국영어와 다른 필리핀영어의 철자법과 구두법에 관해 설명해 보시오.
6. 필리핀 영어구문의 세 가지 특징을 요약하시오.

홍콩

개관

세계에서 인구가 가장 조밀한 지역 중의 하나인 홍콩(Hong Kong)은 '향기로운 항구'(Fragrant Habour, 香港)란 뜻의 구어체 광둥어(廣東語)의 발음을 음성적으로 가깝게 나타낸 것이다. 영국이 홍콩을 통치하기 시작한 1842년 이전만 해도 이 명칭은 홍콩 섬 남서부에 있는 애버딘 섬과 홍콩 섬 남부 사이에 있는 작은 만(灣)이나 섬과 섬 사이의 좁은 해협을 지칭한 명칭으로 영국의 상인과 홍콩 지역의 어부들 간에 맨 처음 접촉하는 장소의 하나로 사용되었다. 1970년대 말 홍콩은 '동양의 진주'라는 별명으로 불리면서 아시아-태평양 지역의 주요한 중계항으로 세계 무역의 주요 허브 및 뉴욕 및

향항자
현재 애버딘 항Aberdeen Habour, 香港仔. 홍콩 광둥어 방언에서 문자 그대로 '작은 홍콩'Little Hong Kong이란 뜻.

Victorica Peak에서 바라다 본 홍콩

런던과 함께 금융센터로 발전하였으며 오늘날 세계 도시로 여겨지고 있다. 또한 유럽과 북미대륙의 해양을 연결하는 중추역할도 함께 수행하고 있다.

홍콩은 제1차 아편전쟁(1839~42)을 치른 후 청나라와 영국 간에 체결된 난징조약(南京條約, Treaty of Nanking, 1842)에 의해 영국의 식민지가 되었다. 그 후 제2차 아편전쟁(1856~60)으로 청나라는 영국과 체결한 베이징 조약(北京條約, Treaty of Beijing)에 따라 1860년 주룽 반도(九龍半島, Kowloon Peninsula)를 분할하고 1898년에는 신제(新界, New Territories)를 99년간 영국에 조차(租借, lease)하기로 하였다.

제2차 세계대전 중(1941~45)에 홍콩은 일본에 점령당했으나 영국은 전쟁이 끝난 후 1997년까지 홍콩을 통치하였다. 이후 중국과 영국 간에 홍콩 반환협상이 진행되고 1997년 중국의 주권회복과 더불어 홍콩특별행정구가 설치되면서 156년간 영국의 식민통치하에 있던 홍콩의 주권은 마침내 중국에 이양되기에 이르렀다.

문화

홍콩은 이 지역의 중국 문화에 뿌리를 두고 영국의 식민 지배 시기부터 영향을 받아온 서양문화가 뒤섞여 마치 '동(東)과 서(西)가 만나는'(East meets West) 장소로 흔히 여겨져 왔다. 홍콩에서는 풍수지리사상(feng shui)을 중시하여 대형 건설공사계획이나 중요 사업도 풍수지리에 좌우되는 일이 많다. 악령(惡靈, evil spirits)을 물리치기 위해 팔괘(Bagua)를 그린 거울이 아직도 쓰이고 있으며, 광둥어에 '죽다(die)'란 말과 유사하다고 하여 건물에는 4층이 없다.

홍콩에서는 동서양 문화의 혼합은 음식에서도 엿볼 수 있는데, 차(yum cha, 飮茶)와 함께 먹는 광둥인의 요리인 딤섬('dim 'sum /dɪmsʌm/)을 비롯하여 동남아시아(싱가포르, 말레이시아, 태국, 필리핀, 브루나이)에서 널리 즐기는 스튜(고기, 감자 및 다양한 채소를 넣은 것으로 hot pot 또는 steamboat로 알려

홍콩의 딤섬(dim sum) 식당

홍콩에 있는 브루스 리 조각상

짐) 그리고 즉석요리(fast food) 식당이 최고급요리(haute cuisine)와 함께 공존하고 있다.

홍콩은 또한 여가문화의 세계적인 중심지로 1960~70년대 후반에 만들어진 홍콩 무술영화산업은 브루스 리(이소룡, Bruce Lee, 1940~1973), 재키 찬(Jackie Chan) 등과 같은 무술 배우들을 세계적으로 알리는데 크게 기여하였다. 또한, 스포츠는 홍콩 여가문화의 중요한 부분을 차지하고 있는데 19세기 후반 이후 영국지배의 영향을 받아온 홍콩은 다른 아시아 지역에 비해 일찍부터 서구의 스포츠(축구, 야구, 수영, 사이클링, 육상 등)을 받아들였다. 한편, 1200개가 넘는 고층건물(skys-crapers)이 있는 홍콩의 스카이라인은 주변의 산 및 빅토리아 항과 더불어 세계에서 가장 뛰어난 것으로 손꼽힌다. 홍콩에서 가장 오래된 역사를 지닌 건축물인 침사추이 시계타워를 포함하여 중앙경찰국, 구룡반도의 성곽도시의 잔해는 19세기 및 20세기 초에 지어진 것들이었다.

홍콩과 영어의 시작

1842년 중국이 영국과의 아편전쟁에 패하면서 홍콩은 영국의 식민지가 되었다. 아편전쟁 결과 난징조약이 체결되면서 중국은 아모이(Amoy, Xiamen, 廈門, 중국 푸젠성福建省 남동부의 한 섬을 이루는 항구도시. 별칭이 아모이임), 광둥(廣東, Canton. 중국 남부의 도시 현재 광저우로 불림), 푸저우(Fuzhou, 福

州. 중국 푸젠성의 성도로 항구도시), 닝보(Ningbo, 寧波. 중국 저장성의 항구도시) 및 상하이(Shanghai)를 개방하였다. 이 항구 도시들은 조약에 의해 개방된 도시들로 영국과 다른 서구의 나라들이 향후 이들 항구를 통해 무역을 할 수 있게 된 것이다.

영국의 무역상들은 19세기가 시작할 무렵부터 광둥(광저우) 지방에서 실제로 무역을 해오고 있던 참이었다. 영어를 사용한 이들 무역상은 세 가지 서로 다른 집단으로 이루어져 있었다. 한 집단은 그 당시 세계에서 가장 강력한 무역회사인 동인도회사(East India Company)에 속한 무역상들이었고, 또 다른 집단은 잉글랜드와 스코틀랜드에 본점을 두고 후에 무역회사를 차려 성공한 무역상들이었다. 마지막으로 미국 무역상들이 하나의 집단을 이루었다.

이들 무역상은 중국 피진 영어(Chinese pidgin English)의 형식을 빌어 중국인들과 소통하였는데, 이처럼 피진 영어가 발달한 것은 이른 시기에 중국인들이 외국인들에게 중국어를 가르치는 것을 금지하였고, 중매인이나 매판(買辦: 외국상사에 고용되어 중국인과 거래 또는 교섭을 하던 중국인을 가리킴)과 같은 특정인들에게만 외국인과 중국 피진 영어를 허용하였다. 유럽의 무역상들은 이러한 영어를 "괴상하고 우스꽝스러운" 언어라고 불렀다(Bolton, 2003:159). 그럼에도 중국 피진 영어는 수십 년 동안 중국과 서구의 무역상 간에 일차적으로 중요한 소통 수단이 되어왔다.

홍콩에 설립된 최초의 학교는 1851년 선교사들이 세운 미션학교인 성 바오로 학교(St. Paul's College)이다. 1862년에는 홍콩 정부가 운영하는 중앙 학교가 세워졌는데 이 학교는 후에 퀸즈 칼리지(Queen's College)가 되었다. 대부분의 미션 학교에서는 중국어와 중국 문화를 가르쳤으며 선교사들은 중국의 고전을 번역하고 최초로 사전편찬에 참여하였다. 1894년에 이르러 비로소 중앙 학교가 퀸즈 칼리지로 명칭을 바꾸면서 영어를 수업의 매개 언어로 채택하게 되었다. 1963년에 중국어로 수업하는 홍콩 중문대학이 탄생하기 전까지는 1912년에 설립된 홍콩 대학이 유일한 대학으로 영어로 수업하는 대학이었다. 홍콩중문대학의 설립 이후 정부는 중국어로 수업하는 중등학교에 입학하는 학생의 수가 늘어나기를 기대하였다. 그러나 중등학교 입학시험에 영어시험이 있었기 때문에 영어수업을 받은 중등학교 출신 학생들이 대학 입학에 한층 더 유리한 현상이 나타나게 되었다. 그 결과 중국어를 사용하는 학교들은 1963년 직후 여러 해에 걸쳐 사실상 그 수가 줄어들었다.

1974년 공식 언어법령이 공포되면서 영어는 중국어와 함께 법률을 제외한 모든 분야에서 공식 언어로 사용되는 언어 중의 하나가 되었다. 그러나 법령에서는 중국어에 대한 정의는 내리지 않았으나 구어체 광둥어(spoken Cantonese)를 의미하는 것으로 받아들여졌다. 초등학교에서는 90%의 학생들이 중국어(광둥어)로 수업을 받았으나, 중등학교의 경우 90%가 넘는 학생들이 영어로 수업을 받았다. 교재와 시험이 영어로 되어 있기는 하였으나 실제 학교 수업은 광둥어로 이루어졌고, 수업 시간의 상당 부분이 영어교재를 중국어로 번역하는 일에 할당되었다.

홍콩이 중국에 반환되기 몇 달 전 식민 정부는 홍콩 내 중등학교 교장들이 수업의 매개 언어로 영어와 중국어 중에서 어느 언어를 택할 것인지 결정하게 한 후 460개 학교 중에서 100개 학교만이 영어로 그리고 나머지 학교들은 광둥어로 수업을 하도록 법령으로 공포하였다. 이러한 조치는 예상한 대로 대중의 반발을 불러일으켰으며 그 결과 영어로 수업을 진행하는 학교의 수가 조금 더 늘어나서 114개교가 되었다. 이처럼 여러 해 동안 자유분방한 태도에서 모국어(즉, 중국어) 교육을 선포한 갑작스러운 결정은 주로 광둥어보다 더 거대한 공식 언어인 보통화(普通話, *Putonghua*)에 대항하여 광둥어를 지키려는데 목적이 있었다.

> **보통화**
> Mandarin의 중국어 명칭. 표준 중국어로 특히 베이징 관화官話를 일컬음.

홍콩영어

위에서는 홍콩의 역사와 홍콩에 영어가 들어온 경로에 대해 간단히 살펴보았다. 여기서는 홍콩영어가 지닌 개념과 배경 및 홍콩영어의 다양한 특징을 구체적으로 기술하려고 한다.

홍콩영어라고 할 때 두 가지 개념을 생각할 수 있다. 하나는 홍콩에서 쓰이는 영어의 변형 또는 방언이다. 다른 하나는 광둥어 화자들이 홍콩영어를 사용한 결과 나타난 악센트 및 여러 요소들이다. 전자의 경우 홍콩이 중국에 반환된 후 미국, 캐나다, 오스트레일리아 등지에 거주하던 중국인들이 홍콩으로 돌아와서 이들 나라의 영어가 홍콩에서 쓰이기는 하였으나 홍콩은 여전히 영국식 철자를 압도적으로 사용하며 발음 및 어휘 또한 영국식이 우세하다는 의미를 지닌다. 어휘 중에는 chop, shroff, nullah, godown과 같은 영국식 어휘가 아닌 것들이 쓰이는데 19세기 대영제국이 식민지를 확장하면서 인도나 말레이시아 등에 기원을 둔 어휘들이 홍콩영어에도 들어와 쓰였기 때문이다.

두 번째 개념은 이론상 광둥식 영어(Cantonese English)라는 것으로 토착 홍콩인과 다른 광둥어 화자들이 쓰는 영어 악센트와 특징을 가리킨다. 이 개념은 대체로 광둥어 화자들이 주로 사용하는 영어라고 할 수 있다. 그리하여 홍콩영어라고는 하지만 홍콩에서뿐만 아니라 마카오, 광저우에서 온 사람들 또는 제1언어가 광둥어인 이들이 쓰는 영어가 곧 홍콩영어라고 할 수 있다. 이런 이유 때문에 홍콩인들에게는 특히 Chinglish(Chinese + English의 합성어)의 홍콩 변이형으로 여겨지고 있다. 그러나 홍콩인 대다수 및 영어에 유창한 마카오인들은 영국영어, 미국영어 또는 두 유형의 영어를 혼합한 영어를 구사한다.

홍콩에서 영어는 공식언어 중의 하나로 정부, 학계, 비즈니스 및 법정에서 널리 쓰이고 있다. 도로 표지나 정부 문서의 서명은 이중 언어로 나타내며, 영어는 법적인 위상과 비즈니스에서 중국어와 동일한 효력을 지닌 채 쓰이고 있다. 다문화 국가인 싱가포르에서 영어가 화교의 70%, 말레이인 및 인도인의 25%가 영어를 제1언어로 쓰고 있는 것과는 달리 홍콩은 인구의 95%가 중국인이고 압도적으로 광둥어를 사용하는 사회이다. 이런 이유로 인해 홍콩인들 대부분은 영어를 외국어로 여기고 있으며 주로 공식적인 커뮤니케이션이나 특히 문서에 사용하는 언어로 생각한다.

다음에 홍콩영어의 특징을 발음과 어휘, 문법, 표현 및 어법, 억양 등에 대해 설명하기로 한다.

발음 광둥어의 자음은 비음과 반모음을 제외하고 모두 무성음이다. 따라서 영어의 [d] > [t], [z] > [s], [dʒ] > [tʃ]로 발음된다. th 발음의 경우 (1) [θ] > [f] (through [f(ɹ)u; three [f(ɹ)i]], (2) [ð] > [t] (though [tou]; there [tɛ])로 발음된다. 여기에는 변수가 있어서 thin는 [θɪn] 또는 [fin]으로 발음하는 화자들도 있다. 홍콩영어에서는 [ʃ]와 [s]를 구별하지 않고 쓰기도 하는데, 광둥어에서 두 소리는 변이음으로 발음되기 때문이다. 그러나 젊은 세대는 두 음을 구별하여 발음하는 경향이 있다.

/r/ 발음의 경우, 홍콩영어는 모음 앞에 오는 환경을 제외하고 /r/을 발음하지 않는다. 그러나 홍콩의 젊은이들은 텔레비전에 나오는 미국영어의 영향을 받아 일반 미국영어(GA)에서처럼 /ɹ/을 발음하는 추세에 있다. 한편, g 또는 k 이외의 다른 자음이 뒤에 오는 경우를 제외하고 /ɹ/을 [w]로 발음하는 화자들도 있어서 rain을 wing처럼 발음한다거나 free를 fee와 같이 발음하는 경우도 많이 나타난다. 일부 화자들은 원순 모음 앞에 오는 /ɹ/을 [l]로 발음하기도 한다. 예: road > low; room > loom.

우리말의 경우와 마찬가지로 광둥어나 표준 중국어(Mandarin) 또는 다른 많은 중국어 방언에는 [v]에 대응하는 소리가 없다. 그러나 Wu(우위吳語: 양자강 유역에서 쓰이는 중국어의 한 방언)과 하카어(Hakka: 광둥 지방의 방언)에서는 [v]에 해당하는 소리가 있어서 이 음을 발음하는데 어려움이 없다. 화자에 따라서는 [v]를 [w]로 발음하는 경우도 있어서 Louis Vuitton이란 유명 제품이 중국인들에게는 LV로 알려져 있으며 'E'llo-Wee'처럼 발음한다.

홍콩영어(HKE)의 모음 중에서 영국표준발음(RP)과 다르게 쓰이는 모음으로는 다음과 같은 것들이 있다.

(1) RP [æ] - [ɛ]: HKE에서는 모두 [ɛ]로 발음됨.

예: man - men; mass - mess; guess - gas

(2) RP [i:] - [ɪ]: HKE에서는 모두 [i:]로 발음됨.

예: seat - sit; heat - hit; sleep - slip

(3) RP [u:] - [ʊ]: HKE에서는 모두 [ʊ]로 발음됨.

예: foot - food; hoot - hood; pull - pool

(4) RP [ɔ:] - [ɒ]: HKE에서는 모두 [ɔ]로 발음됨.

예: caught - cot; cord - cod; sports - spots

홍콩영어에 쓰이는 이중모음으로는 [eɪ](hate); [aɪ](height); [aʊ] (house); [oʊ](coat); [ɔɪ](toyed); [ɪə](here); [ɛə](hair); [ʊə](poor) 등 8개가 있다.

홍콩영어에서 다음절어의 강세는 영미영어와는 다르게 쓰이는 경우가 종종 일어난다. latte는 영미영어에서 /'læteɪ/fh 첫 음절에 강세가 오는 반면 홍콩영어에서는 /la'tʰei/와 같이 둘째 음절에 강세가 오고 /t/음은 유기음으로 발음한다. 또한 -r-이 포함된 다음절어에서 'r'을 모두 생략하고 발음하는 경우도 있다. 예를 들어 difference, temperature와 같은 어휘의 경우 각각 ['tifɐns] 및 ['tɛmpʰitsʰœ]와 같이 발음된다. friends는 ['fɛns(i)]로 발음한다.

강세가 없는 음절 'con'으로 시작하는 어휘(connection, consent, condition)는 ['kʰɔn]에 강세가 와서 발음된다. com['kham]의 경우도 마찬가지로 이 음절에 강세가 온다. 예: competition, common, compromise, etc. schwa([ə])는 홍콩영어에서 어말 닫힌 음절에 오면 [ɛ]로 발음된다. 예: ticket ['tʰekʰɛt]; carpet ['kʰapʰɛt].

어휘와 문법 홍콩영어에 쓰이는 어휘의 상당수는 영어를 사용하는 다른 영미권 국가에서는 들어보기 힘들거나 보기 드문 어휘들이 많다. 이들의 대부분은 중국어, 영국계 인도영어 또는 포르투갈어나 마카오어에서 유래한 것이다. 그 중의 일부를 다음에 소개한다.

- chop: seal 또는 stamp를 의미함. 원래 식민지였던 인도영어에서 들어온 것으로 현재 다른 영연방국가에서 비공식적인 어휘로 쓰임.
- taipan: 20세기 초에 쓰인 어휘로 기업의 경영 간부나 이사를 의미하는데 사용됨.
- godown: 말레이어에서 온 것으로 warehouse(큰 소매점이나 상점)을 의미함.
- nullah: 힌디어에서 영어에 들어온 것으로 거의 유일하게 홍콩에서만 쓰임. 콘크리트로 이어진 터널이나 강화재로 만든 강바닥을 뜻함.

최근에는 이중 언어를 사용하는 광둥인과 영어 사용자들 간에 컴퓨터를 통해 소통하는 새로운 홍콩영어의 어휘가 젊은 학문 세대 사이에서 많이 쓰이고 있다. 그리하여 홍콩영어를 사용하는 화자들은 복잡한 중국어 자판 인터페이스를 이용하지 않고 텍스트를 이용하여 이메일 영어로 소통하려는 추세가 늘어나고 있다. 예를 들어 add oil이란 동사는 문자 그대로 '기름을 치다'(lubricate)란 뜻이나 어떤 팀이나 사람을 격려하는 의미의 숙어로 쓰인다. locust란 명사는 중국 본토에서 온 여행객을 지칭하는 말로 '집단 및 지역 자원의 고갈'이란 의미를 함축하고 있다.

홍콩영어는 이밖에 다른 중국식 영어(Chinese English)에서 온 것으로, 영미영어에서와 마찬가지로 다양한 어휘자원에서 들어와 형성된 것이 많다. 다음에 몇 가지 특징적인 자원을 살펴보기로 한다.

우선, 새로운 어휘를 만들어내어 사용하는 예로 Canto-pop(Can-tonese pop music), Chinglish(Chinese Engllsh), *tan tan* noodles와 같은 예를 들 수 있다. 이러한 현상을 신어창조(coinage)라고 한다.

다음으로 특수한 문화상의 중요성을 나타내기 위해 쓰이는 복합어(compounds)가 종종 나타난다. 홍콩과 중국식 영어의 경우 두 개의 주제어로 쓰이는 어휘는 dragon과 temple이란 것으로, 두 어휘는 중국의 문화적 특수 환경을 상징하는 넓은 범위의 복합어로 만들어져 쓰이는데 dragon boat, dragon dance, dragon pot, dragon cup, dragon gate, temple bell, temple altar, temple compound, temple festival, temple priest와 같은 어휘들이 홍콩영어에 흔히 나타난다.

차용(borrowing)이란 현상 또한 홍콩영어에 풍부하게 쓰이는 어휘형성 방법이다. 중국식 어휘 색깔이 드러나는데 *cha siu* 'a type of barbecued pork', *cheongsam* 'a type of dress', *gwai lo* 'foreign devil'와 같은 예들이 있다.

영어에서 셀 수 없는 명사로 쓰이는 어휘가 홍콩영어에서는 셀 수 있는 명사(count nouns)로 쓰이고 있다. 예: aircrafts, equipments, staffs, audiences, researches, etc. 이밖에 자동사가 타동사로 품사전환(par-of-speech shift)이 일어나는 경우도 있다. 예: 'they always laugh me', 'he didn't reply me'(Li, 2000:53).

홍콩영어의 문법은 영어권 국가의 영어와는 다른 점이 많다. 그 중에서 몇 가지 특징적인 것을 살펴보기로 한다.

- 관사(the, a)는 생략해서 사용한다.
- 홍콩에서 영어는 주로 공식적인 문서에 쓰이고 있어서 축약형인 aren't와 같은 어형은 일상대화에서조차 거의 쓰이지 않는다.
- 표준중국어나 광둥어에 쓰이는 중국 문법에는 시제일치라는 것이 없다. 따라서 단(복)수 명사와 시제가 일치하지 않는 혼란이 나타난다.
- 전치사(on, in, at)는 용법이 영미영어와 달리 일정하지 않고 서로 바꿔 쓰는 일이 흔하다. 때로는 타동사 다음에 전치사를 생략하기도 한다.

  예 I will wait you at my flat. (for you라고 해야 함)
- 전화에서 자신을 소개할 때 This is (John).이라고 하는데, 홍콩영어에서는 직접 표현을 써서 I am (John).이라고 한다.
- 광둥어에서는 yes는 긍정(agreement)을, no는 부정(disagreement)을 뜻한다. 이와 달리 영어에서 yes는 긍정의 답(positive answer)을, no는 부정의 답(negative answer)을 의미한다. 한국인이 영어를 사용할 때 혼동하는 부분이기도 하다.

- There is/are는 홍콩영어에서 there has/have로 직접 표현한다.
- 중국어에는 우리말과 같이 복수형이 없다. 따라서 단/복수형을 사용할 때 혼동을 일으키기 쉽다. 우리말에도 '책이 많다'라고 해야 표준 한국어이고, '책들이 많다'는 영어식 표현이다. 홍콩영어도 이와 유사하다.
- 표준영어보다 홍콩영어에서 한층 더 자주 쓰이는 표현으로 actually라는 것이 있다. in fact란 뜻으로 광둥어의 기실(其實, keih sat)이란 표현에 해당한다.
- 홍콩영어에서 lend와 borrow는 서로 바꿔 쓰이기도 하는데, I will borrow you my car의 실제 의미는 I will lend you my car.란 뜻이다. 중국어에서 '빌리다(借)'는 흔히 이 두 가지 의미를 모두 지니고 있기 때문이다.
- 홍콩영어에서 -ed 및 -ing는 흔히 생략되는 경우가 많다.

  예: He is charming. > He is charm. I feel touched > I feel touch. 그뿐만 아니라 -ed/-ing을 서로 바꿔 쓰기도 한다.

  예 I am so boring.(실제 의미는 I am so bored.); 중국어에서는 대개 이 두 어미를 의미변화 없이 서로 바꿔쓸 수 있기 때문이다.
- 홍콩영어의 문법의 특징으로 listen 대신에 hear를 사용하여 I hear the radio.(실제 의미는 I listen to the radio.)와 같이 쓴다. 중국어에서 청(聽)이란 말은 흔히 양쪽의 의미로 쓰이고 있기 때문이다.

홍콩영어는 영국과 미국영어의 철자를 모두 사용하고 있으나 공식 문서나 학계에서는 영국영어의 철자나 어휘가 우세하게 쓰이고 있다. garbage can 대신 bin, elevator 대신에 lift를 쓰는 것이 좋은 예이다.

Suggested Readings

Bolton, K. (2000) The sociolinguistics of Hong Kong and the space for Hong Kong English. *World Englishes*, 19(3), 265-86.

Bolton, K. (2003) *Chinese Englishes: A Sociolinguistic History*. Cambridge: Cambridge University Press.

Hung, T.T.N. (2000) Towards a phonology of Hong Kong English, *World Englishes*, 19(3): 337-56.

Kirkpatrick, A. (2007) Emerging Englishes: Hong Kong and China. *World Englishes*, Cambridge: Cambridge University Press, 137-45.

Questions to Consider

1. 홍콩 문화의 특징을 몇 가지 열거하고 설명해 보시오.
2. 홍콩의 역사와 홍콩에 영어가 들어온 경로의 연관성에 대해 자료에 근거하여 설명해 보시오.
3. 홍콩영어의 발음에 나타나는 두드러진 특징은 무엇인지 서술하시오.
4. 홍콩영어의 어형성법(word-formation)의 몇 가지 특징을 열거하고 구체적인 예를 들어 설명하시오,
5. 홍콩영어의 어휘는 독특한 것들이 많다. 특징적인 어휘를 예로 들어 설명하시오.
6. 다음에 열거한 홍콩영어 어휘의 뜻을 써보시오.

   ABC Ah astronaut BBC big brother black hand

   black society bo lei Canto star cha siew chit

Answer Key

- **ABC** (an Austraiian-born Chinese/American-born Chinese)
- **Ah** (an informal term of address: Ah Sam/Ah Chan)
- **astronaut** (a public servant in the most senior career grade in the Hong Kong Civil service)
- **BBC** (a British-born Chinese)
- **big brother** (a Chinese kingship term referring to the eldest male sibling in a family, or a recruiter or protector in a Chinese secret society or triad)
- **black hand** (a behind-the-scenes mastermind who plans political or criminal activities)
- **black society** (a Chinese secret society or triad)
- **bo lei** (a variety of strong black tea)
- **Canto star** (a singer of Cantonese pop songs)
- **cha siew** (Chinese-style roast pork)
- **chit** (bill)

말레이시아 및 싱가포르

개관

말레이시아(Malaysia [məlejsiə]로 발음)는 아시아 남동쪽에 위치한 연방입헌군주국으로 영연방에 속한 국가의 하나로 섬나라이다. '말레이시아'라는 말은 'Malay'와 라틴-그리스어 접미사인 '-sia'/σία가 합성한 것으로 말레이어의 'melayu'는 타밀어의 'malai' 및 'ur'에서 유래하며 각각 'mountain'과 'city, land'를 의미한다. 말레이 반도를 가리킬 때 고대 인도의 무역상들은 'Malayadvipa'라는 말을 사용하였으며 수마트라 섬의 멜라유 강의 세찬 조류를 묘사하기 위해 쓰였으나 후에 수마트라 섬에서 7세기에 존재했던 멜라유 왕국이 이 말을 받아들이면서 사용되기에 이르렀다.

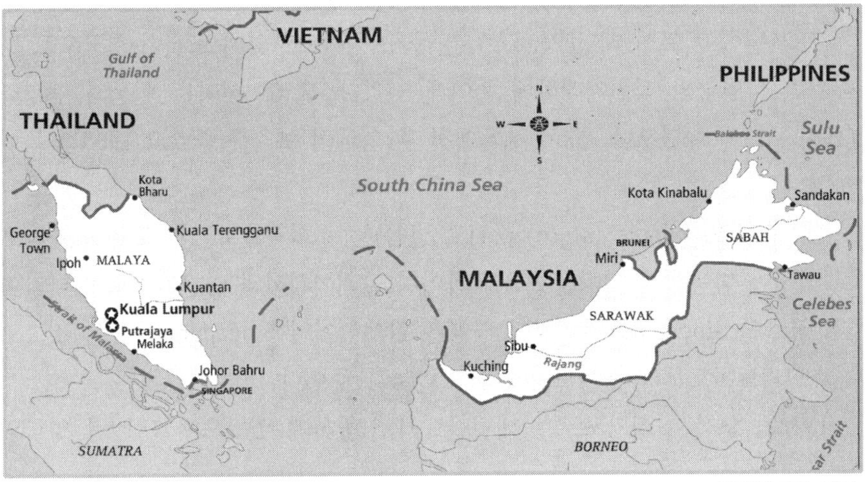

말레이시아 지도

싱가포르 지도

말레이반도와 싱가포르를 합쳐 말라야(Malaya)라고 하며, 역사적으로는 말라야와 보르네오 섬의 사라와크 주(Sarawak) 그리고 사바주 사이에는 관계가 거의 없었다. 15세기 초에 세워진 말라카 왕국은 최초의 독립국가로 이 시기에 중요한 무역의 중심지였으며 주변 지역과의 무역이 성행하였다. 그러나 1511년 포르투갈의 침공으로 말라카 왕국은 멸망하고 네덜란드의 점령을 거쳐 1826년에 이르러 페낭(Penang), 말라카, 싱가포르의 주도권이 영국으로 넘어가면서 영국의 식민지배하에 놓이게 되었다. 말레이시아는 일본의 점령하(1942~45)에 놓였으나 제2차 세계대전 후 영국의 보호를 받았고 1965년 독립하였다.

싱가포르(Singapore [sɪŋ(ɡ)əpɔr]로 발음)는 공식적으로 싱가포르 공화국으로 아시아 남동쪽에 위치한 도시국가이며 말레이시아와 마찬가지로 섬나라이다. 국호인 Singapore라는 영어 명칭은 말레이어인 Singapura에서 온 것으로 산스크리트어로 '사자의 도시(Lion City)'란 뜻이다.

19세기 초까지 싱가포르는 네덜란드의 영향하에 있었으며 1819년 영국의

토머스 래플스 경

싱가포르 수상 Lee Kuan Yew

정치가인 토머스 래플스 경(Sir Thomas Stamford Raffles, 1781~1826)이 이곳에 도착하여 싱가포르 남부 지역을 개발하기 위해 영국 동인도회사를 대신하여 조호르(Johor) 왕국과 계약을 체결하였다. 1824년에는 섬 전역이 영국의 식민지가 되면서 본격적으로 식민지 시대가 열렸다. 싱가포르는 한때(1942~45) 일본에 점령당하였으나 1946년 다시 영국의 직할 식민지가 되었다. 영국이 싱가포르를 다시 점령하였을 때 싱가포르와 말레이시아가 단계적으로 자립 정부를 구성할 수 있는 식민정책으로 전환하였다.

싱가포르는 1963년 현재의 말레이시아에 포함되었으나 말레이시아 정부와의 정치적인 이념 갈등이 표출되면서 1965년 말레이시아연방에서 탈퇴하여 독립하였다. 싱가포르의 초대 수상은 이광요(李光耀, Harry Lee Kuan Yew, 1923~2015)로 말레이시아에서 독립한 기간을 포함하여 1959년 이후 1990년까지 수상을 지냈다.

종교

말레이시아 헌법은 종교의 자유를 보장하고 있으나 인구의 절반이 넘는 약 61.3%가 이슬람교를 믿으며, 불교·기독교·힌두교·유교 등의 종교를 가지고 있다. 말레이계가 아닌 인종 사회에서는 다른 종교를 믿는 것이 가능하다. 그리하여 인도계 말레이시아인의 대부분은 힌두교(86.2%)를 믿고, 일부가 기독교(6.0%) 및 이슬람교(4.1%)를 믿으며 중국계는 도교, 불교, 기독교, 이슬람교 등 다양한 종교를 가지고 있다. 이슬람교는 말레이시아 문화 및 국민생활 전반에 큰 영향을 끼치고 있다.

싱가포르는 다민족 국가로 각 인종마다 전통적인 종교를 가지고 있으며 말레이시아와 같이 국교(이슬람교)는 가지고 있지 않다. 그러나 불교(Buddhism)는 싱가포르에서 가장 널리 믿는 종교로 거주 인구의 약 33%가 불교를 신봉하고 있다. 그 다음으로 기독교, 이슬람교, 도교 및 힌두교가 그 뒤를 잇고 있으며, 인구의 17%는 종교를 가지고 있지 않다.

언어와 문화

여기서는 먼저 말레이시아의 언어와 문화를 살펴보기로 한다.

말레이시아의 공식 언어는 말레이어의 표준화된 형태인 말레이시아어(Malaysian)로서 정부 정책에 쓰이는 용어로는 바하사 말레이시아어(Bahasa Malaysia: 문자 그대로의 의미는 '말레이시아어')를 지칭하나, 입법정책은 바하사 멜라유어(Bahasa Melayu: 문자 그대로의 의미는 말레이어임)를 공식언어로 지칭하고 있다. 역사적으로 보면 영어는 사실상 말레이시아의 행정 언어로 쓰였으나 1969년 인종 폭동 이후에 이른바 1967년에 공포된 '국어사용조례' (National Language Act)에 의해 말레이어가 우세하게 사용되었다.

오늘날 영어는 말레이시아에서 적극적으로 쓰이는 제2언어로 '국어사용조례'에 의해 공식적인 목적을 위해서도 그 사용이 허용되고 있다.

말레이시아 표준영어로 알려진 말레이시아영어(Malaysian English)는 영국영어를 토대로 하여 형성된 영어로 말레이어, 중국어 및 타밀어의 영향이 심하게 혼합된 영어의 구어 형태인 소위 맹글리시(Manglish = Malaly + English)의 합성어)와 나란히 비즈니스에 널리 쓰이고 있다.

말레이시아에서는 지금까지 언급한 언어 이외에 137개나 되는 다른 많은 언어가 쓰이고 있다. 즉, 반도 말레이시아는 이 언어들 중에서 41개의 언어를 사용하는 화자가 분포되어 있고 동 말레이시아의 원주민들은 이와 관련된 그들 고유의 언어를 가지고 있으며 말레이어와 쉽게 구별된다. 중국계 말레이시아인들은 중국 남부 지역에서 유래한 중국어 방언을 압도적으로 사용하고 있다. 이들 언어 이외에도 말레이시아에서 쓰이고 있는 언어는 광둥어, 표준 중국어, 호키엔어(Hokkien /hɒ'kiɛn/으로 발음. 복건화福建話라고도 함), 하카어(Hakka, 客家話), 하이난어, 海南話) 및 푸저우 방언(Fuzhou dialect) 등과 같은 다양한 중국 방언이 가장 흔하게 쓰이고 있다. 말레이시아계 인도인들 대다수를 구성하는 타밀인이 압도적으로 사용하는 언어인 타밀어(Tamil)도 있으며, 남아시아 언어 중에는 태국(Thailand)의 공식 국어인 타이어(Thai: 더 정확한 용어로는 Siamese라고 함) 또한 널리 쓰이고 있다.

말레이시아는 다인종, 다문화 그리고 다언어의 색채를 띤 사회로 이 지역 문화의 원류는 후에 이 지역으로 이동한 말레이인과 더불어 이곳에 거주한 토착 원주민 부족에게서 나온 것이다. 그러나 실질적인 문화의 영향은 역사적으로는 외국과의 무역이 시작된 때로 거슬러 올라가서 중국 및 인도 문화가 밀려들어 오면서 형성되었다. 또한 페르시아, 아랍 및 영국 문화로부터도 문화적인 영향을 받았으며, 사회계약이론과 연결된 정부의 구조체제로 인해 소수를 차지하는 인종의 문화적 동화현상도 함께 나타났다.

말레이시아의 전통 예술은 손으로 새기고 직물로 짜며 은세공(銀細工)을 하는 등, 주로 이러한 분야에 집중되어 있으며 이와 같은 전통 예술은 촌락 지역에서 수공으로 만든 바구니에서 정교한 은제품에 이르기까지 널리 분포되어있다. 말레이시아인들은 일 년 내내 인종과 종교 집단에 따라 휴일과 축제가 이어진다. 국가 공휴일인 독립기념일(8월 31일) 이외에 무슬림교인들의 종교 축제를 비롯하여 중국계 말레이시아인들의 축제인 새해 축제(Chinese New Year), 힌두교도들의 빛의 축제(festival of lights) 그리고 기독교 커뮤니티에서 벌이는 크리스마스 및 부활절 축제 등이 있다.

말레이시아에서 대중적인 스포츠로는 축구, 배드민턴, 필드 하키, 무술을 포함하여 여러 가지가 있다. 축구(football)는 말레이시아에서 가장 인기있는 종목이며, 배드민턴 경기 또한 대중에게 매력있는 스포츠로 각광을 받고 있다. 스쿼시(squash)는 영국군에 의해 말레이시아에 전해진 스포츠이며, 필드 하키 남자국가대표팀은 2014년 세계에서 12위에 오르기도 하였다. 말레이시아에서 가장 널리 알려진 무술(martial arts)은 실랏 멜라유(Silat Melayu) 그리고 킥복싱(또는 토모이tomoi라고도 함)이다.

다음으로 싱가포르의 언어와 문화에 대해 간단히 살펴보겠다.

싱가포르는 공식적으로 영어, 말레이어, 북경표준 중국어(Mandarin) 및 타밀어 등 4개의 언어를 허용하고 있다. 영어는 널리 쓰이고 있는 언어로 비즈니스, 정부 그리고 학교의 수업 매개 언어로 사용되고 있다. 그뿐만 아니라 싱가포르의 공무원을 포함하여 공공 기업에 종사하는 공무원들은 영어로 비즈니스에 참여하며 말레이어, 중국어 또는 타밀어와 같은 영어 이외의 공식 언어로 쓰인 공식 문서는 정부의 재가(裁可)를 위해 반드시 영어로 번역하지 않으면 안 된다. 싱가포르의 헌법과 모든 법령은 영어로 쓰이며 영어 이외의 다른 언어로 싱가포르 법정에서 진술하려면 영어 통역을 요청해야 한다. 그럼에도 불구하고 영어는 모든 싱가포르인의 3분의 1에 해당하는 인구만이 사용하는 자국어에 지나지 않으며 여기에는 대략 중국계 싱가포르인의 3분의 1과 싱가

Silat Melayu(말레이시아의 무술)

포르계 말레인의 4분의 1 및 인도계 싱가포르인의 절반 정도가 포함된다. 싱가포르인의 20%는 영어를 읽고 쓰지 못한다. 싱가포르 영어는 영국영어에 기반을 두고 있으며, 싱가포르에서 쓰이는 영어의 형태는 표준 싱가포르 영어에서 이른바 싱글리시(Singlish)라고 하는 피진 영어에 이르기까지 광범위하다. 싱가포르 정부는 싱글리시는 사용하지 못하도록 하고 있다.

북경표준 중국어(Mandarin)는 가장 많은 싱가포르인들이 사용하는 모국어이다. 싱가포르 중국어는 싱가포르에 거주하는 중국인들이 가장 널리 사용하는 언어로 사용인구가 천만 명이 넘는다. 싱가포르 정부는 1963년에 영국에서 독립한 후 말레이어를 사용하는 이웃나라인 말레이시아 및 인도네시아와의 마찰을 피하기 위해 말레이어(Malay)를 자국어로 정하였다. 오늘날 말레이어는 대체로 싱가포르계 말레이인 커뮤니티 안에서 사용되며, 싱가포르인 전체 인구의 17%만이 말레이어를 이해하고 12%만이 말레이어를 자국어로 사용하고 있다. 싱가포르 인구의 3%에 해당하는 10만 명 정도의 인구가 자국어로 사용하는 타밀어(Tamil)는 현재 싱가포르에서 여전히 공식 언어의 위상을 유지하고 있다.

싱가포르는 다문화 도시국가로 중국인, 말레이인, 인도인의 전통이 공존하고 있는 종교별로 독특하고 다양한 고유 문화를 향유하고 있는 젊은 국가이다. 싱가포르의 수상을 지낸 이광요(Harry Lee Kuan Yew)는 싱가포르가 같은 언어, 같은 종교, 그리고 같은 관습을 지닌 전통적인 국가의 개념을 벗어나 있음을 천명하고 다른 언어와 종교 및 문화가 어우러진 문화가 상존하는 나라로 싱가포르를 언급하였다. 그리하여 싱가포르인의 문화에 대한 태도와 신앙 그리고 행동양식은 각 인종의 언어와 관습 및 종교에 따라 각각 다르고 특색 있게 나타나고 있다. 가령 영어를 자국어로 사용하는 싱가포르인은 서구 문화에 젖어드는 경향을 띠며 중국어를 자국어로 사용하는 싱가포르계 중국인은 중국 문화와 공자 사상(Confucianism)에 동화되는 경향이 있다. 또한 말레이어를 사용하는 싱가포르인은 말레이 문화를 받아들이는 경향을 띠며 이 문화는 그 자체가 이슬람 문화와 밀접하게 연결된다.

싱가포르 교향악단 로고

콘서트 홀(싱가포르 교향악단)

싱가포르의 대중적인 스포츠는 축구, 야구, 크리켓, 수영, 배드민턴 등이며 요트경기, 카약타기, 수상스키와 같은 수상 스포츠는 인기 종목에 속한다. 스쿠버 다이빙 또한 대중이 좋아하는 스포츠로 꼽히고 있다. 싱가포르는 1990년대 이후 싱가포르를 예술과 문화의 중심지로 만들어 '동양과 서양의 가교' 역할을 하는 국가라는 인상을 심으려는 노력을 꾸준히 준비해왔다. 그 중의 하나가 2002년에 개관한 공연예술센터(Esplanade)이다. 한편, 싱가포르 교향악단(Singapore Symphony Orchestra)는 아시아에서 가장 유명한 교향악단의 하나로 알려져 있다.

말레이시아영어

이전에 말레이시아 표준영어(Malaysian Standard English)로 알려진 말레이시아영어는 말레이시아에서 쓰이고 있는 영어의 한 형태이다. 이 영어는 맹글리시(Manglish)로 알려진 구어체 말레이시아영어와는 구별된다. 통계에 의하면 말레이시아인의 약 20%만이 영어를 능숙하게 구사한다.

맹글리시는 말레이시아 거리에서 가장 흔하게 들을 수 있는 격식을 갖추지 않는 구어체 영어이기는 하나, 말레이시아 표준영어를 가르치는 학교에서는 학습하지 않는 영어의 한 형태이다. 구어체 영어표현은 말레이시아 이외의 지역에서는 흔히 들을 수 없지만 말레이시아에서 쓰이는 다른 언어들에서는 이 언어들을 대체하는 구어체 표현으로 쓰이고 있다. 말레이시아인들은 말레이어 또는 중국어 문법에서 영어 단어와 연계하여 구어적인 표현을 매우 흔하게 그리고 즉흥적으로 사용하고 때로는 이러한 표현을 남을 웃기기 위한 효과로도 쓰고 있다.

말레이시아영어는 20세기 초반만 해도 말레이시아 악센트를 사용하여 쓰이기는 하였으나 영국영어와 매우 유사하였다. 그러나 말레이시아는 독립하기 이전 1957년 이후 미국의 방송매체(특히 텔레비전)가 유입되면서 말레이시아영어의 어법에 영향을 끼쳤다. 당시만 해도 말레이시아가 독립한 이후 영어를 제치고 말레이시아의 공식 언어로 말레이어를 지정하여 사용하려던 시기였으나, 당시로서는 말레이시아영어의 표준 어법을 논의할 공식 기구나 위원회가 전혀 없었다.

말레이시아영어는 18세기가 시작할 무렵부터 영국의 식민지로 있었기 때문에 어느 정도 영국영어의 영향을 받기는 하였다. 그러나 텔레비전 프로그램과 영화의 형태로 유입되는 미국 대중매체의 영향으로 인해 말레이시아인들은 대체로 미국영어 어휘에 매우 익숙해져 있다. 예를 들어 lift/elevator, lorry/truck과 같은 영국영어와 미국영어는 모두 이해하고 있으며 전자를 더 선호(選好)한다. 그러나 미국영어는 매우 제한된 경우에 더 널리 사용하기도 한다. crisps 대신에 chips, chips 대신에 fries, nappy 대신에 diaper를 쓰는 경우가 그 좋은 예이다.

말레이시아영어에서 쓰이는 어휘 중에는 영국영어/미국영어와 다른 의미로 쓰이는 것들이 있다. 그 중에서 몇 개를 다음에 예로 들어 설명하겠다.(왼쪽은 말레이시아영어)

- parking lot: parking place / parking garage(US)
- flat: low-cost apartment or flat / apartment(US)
- apartment: medium-cost apartment or flat / flat(UK)
- condominium: high-cost apartment or flat / commonhold(UK)

말레이시아영어에서는 다양한 영향을 받은 독특한 어휘를 사용하고 있는데, 다른 영어 어휘에서 들여온 어휘나 표현(어구)에 대해 말레이시아영어를 사용하는 화자들은 이들 어휘나 표현 또는 어구가 영국영어 또는 미국영어에서는 쓰이지 않는다는 것을 알지 못하고 있다. 더구나 이들 어휘나 표현은 심지어 싱가포르 표준영어(Singapore Standard English)에서도 쓰이고 있다. 다음에 말레이시아영어에서만 쓰이는 어휘나 표현 중에서 몇 가지만 살펴보기로 한다.(왼쪽은 말레이시아영어)

- handphone(HP로 줄여 씀): mobile phone(BK)/cell phone(US)
- public telephone or public phone: payphone
- bungalow: detached house
- bank in (cheque): deposit a cheque(UK) / deposit a check
- outstation: out of office

말레이시아영어는 공식적으로는 영국영어의 발음체계를 그대로 쓰고 있으나 말레이시아인들 대부분은 이와는 다른 악센트로 영어를 사용하고 있다. 이 악센트는 미국 텔레비전 프로그램의 유입과 미국에서 고등교육을 받은 상당수 말레이시아인 그리고 도시에 거주하면서 미국계 회사에 고용되어 있으면서 영어를 사용하는 상당수 말레이시아인들로 인해 한층 미국적인 색채를 띤 악센트로 진화하였다. 가장 좋은 예로 영국영어에서는 어두 위치를 제외하고 발음하지 않는 'r' 발음(예: refer, world, star)이 말레이시아영어에서는 위치에 관계없이 발음되고 있는 것을 엿볼 수 있다.

다음에 말레이시아영어의 주요 특징을 요약하겠다.

1. 말레이어에서는 모든 /r/을 발음하나, 말레이시아영어는 일반적으로 /r/을 발음하지 않는다.

2. 말레이시아영어의 원류는 영국의 식민지배의 결과로 인해 영국영어에 기원을 두고 있다.

3. 말레이시아영어는 미국영어, 말레이어, 중국어, 인도영어 및 다른 언어에서 어휘, 발음 및 문법의 요소를 받아들여 이루어진 복합적인 언어형태를 띠고 있다.

4. butter의 /t/ 발음은 미국영어의 발음 대신 영국영어의 발음을 따라 소리를 낸다. 즉, 미국영어의 설탄음(flap)이 아닌 성문폐쇄음(glottal stop)으로 발음된다.

5. 말레이시아영어에서는 /n, t, d/ 다음에 자음군 축약이 일어나지 않는다. 즉, new, tune, dune과 같은 어휘는 영국식으로 각각 /nju:/, /tju:n/, /dju:n/으로 발음한다.

6. 마찰음 th(/θ , ð/)의 경우, /θ / > /t/, /ð/ > /d/로 발음한다.

7. /l/은 일반적으로 'clear "r" '로 발음한다. 따라서 영미영어에서처럼 dark 'ㅣ'이 없다.

8. 이중모음의 경우, 'ow'([əʊ] (UK)/[oʊ] (US))는 단지 [o]로만 발음하고, 'ay'([eɪ])는 [e]로만 발음한다.

싱가포르 영어

현재 싱가포르에서 영어는 초등학교에서 대학에 이르기까지 학생들 사이에서 가장 널리 쓰이는 소통 언어로서 싱가포르 가정에서는 두세 개의 언어를 일상적으로 사용하는데 영어는 그 언어 중의 하나로 흔히 쓰이고 있다.

싱가포르에서 쓰이는 영어로는 두 가지 주요 변종(형태)가 있는데, 하나는 표준 싱가포르영어(Standard Singapore English)이고 다른 하나는 구어체 싱가포르 영어로 흔히 싱글리시(Singlish)로 더 잘 알려져 있는 영어의 변이형이다. 싱가포르는 인구의 42%가 싱가포르 이외의 지역에서 태어난 것으로도 유명한 전세계적인 도시이며 동일한 인종 집단에 속해 있다고 해도 제1언어와 문화가 제각기 다른 특징을 가지고 있다. 예를 들어 싱가포르에 거주하는 중국계 싱가포르인 중에서 거의 3분의 1에 해당하는 인구가 가정에서 주요 언어로 영어를 사용하고 있는 것과 달리, 거의 절반에 달하는 인구는 북경표준 중국어(Mandarin)를 사용하고 나머지 인구는 서로 이해하기 어려운 중국어 방언을 사용한다. 인도계 후손들이 모여 사는 인도 커뮤니티의 싱가포르인들은 대부분 가정에서 영어 또는 타밀어를 사용하고 있다.

표준 싱가포르영어는 일반적으로 영국영어에서 유래하며 직장은 물론 교육기관의 교사, 직장의 상사 그리고 정부 관리와 같은 고위직에 있는 이들과 소통할 때 흔히 쓰이고 있다. 싱가포르 영어는 영국영어의 철자와 문법을 그대로 유지하고 있어서 tire(US) 대신에 tyre라고 쓰고 program 대신에 programme이라고 쓴다. 싱가포르에서 눈에 띄는 쇼핑몰은 shopping malls(US) 대신에 영국식 표현인 shopping centre라고 표현한다.

싱가포르는 영국이 싱가포르에 무역 전진기지를 세운 직후 중국의 각 주와 인도에서 많은 이민자들이 이 섬으로 몰려들면서 1819년경부터 인구가 급격하게 증가하였다. 표준 싱가포르영어의 뿌리는 146년간 싱가포르를 식민지배한 영국에 두고 있으며, 지역적인 색채는 19세기 및 20세기 초에 유럽과 미국의 다양한 지역에서뿐만 아니라 인도 및 실론(Ceylon, 스리랑카 옛이름)에서 온 교사들이 교육기관에서 초기에 영어로 진행하면서 발달하였다. 1900년에 이르러 유라시아인들과 다른 지역에서 온 이들이 싱가포르 교육기관에 교사로 채용되었다.

싱가포르가 식민지배하에 있을 때 영어는 영국 식민 정부의 행정 언어였으며, 싱가포르가 1959년 자치정부의 지위를 획득하고 1965년 영국으로부터 독립하면서 싱가포르 정부는 경제번영을 극대화하기 위해 영어를 주요 언어로 유지하기로 결정하였다. 오늘날 싱가포르의 제1언어로서 영어는 다양한 민족 집단 간에 격차에 대한 다리 역할을 하는 한편 싱가포르의 공통어(lingua franca) 역할도 아울러 수행하고 있다. 싱가포르의 어린이들은 그들의 문화와 전통을 지켜가기 위해 싱가포르의 전통 언어를 배우기도 하나 학교에서는 영어를 배우는 경우가 흔하다. 싱가포르 정부는 2000년에 '좋은 영어 말하기 운동'(Speak Good English Movement)을 전개하면서 영어 문법규칙의 어려움과 지루함을 계몽하기 위한 동영상을 제작하였다. 여기에는 영어의 기본 문법규칙을 유머러스하고 흥미 있게 접근하는 다양한 방법이 제시되어 있다. 그리하여 비공식적으로 쓰이는 구어체 영어의 한 형태인 싱글리시를 표준 싱가포르영어로 바꾸는 운동을 꾸준히 진행하였다.

싱가포르 정부가 전개하는 '좋은 영어 말하기 운동' 캠패인

다음에 싱가포르영어의 발음에 대해 몇 가지 특징을 살펴보겠다.

영국표준발음(RP)에 쓰이는 모음들인 /ɪ/-/iː/, /ɑː/-/ʌ/, /ɔː/-/ɒ/ 그리고 /uː/-/ʊ/과 같은 모음의 쌍은 싱가포르영어에서는 구분해서 발음하지 않고 짧게 거의 같은 소리로 발음된다. 그리하여 scenic이란 어휘는 표준발음인 /'siːnɪk/ 대신에 /sɪnɪk/으로 발음한다. 또한 /e/ 및 /æ/는 모두 /e/로 소리 내며 이중모음 /eɪ/는 단모음인 /e/로 발음된다.

자음의 경우, 싱가포르영어에서는 표준발음(RP)에서와 달리 /p/-/b/, /t/-/d/, /k/-/g/, /tʃ/-/dʒ/는 특히 어말 위치에 오면 같은 음으로 발음되는 수가 있다. 더구나 발음하기가 까다로운 치마찰음(dental fricatives)은 어두위치에 오면 /t/ 및 /d/, 어말위치에 오면 흔히 /f/ 및 /v/로 발음된다.

싱가포르영어는 우리말과 마찬가지로 음절박자(syllable-timing)로 소리 내어 발음하는 경향을 띤다. 표준발음(RP)에서는 단어의 층위(level)에서 한 음절에 주강세가 오면 다른 음절에는 이와는 다른 강세가 오지만, 싱가포르영어의 경우 모든 음절에 똑같은 강세가 와서 발음된다. 싱가포르영어와 말레이시아영어의 차이는 전자의 경우 /r/을 발음하지 않는 반면, 말레이시아영어를 사용하는 화자들은 어떤 문맥에서는 모음 다음에 오는 /r/을 발음한다는 점이다. 영어를 사용하는 전세계 영어권 국가의 영어사용 이해도 측면에서 보면 싱가포르영어는 말레이시아영어에 비해 다른 유형의 영어를 사용하는 화자는 물론 영어가 제1언어가 아닌 화자들에게도 이해도가 가장 높은 것으로 입증되고 있다.

Suggested Readings

Fennell, B. A. (2001) *A History of English*, Oxford: Blackwell.

Kirkpatrick, A. (2007) Englishes of South-East Asia-colonial descendants? *World Englishes*, Cambridge: Cambridge University Press, 119-129.

Svartvik, J. & G. Leech (2006) *English: One Tongue, Many Voices*, New York; Palgrave Macmillan.

Lowenberg, P. H. (1991) Variation in Malaysian English. In J. Cheshire ed. *English around the World*. Cambridge University Press, 364-375.

Questions to Consider

1. 말레이시아영어와 싱가포르영어의 언어상의 공통점을 설명하시오.
2. 맹글리시(Manglish) 및 싱글리시(Singlish)의 특징에 대해 예를 들어 설명하시오.
3. 말레이시아와 싱가포르 역사와 영국영어의 전래(傳來)에 관해 설명하시오.
4. 말레이시아에서 쓰이는 영어의 위상과 다른 언어와의 관계에 대해 설명하시오.
5. 싱가포르인의 다양한 문화에 대한 태도와 서구문화의 유입에 대해 아는 대로 설명하시오.
6. 말레이시아에서 쓰이는 영어 어휘 및 표현이 영미영어의 의미와 다르게 쓰이는 예를 조사하여 설명하시오.

아프리카권

서부 아프리카 West Africa　동부 아프리카 East Africa　남부 아프리카 South Afric

아프리카는 세계에서 두 번째로 크고 두 번째로 인구가 많은 대륙이다. 세계 인구의 약 15%가 되는 11억 명의 인구를 가진 아프리카는 지구 전체 표면적의 6%, 전체 육지 면적의 20.4%를 차지하는 광대한 대륙으로 북쪽으로는 지중해, 북동쪽으로는 시나이 반도를 따라 수에즈운하와 홍해, 남동쪽으로는 인도양 그리고 서쪽으로는 대서양으로 둘러싸여 있다. 아프리카 대륙은 마다가스카르와 여러 개의 군도를 거느리고 있다.

아프리카는 북아프리카에 위치한 오늘날 튀니지에 거주하던 카르타고 인들을 지칭하기 위해 쓰인 명칭이었으며, 원래 토착 리비아인들을 가리키는 말로 쓰였다. 이 명칭은 대체로 페니키아어의 *afar*, 즉 '먼지'(dust)란 말과 연관이 있다.(페니키아는 현재 시리아 및 레바논을 지칭함). 그런데 1981년에 나온 연구에 의하면 '아프리카'란 말은 베르베르어(Berber)의 *ifri* (복수형은 *ifran*), 즉 '동굴'(cave)이란 뜻으로 아프리카에 살던 원시인은 동굴에 살던 사람들이었다는 것이다. 이 명칭은 알제리 및 리비아 북서부 지중해에 면한 지역인 트리폴리타니아에서 온 바누 이프란 부족(Banu Ifran: 이슬람 이전과 초기 이슬람 역사에서 우세했던 베르베르인. *Banu Yifran*이라고도 씀. 그들이 살던 아프리카 지역에서 로마인, 반달족 및 비잔틴인과 같은 이방인 점령자들에게 저항함)의 명칭에서 찾아볼 수 있다. 베르베르족은 원래 리비아 북서쪽에 있는 야프란(Yafran 이프란Ifrane으로도 알려짐)에서 온 민족이었다.

카르타고는 로마의 지배하에 있던 시기에 아프리카 속주의 수도가 되었고 여기에는 현대 리비아의 해안 지역도 포함되었다. Africa란 말의 라틴어 접미사 '-ica'는 줄리어스 시저가 사용한 '켈트인의 땅'이란 뜻의 켈티카(Celtica)에서 알 수 있듯이 '땅, 토지'(land)를 의미한다.

'아프리카'라는 말의 어원에 대해서는 몇 가지 학설이 있다.

기원 1세기 유대인 역사가인 플라비우스 요세푸스(Flavius Josephus)는 성서(창세기 25장 4절)를 근거로 '아프리카'라는 말은 믿음의 조상인 아브라함의 손자인 에벨(Epher)의 이름을 따서 지어졌으며 에벨의 후손들이 리비아를 침략해 들어갔다고 주장하였다. 한편, 영국의 시인이며 작가인 매시(G. Massey, 1828~1907)의 주장(1881)에 의하면 Africa란 말은 이집트어의 *af-rui-ka*에서 온 말로 '카(Ka)가 열리는 곳을 향해 가다'란 의미로 '카(Ka)'란 인간의 왕성한 정기(精氣)를 가리키며 '카가 열린다'는 말은 여성의 자궁 또는 출생을 지칭한다. 그리하여 아프리카는 이집트인들에게 '태어난 곳, 고향'(birthplace)이 된다는 것이다.

아프리카 대륙 지도

역사

고생물인류학자 대부분은 아프리카 대륙이 지구상에서 인류가 최초로 거주한 곳으로 보고 있다. 인류학자들은 20세기 중반 아마도 7백만 년 전에 인간이 이 대륙에서 살고 있었다는 증거와 많은 화석을 발견하였다. 인류의 조상으로 보이는 초기 유인원 여러 종의 화석도 이 대륙에서 발견되었다. 선사시기에 아프리카는 다른 대륙과 마찬가지로 국가가 없었고 사냥과 채집으로 먹고 사는 원시인들이 거주하였다.

기원전 3300년경 북아프리카에 고대 이집트의 파라오 문명에서 문자가 생겨나면서 역사상의 기록이 등장하게 되었다. 이집트는 세계에서 가장 초기, 그리고 가장 오래된 문명을 누린 국가 중의 하나로 그 영향력은 오늘날 리비아와 누비아 그리고 북쪽으로 멀리 크레테에 이르기까지 각기 다른 지역에 영향을 끼치며 기원전 343년까지 존속하였다. 약 600~1500년 사이에 아프리카 서쪽에 가나, 말리 등 아프리카 왕국이 생겨났고, 동쪽에서는 몸바사, 남쪽에서는 짐바브웨가 생겨났다.

아프리카의 역사는 북부 아프리카(지중해 아프리카라고도 함)와 중부 아프리카(사하라 이남) 및 남부 아프리카가 각각 그 역사적 배경을 달리하고 있다. 북부 아프리카를 제외한 사하라사막 이남지역을 일반적으로 블랙 아프리카(Black Africa)라고 부른다. 북부 아프리카는 일찍이 나일강 유역에 고대 이집트 문명의 발상지를 이루어, 그리스와 페니키아의 도시들이 해안에 발달, 유럽 및 서남아시아와 밀접한 관계를 유지할 수 있게 되었다. 아프리카 대륙은 결코 고립된 대륙이 아닌, 예로부터 여러 다른 민족과의 접촉을 통해서 영향을 받아왔다. 사하라사막을 넘는 교역, 동아프리카 해안에 진출한 아라비아 상인들과 명나라 때 정화의 원정 등, 끊임없이 교류가 이어져왔다.

중부 아프리카는 원시적인 농경과 수렵을 하는 암흑대륙으로서 최근까지도 그 개발이 지연되고 있다. 유럽세력이 진출하기 이전에는 많은 부분이 감추어져 있었는데, 이는 극소수 국가를 제외하고는 문자가 없었기 때문이었다.

이와 같이 문명이 뒤떨어진 아프리카 대륙은 15세기~16세기에 걸친 포르투갈 사람들의 본격적인 탐험으로부터 알려지기 시작하였는데, 이는 유럽인들에 의한 흑인노예무역이 번성해지기 시작하는 단계를 의미하였다. 유럽인들은 신대륙의 경영에 노예의 노동력이 필수불가결한 것으로 보았으며, 노예상인들에게 노예무역은 그야말로 수지맞는 장사였다. 당시 에스파냐를 무찌르고 제해권을 장악한 영국의 경우, 노예무역을 거의 독점하다시피 했으며, 이를 배경으로 리버풀과 같은 도시가 번성하였다. 또한, 아프리카 해안지방으로부터 차츰 내륙지방에서 유럽인들의 탐험과 유럽열강국의 식민지 정책이 형성되어 갔다.

18세기에 이르러 탐험은 활기를 띠었고, 19세기 후반에는 유럽 사람들에 의한 내륙지방의 적극적인 탐험이 계속되어 제2차 세계대전 전까지 몇 개의 독립국(이집트 · 에티오피아 · 라이베리아 등)을 제외하고는 아프리카 대륙이 영국 · 프랑스 · 네덜란드 · 벨기에 등의 유럽 제국의 식민지가 되면서 눈을 뜨기 시작했다. 아프리카 대륙을 새로운 시각으로 바라보며 내륙탐험에 선구자적인 역할을 한 나라는 영국이었다. 과학적인 사고방식을 가진 영국인들은 1788년 내륙탐험협회를 결성하고 1850년부터 스코틀랜드 출신 데이비드 리빙스턴(David Livingstone)과 웨일즈 출신 모턴 스텐리 경(Sir Henry Morton Stanley) 등, 유럽의 탐험가들이 아프리카 대륙을 탐험하였다. 그 후에 진행된 베를린 회의(1884~85)는 아프리카 민족 집단의 정치적인 미래를 결정짓는 중요한 사건이 되었다. 벨기에의 레오폴드 2세가 주재하는 베를린 회의에서 유

데이비드 리빙스턴
1813~1873. 빅토리아 폭포와 잠베지 강을 발견한 영국의 선교사, 탐험가.

헨리 모턴 스텐리 경
1841~1904. 탐험가이며 언론인. 리빙스턴을 발견한 것으로 유명함.

헨리 모턴 스텐리 경

데이비드 리빙스턴

럽 강국들에 의해 아프리카 대륙의 정치적인 분할이 이루어졌고, 유럽 열강에 의한 아프리카 식민지 쟁탈전이 계속해서 일어나는 계기가 되었다. 영국과 네덜란드간에 일어난 보어전쟁(1899~1902)이 그 좋은 예이다.

언어

아프리카는 54개의 서로 다른 나라로 이루어진 대륙으로 1300개가 넘는 언어가 쓰이는 세계에서 가장 많은 언어를 사용하는 지역이다. 사하라사막 이남에 위치한 아프리카(Sub-Saharan Africa)는 언어상으로 세계에서 가장 복잡한 지역으로 아프리카 국가들이야말로 다양한 언어가 쓰이는 전형적인 지역이라 할 수 있다. 나이지리아만 해도 300개가 넘는 언어가 쓰이고 있으며, 남아프리카에는 공식 언어만 해도 11개가 사용되고 있다. 가나(Ghana)에는 50개 정도의 언어가 쓰이고, 카메룬(Cameroon)에는 프랑스어 및 영어 등 2개의 유럽 언어가 공용어로 쓰이면서 언어상으로 복잡한 환경은 더해가고 있는 실정이다.

사하라사막 이남에 위치한 여러 나라에서 쓰이는 다양한 영어는 흔히 크게 세 가지로 분류할 수 있다. 즉, 케냐·탄자니아 등에서 쓰이는 아프리카 동부 지역의 영어를 비롯하여, 남아프리카·짐바브웨·보츠와나 등에서 쓰이는 아프리카 남부 지역의 영어 그리고 카메룬·가나 및 나이지리아 등에서 쓰이는 아프리카 서부지역의 영어가 그것이다. 그러나 아프리카의 많은 나라에서 영어가 쓰이고 있기는 하나 교육을 받은 소수의 인구만이 영어를 말하고 사용한다는 점이다. 그 반면 아프리카 대부분의 나라에서는 토종 아프리카 언어를 사용하며 영어를 사용할 경우에도 이른바 피진 영어(pidgin English)의 형태로 사용하고 있다. 이 지역에서 교육을 받은 소수 그룹은 적어도 세 가지 언어를 사용하는데, 유럽인들의 공통언어인 언어, 주로 영어와 프랑스어를 사용하는 그룹과 아프리카인의 공통언어를 사용하는 그룹 그리고 아프리카 각 지역에서 쓰이는 아프리카 지역 언어를 사용하는 그룹이 그것이다.

아프리카의 원주민들은 부족들 간에 서로 의사소통이 되지 않는 많은 언어를 사용하고 있을 뿐 아니라 19세기 및 20세기 초에 유럽의 국가들이 아프리카 대부분을 식민지로 다스렸기 때문에 오늘날 아프리카 대다수 나라들의 공식 언어는 토착 언어와는 거리가 멀어졌다. 특히 사하라사막 이남의 경우, 그 나라의 공식 언어를 그들의 제1언어로 쓰는 아프리카 부족의 경우는 매우 드물다. 그리하여 아프리카 북부와 북동부의 여러 나라들(모로코, 알제리, 리비아, 이집트, 수단 및 소말리아)에서는 이슬람교의 끈질긴 힘으로 인해 아랍어가 쓰였다. 앙골라, 모잠비크, 기니 비소에서는 포르투갈어가 쓰이고, 적도 기니에서는 스페인어가 공식 언어로 쓰인다. 한편, 모리타니아, 말리, 니제르, 차드, 세네갈, 아이보리 코스트, 기니, 타고, 베냉(Benin: 아프리카 서부의 공화국. 수도는 포르토 노보), 가봉, 콩고, 중앙아프리카공화국, 자이레, 르완다, 부르키나파소(아프리카 서부 기니만 북쪽의 내륙국. 수도는 와가두구)와 같은 나라에서는 공식 언어로 프랑스어를 채택하여 사용하고 있다.

이 밖의 다른 나라 대부분에서 쓰이는 공식 언어는 영어이다. 아프리카 서부에서는 감비아, 시에라리온, 라이베리아, 가나, 나이지리아 및 카메론의 일부 지역(프랑스어 또한 공식 언어로 쓰임)이 이에 해당된다. 아프리카 남부의 경우 영어가 공식 언어로 쓰이는 나라로는 나미비아, 보츠와나, 레소토, 스와질랜드, 짐바브웨, 잠비아 및 말라위가 있다. 아프리카 동부에서 영어가 공식 언어로 쓰이는 나라들로는 우간다가 있고 탄자니아에서는 영어와 함께 스와힐리어도 공식 언어로 쓰이고 있다. 케냐에서는 영어가 공식 언어로 더 이상 쓰이지 않고 있으나 여전히 중요한 언어로 사용되고 있다.

문화

아프리카 문화가 지닌 전통은 오랫동안의 유럽 열강의 아프리카 식민지 지배로 인해 변해 내려왔다. 최근에 와서 아프리카인들은 그들이 선조 때부터 지녀온 전통적인 문화를 재발견하고 그 가치를 새롭게 찾으려는 노력을 아프리카 르네상스(African Renaissance)라는 운동을 통해 전개해 나가고 있다.

랄리벨라의 성 조지 교회(폐허로 남아 있음)

이 운동을 주도하는 이들은 서아프리카 토착 신앙의 일종인 부두(Vodou) 신앙에서 내세우는 범죄 없는 세상 만들기 및 다른 유형의 영성(靈性, spirituality)을 통해 전통적인 심령주의를 아프리카 부족들에게 점차 심어주려는 의도를 지니고 있다.

아프리카의 예술과 건축은 아프리카 문화의 다양성을 여실히 반영하고 있다. 아프리카에서 전래된 예술로 현존하는 가장 오래된 예로는 북아프리카 구석기시대 중기의 아테리아 문화기층에서 발견된 조개 화석에서 나온 8만 2천 년 전의 염주알에 새겨진 예술이다. 1300년경 링컨 성당이 완성되기 전까지는 이집트 기자(Giza)의 피라미드가 4천 년 동안 세계에서 가장 큰 건축물이었다. 짐바브웨의 석조 폐허물 또한 건축물로서의 가치를 지니고 있으며 에티오피아의 가장 성스러운 도시 중의 하나인 랄리벨라(lalibela)에 있는 단일암으로 된 거석으로 지어진 교회 중에서 성 조지교회는 대표적인 건축물에 속한다.

부두
중미 카리브해의 국가인 아이티에서 건너온 신앙으로 서아프리카의 다호메 왕국 폰족의 신격화된 선조 신 '보둔'에서 유래함.

이처럼 아프리카 문화의 특성은 다양성과 동질성으로 나타낼 수 있으며, 두 가지가 서로 겹쳐지는 양상을 띠고 있다. 사하라 사막 남부의 아프리카와 아랍 세계의 문화가 서로 겹치는 이집트와 모로코 사이에 있는 북부의 여러 국가들이 다문화를 구성하고 있는데 반투어군의 영향력이 이들 지역에 크게 작용하고 있다. 프랑스어권의 아프리카 국가들과 과거에 영국의 식민지였던 남아프리카 및 동아프리카도 문화적인 경계를 이루고 있다.

이집트는 오랫동안 아랍세계의 문화 중심지가 되어 왔으며 사하라 남부의 아프리카 특히 서아프리카의 리듬은 대서양의 노예무역을 통해 아프리카 노예들이 전한 음악으로 미국과 카리브해 그리고 남미의 여러 나라에 오늘날의 삼바, 블루스, 재즈, 레게, 힙합 및 록(rock)으로 퍼져 나갔다. 아프리카의 토속적인 음악과 춤의 전통은 구전(口傳)에 의해 유지되어 온 것으로 북아프리카와 남부 아프리카의 음악 및 춤과 구별된다. 한편, 아랍권의 영향은 북부 아프리카에서 두드러지게 나타나며 남부 아프리카의 경우 오랫동안의 식민지배로 인해 유럽과 서구의 영향을 많이 받았다.

아프리카인들은 다양한 종교상의 믿음을 가지고 있다. 통계에 의하면 아프리카 인구의 45%는 그리스도교인이고 40%는 무슬림교인이며 10%는 전통적인 종교를 가지고 있다. 소수이기는 하나 힌두교, 불교, 유대교 의식을 치르는 아프리카인들도 있으며 종교를 전혀 가지지 않는 아프리카인들도 많이 산재하고 있다. 대체로 북아프리카에서는 이슬람교가 우세하며 남부 아프리카에서는 그리스도교가 우세하다고 말할 수 있다. 그러나 이집트와 에티오피아에는 콥트교(그리스도교의 일종)가 있으며, 이슬람교는 동아프리카 해안 일대에서 성행하고 있을 뿐 아니라 서아프리카에서는 그 세력이 점차 남쪽으로 확장되고 있다. 사하라 사막 이남의 나머지 지역에서는 대부분 다양한 전통신앙을 가지고 있다. 이들 모든 전통신앙에서는 창조신의 개념을 찾아볼 수 있으며 공기와 대지, 그리고 강에도 영혼이 있다는 강한 믿음을 가지고 있다.

아프리카 영어

동인도회사를 세운 네덜란드인들은 1652년 아프리카 최남단에 있는 희망봉에 영구적인 무역 전진기지를 세우고 네덜란드어를 남아프리카 최남단 끝에 가져왔다. 남아프리카에 영어가 들어온 것은 그로부터 150여 년이 지난 후 영국이 네덜란드로부터 희망봉을 사들인 시기에 시작되었다. 그러나 영어가 이 지역에 뿌리를 내린 것은 영국의 정착 이민자들이 조직적으로 동부 곶에 정착한 1820년부터이며 이들 대부분은 잉글랜드의 시골 남동부 지역에서 건너온 영국인들이었다.

1822년에 이르러 이 지역 주지사였던 찰스 서머셋 경(Lord C. Somerset)은 영어를 희망봉 지역의 공식 언어로 선포하고 영국계 교사와 선교사들을 이곳에 불러들여 네덜란드인들의 후손과 프랑스 신교도들로 이곳에 정착한 위그노 교리 신봉자들을 일컫는 남아프리카의 백인들에게 영어를 가르치기 위해 애썼다.

남아프리카의 백인들
아프리칸스어Afrikaans를 사용하는 네덜란드계 백인을 말함.

나탈
남아프리카 공화국 동부에 위치한 지역. 남쪽과 동쪽으로는 인도양, 서쪽으로는 드라켄스버그, 북쪽으로는 레봄보 산맥으로 뻗어 있음. 현재 크와줄루 나탈KwaZulu-Natal 주로 관리되고 있음.

1800년대 중반에는 두 번째 큰 무리에 해당하는 영어 사용 이민자들이 영국에서 이곳에 대거 몰려와서 희망봉 경계지역 넘어 나탈(Natal)이라는 곳에 정착하였다. 나탈 지역의 정착민들은 맨 처음 들어온 영국 정착민들과는 그들이 영국에 살던 고장의 사회적 배경이나 지역 연고에서 두 번째로 들어온 영국 정착민들과 몇 가지 차이를 보여주었다. 즉, 이들은 영국에서 높은 사회적 계층을 대표한 데다가 영국 북부의 여러 주, 특히 요크셔 주와 랭커스터 주에서 건너 온 사람들이었다. 영국에서 희망봉 지역으로 건너온 첫 번째 정착민들과는 달리, 나탈 지역에 정착한 영국 이주민들은 자주 그들의 조국인 고향 영국으로 돌아가서 주민들과 지내면서 영어를 새롭게 할 수 있었다. 그뿐만 아니라 그들은 영국을 떠나오기 전에 사용한 영어보다 한층 더 고급스럽게 여겨진 악센트를 잊지 않고 그대로 지키면서 낯선 땅 아프리카에서 빅토리아 시기 영국의 한 모퉁이를 이곳에 그대로 재현해 내는데 성공하였다.

이처럼 남아프리카에 정착한 영국 이주민들의 이민 유형은 오늘날 아프리카에서 쓰이는 희망봉 지역의 영어, 나탈 지역의 영어 및 남아프리카 일반 영어 등 다양한 유형의 영어를 구분하는 데에도 그대로 반영되었다. 이들 유형의 영어 중에서 첫 번째 유형의 영어는 악센트가 단순히 초기에 이곳에 정착한 영어 사용자들의 영어를 반영하고 있다는 이유로 미국의 북동부 및 남부 악센트와 유사하다고 할 수 있다. 세 번째 유형은 일반 미국영어와 마찬가지로 지역상으로는 뚜렷하게 한정되어 있지 않다.

남아프리카 영어에서 흥미를 끄는 유형이 있는데, 이것을 때로는 남아프리카 인도영어(South African Indian English)라고 부른다. 1860년대 나탈 지역에 정착한 영국 이민자들은 농장에서 일할 노동자들을 인도에서 수입하기 시작하였다. 이곳에 온 초기 인도 노동자들은 자기네들의 의사소통을 위해 타밀어와 같은 인도어나 때로는 보츠푸리어(Bhojpuri [boudʒ'puəri:]로 발음), 줄루어(Zulu), 영어 및 아프리칸스어를 섞어놓은 혼합어인 피진 줄루어(Pidgin Fanagalo)를 사용하였다. 그러나 1909년 남아프리카에서 일하고 있던 젊은 변호사 마하트마 간디(Mahatma Gandhi)는 교양을 갖춘 젊은 인도인들이 꼭 필요하지 않은 경우에도 영어를 사용하기 시작한다는 것을 알게 되었다.

1870년대에 와서 남아프리카에서 값비싼 광물자원이 발견되면서 사회, 경제적으로 급격한 변화가 일

보츠푸리어
인도 북부와 네팔의 보츠푸리 지역에서 쓰이는 인도-아리아안어. 이 언어는 파키스탄, 트리니다드 토바고, 가이아나, 수리남, 자메이카, 피지 및 모리셔스에서도 쓰임.

줄루어
1994년 남아프리카의 11개 공식언어 중 하나가 된 언어로 약 천만 명의 줄루 부족이 사용하는 언어임.

피진 줄루어
줄루어에 뿌리를 두고 영어와 약간의 아프리칸스어를 혼합한 피진어. 남아프리카의 광산 지역에서 공통어로 널리 쓰이며 콩고공화국, 나미비아, 잠비아, 짐바브웨에서도 쓰임.

아프리칸스어
서게르만어에 속하며 남아프리카, 나미비아, 보츠와나, 짐바브웨에서 쓰임. 남아프리카의 공식언어 중 하나로 남아프리카에 거주한 네덜란드 정착민에 의해 네덜란드어 방언의 하나로 쓰이다가 점차 18세기를 거치면서 독자적으로 발전함. 역사적으로는 네덜란드어의 자매어.

어나게 되어 영국에서 이 지역으로 유입되는 이민자가 급증하게 되었다. 그리하여 19세기 후반 25년 동안 주로 영국에서 40만 명이 넘는 이민자들이 남아프리카에 들어오면서 영어는 광산 지역에 지배 언어가 되었다.

17세기에 남아프리카에 정착한 초기 이민자들이 사용한 네덜란드어는 진화를 거듭하면서 결국 아프리칸스어(Afrikaans)가 되었다. 1899년부터 1902년까지 영국과 보어인(Boers)들의 공화국인 남아프리카 공화국(Transvaal)과 오렌지 자유 주(Orange Free State) 사이에 이른바 보어전쟁이 일어났다. 남아프리카전쟁이라고 부르는 이 전쟁은 1867년 트란스발에서 금광이 발견되고 오렌지 강변에서 다이아몬드가 발견되자 영국이 이 지역의 지배권을 차지하기 위해 일어난 전쟁이었다. 보어인들은 연합하여 전성기를 누린 대영제국에 대항하였으나 끝내 패하고 영국의 식민지가 되었다. 그러나 보어인들은 그들의 언어와 문화는 그대로 유지할 수 있었다.

보어인
네덜란드계 남아프리카 이민자.

남아프리카 공화국
남아프리카 공화국 북동부의 주로 세계적인 금 산지. 19세기 후반 보어인이 트란스발 공화국을 세우고 후에 남아프리카 공화국으로 개칭함.

오렌지 자유 주
남아프리카 중부의 주.

1910년 영국이 뜻밖에도 남아프리카에 독립된 자치령의 지위를 부여하면서 "(남아프리카에서) 영어와 네덜란드어는 공식 언어로 사용한다"라는 연합법(Act of Union)이 만들어졌다. 제1차 세계대전이 끝난 후 정치적으로는 아프리칸스어를 사용하는 네덜란드계 백인(Afrikaners)들이 남아프리카를 지배하였으나 사실상 영어와 아프리칸스어를 모두 사용하는 이중 언어정책을 썼다. 남아프리카인들은 아프리칸스어를 확립하고 그 지위를 향상시키려는 노력을 게을리 하지 않았으나 한편으로는 영연방 회원국으로서의 유대관계를 유지하는 것이 그들에게 유리하다는 판단으로 1961년 자치령에서 공화국으로 바뀌기 전까지 영연방 화원국의 지위를 그대로 유지하였다.

1948년부터 1994년까지 남아프리카는 이른바 아프리칸스어로 '분리, 격리'(separateness)를 뜻하는 아파르트헤이트(apartheit)라고 불리는 인종분리주의정책이라는 치명적인 제도를 시행하였다. 백인우월주의에 근거한 이 정책은 1990년대 초기 네덜란드계 백인인 아프리카너(Afrikaners)를 기반으로 한 집권당인 국민당(Nationalist Party)과 이전에 불법 결성된 아프리카 국민의회(African National Congress) 사이에 협상이 시작되면서 1994년 (4월) 남아프리카 역사상 최초로 자유 선거가 치러졌다. 이 선거에서 아프리카 국민의회가 승리하고 오랜 감옥생활을 통해 남아프리카의 인종차별정책에 저항해 오면서 국제적인 평판을 얻게 된 넬슨 만델라(Nelson Mandela, 1918~2013. 1993년 노벨 평화상 수상)가 남아프리카 공화국 역사상 최초로 흑인 대통령이 되었다.

새로운 공화국의 탄생과 함께 남아프리카의 언어 상황 또한 변하였다. 현재 남아프리카에는 11개의 공식 언어가 쓰이고 있으나 실제로는 영어가 제도적으로 확고한 위치를 차지하며 공통어(lingua franca)로서의 지위를 누리며 널리 쓰이고 있다.

영어가 주요 제1언어로 쓰이는 모든 국가 중에서 남아프리카에서 쓰이는 영어의 상황은 독특하다. 즉, 영어는 아프리카 원주민의 인구로 보면 불과 다섯 번째로 쓰이는 언어에 지나지 않는다. 그뿐 아니라 영어는 남아프리카인구의 대다수가 흑인인 상황에서 소수 백인사회에서 쓰이는 소수 백인의 언어에 불과하다. 그러나 영어는 남아프리카 인구의 10%도 안 되는 언어임에도 남아프리카 연방의 비즈니스, 공학, 고등교육, 언론홍보매체는 물론 정부의 지배언어로 쓰이고 있다. 남아프리카인 대부분은 반투어족에 속하는 언어(상호 소통이 가능한 언어로 약 250개 언어가 있음)를 사용하고 있으나 남아프리카인 두 명 중 한 명은 영어를 어느 정도 알고 있다는 통계가 나와 있다. 한편, 아프리칸스어는 남아프리카의 인구 중 약 700만 명이 사용하는 모국어 또는 제2언어로 남아프리카의 공식 언어 중에서 지리상은 물론 인종상으로도 가장 널리 분포되어 쓰이고 있다.

남아프리카에서 영어가 성공하게 된 몇 가지 이유가 있다. 네덜란드계 백인인 아프리카너들 사이에 영어에 대한 그들의 태도가 긍정적으로 바뀌었다는 것이 첫 번째 이유이다. 영어를 지지하게 된 또 다른 이유로는 영어 이외의 다른 아프리카의 특정 언어를 사용하므로 인해 남아프리카인들의 잠재적인 차별 내지 분리가 일어나는 것을 피해보려는 요인이 작용한 것을 들 수 있다. 아프리카인들 간의 민족성과 언어정체성은 밀접하게 연관되어 있어서 가령, 코사어(Xhosa)를 사용하는 정치인은 줄루족의 지지를 얻지 못하여 중립적인 위치에 있는 영어를 선택하게 된다. 그뿐만 아니라, 남아프리카에서 언어상 다양하게 분포되어 있는 대다수 흑인들에게 아프리칸스어는 이들을 억압하는 언어로 인식되어 왔다. 그럼에도 영어의 대중성은 아프리카 흑인들에게 있어서 언어는 물론 그 문화에 대해서도 좋은 감정을 주지 못하였다. 그보다는 오히려 영어는 이들 자녀들에게 좋은 교육을 시킬 수 있는 기회를 제공하고 더 나은 미래를 위한 꿈을 심어줄 수 있다고 믿기 때문이었다. 그럼에도 불구하고 다른 많은 나라에서와 마찬가지로 이곳에서도 식민지 언어인 영어가 일종의 '해방'을 의미하며 세계를 향한 창(窓)의 역할을 해왔다는 것은 역사의 아이러니라고 할 수 있다.

줄루족(Zulu people)

코사어
[kɔːsə]/ [koʊsə]로 발음. 남아프리카의 공식언어 중의 하나로 남아프리카 인구의 약 18%에 해당되는 약 760만여 명이 사용하고 있음.

줄루족
남아프리카의 반투어계에 속하는 민족으로 남아프리카에서 가장 큼. 이들의 언어인 줄루어는 반투어Bantu language에 속함.

남아프리카는 영어를 모국어로 사용하는 언어집단(Inner Circle)과 영어를 제2언어로 사용하는 언어집단(Outer Circle) 등, 두 가지 유형의 영어가 한 국가에 공존하고 있다. 18세기 말 희망봉 지역의 식민지는 아프리카에서 유일하고 영구적인 유럽인들의 정착지였다. 19세기 말에 이르러 비로소 유럽에서 무역업자, 탐험가, 선교사들이 아프리카로 밀려 들어오면서 아프리카의 식민지화는 대규모로 확장되기 시작하였으며 이에 따라 유럽의 무역과 문명이 아프리카로 유입되었다. 유럽의 강국들은 아프리카의 식민지화를 위해 전쟁을 벌이기도 하였다. 제1차 세계대전이 시작되는 1914년에 이르면 아프리카의 지도에서 에티오피아 및 라이베리아 두 국가만이 유일하게 독립된 상태로 자치령을 유지하였다.

제2차 세계대전이 끝난 후 유럽의 식민 강국들은 물리적, 심리적으로 힘이 약해지고 이에 따라 아프리카 국가들은 하나둘씩 독립하기 시작하였다. 1957년 영국의 식민지로 노예무역의 중심지였던 골드 코스트(Gold Coast)가 가나 공화국이 되면서 사하라 남부 아프리카에서 최초로 독립국가가 되었다. 한편, 이전에 남부 로데시아(Southern Rhodesia)였던 짐바브웨는 1980년까지 식민지 시대가 지속되었다.

이전에 영국의 식민지였던 국가에서 쓰인 영어를 지칭하는 용어인 '아프리카 영어'는 남아프리카(남아공)을 벗어난 지역에서는 크게 세 가지 범주로 구분하여 사용한다.

1. 서부 아프리카 영어: 감비아, 가나, 카메룬, 나이지리아, 시에라리온, 라이베리아
2. 동부 아프리카 영어: 케냐, 탄자니아, 우간다, 말라위, 잠비아, 짐바브웨
3. 남부 아프리카 영어: 남아프리카, 보츠와나, 레소토, 나미비아, 스와질란드

'아프리카 영어'는 편리하면서도 지나칠 만큼 단순화한 영어를 지칭하는 용어이다. 이 말은 17세기 아프리카에 무역 전진기지가 설립된 이후 피진어(pidgins)와 크리올어(creoles)를 포함하여 서아프리카에서 사용되어 온 모든 형태의 영어를 가리킨다. 그러나 한편으로 이 말은 또한 이전에 영국이 다스리던 지역에 거주한 교육받은 아프리카 흑인들이 사용하고 써온 다양한 유형의 영어를 가리키는 용어를 지칭하기도 한다. 후자의 경우에 쓰이는 '아프리카 영어'는 19세기 초기까지 거슬러 올라가게 된다.

당연한 말이긴 하나 아프리카에서 쓰이는 영어는 대체로 일관성이 없다. 예를 들어 나이지리아와 같은 나라의 경우, 신문이나 방송과 같은 전 국민을 대상으로 하는 언론매체에서 쓰이는 상위권에 속하는 상층영어 방언(acrolect)이 있는가 하면 영어사용 국가에서 온 방문객도 알아들을 수 없는 하층영어 방언(basilect)에 이르기까지 이른바 '아프리카 영어'는 광범위한 지역에 걸쳐 분포되어 있다. 여기에는 일상생활에서 상당한 부분을 차지하면서도 대중적인 다양한 어법과 표현에서 표준 어법과 표현 사이에 존재하는 중간층 영어 방언(mesolect, middle dialect라고도 함)도 함께 쓰이고 있다.

이제 아프리카의 권역별(동부, 서부, 남부)로 영어의 위상이 어떤 상황에 놓여 있는지 살펴보기로 한다.

서부 아프리카

1914년까지 아프리카 대부분은 영국, 프랑스, 독일, 포르투갈, 이탈리아 및 벨기에의 식민지로 나누어져 있었다. 그러나 제2차 세계대전이 끝난 후 독일과 이탈리아가 통치하던 지역은 분할되었으며, 이전에 식민지였던 아프리카 대부분의 국가들은 1960년대 또는 그 이후에 독립국이 되었다.

그리하여 영어는 15세기 말경부터 서아프리카 연안 국가에서 산발적으로 쓰여 오다가 19세기에 이르러 유럽과의 무역이 증가하고 노예무역에 반내하는 활동이 늘어나면서 영어는 서아프리카 연안 국가 전체로 퍼져 나갔다. 이와 함께 수백 개의 지역 토착언어들과의 접촉으로 인해 영어에 기반을 둔 피진어와 크리올어가 발달하였다. 이렇게 발달한 피진어와 크리올어는 서아프리카에 온 선교사, 행정가, 군인 및 무역상들이 사용한 표준영국영어와 함께 사용되었다.

지구상의 다른 많은 지역에서처럼 영어가 쓰이면서 이 지역에 문자를 해득할 수 있는 식자층이 나타나게 되었고 이에 따라 영어는 서아프리카에 속하는 여러 국가의 공식 언어가 되어 현재에 이르기까지 사용되고 있다. 한편, 서아프리카 국가의 상당수 인구는 영어 이외에 피진어 또는 크리올어를 여전히 사용하고 있으며 이들 언어 중 일부는 해당 지역의 실질적인 서체어(written languages)가 되었다. 한 가지 예로, 서아프리카 연안 국가에 걸쳐 빠르게 퍼진 영어에 기반을 둔 크리올어인 크리오어(Krio)는

서부 아프리카

서아프리카의 시에라리온 인구의 97%가 사용하는 영어를 기반으로 한 혼합 언어로 이 지역의 서로 다른 부족을 결속시키는 공통어로 서인도 제도와 미국 및 영국에서 건너온 약 30만 명의 자유 노예 공동체인 시에라리온 민족(크리오족)의 언어이기도 하다. 크리오어는 영어와 유사한 까닭에 흔히 영어의 한 방언으로 여겨지기도 한다. 특히, 서아프리카 연안의 여섯 국가들은 영국의 식민지로 있었으므로 아직도 영어가 공식언어로 쓰이고 있다.

1. 시에라리온

[sɪ'ɛərə lɪ'oʊni, -lɪ'oʊn]으로 읽는다. 18세기 말 노예제도에 반대하는 영국인들이 서아프리카에 토지를 구입하여 해방되었거나 다시 붙잡힌 노예들을 위한 고국을 설립하였다. 이 노예들은 맨 처음 잉글랜드, 노바 스코샤(Nova Scotia) 그리고 자메이카에서 이곳으로 건너왔다. 이렇게 해서 형성된 시에라리온은 1808년 영국의 식민지가 되었고 붙잡힌 노예들을 방출하는 전진기지로 사용되었다. 약 60만 명의 노예들은 다시 붙잡혔고 이들 이전의 노예들은 대부분 크리오어로 의사소통을 하였다. 1896년 영국은 오지(奧地)인 시에라리온을 보호령으로 선포하였다. 1961년 시에라리온(Sierra Leone)은 영국으로부터 독립하였으며 500만 명에 가까운 인구 대부분은 오늘날에도 크리오어를 사용하고 있다.

> **노바 스코샤**
> '새로운 스코틀랜드'New Scotland를 뜻하는 라틴어에서 온 말. 캐나다의 연안 주 중의 하나로 할리팩스Halifax가 주도州都임.

2. 감비아

['gæmbiə]로 읽는다. 감비아에서의 무역은 17세기 초에 시작되었는데, 프랑스와의 전쟁 이후 1816년 감비아의 옛수도인 배서스트(Bathurst)가 반노예 활동가들을 위한 영국의 전진기지로 세워졌다. 1843년 감비아는 영국의 식민지

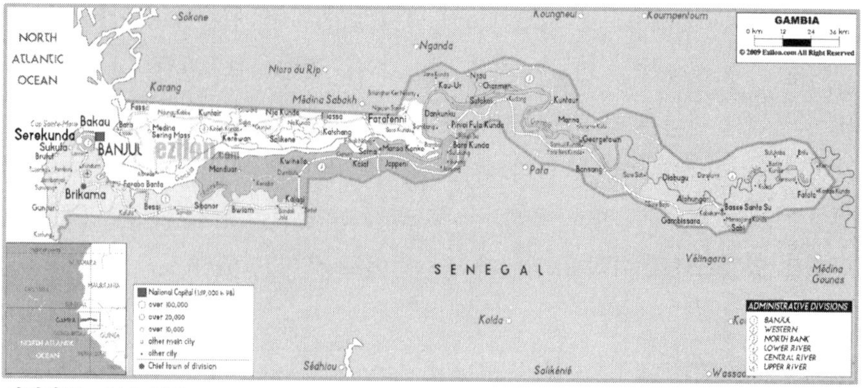

감비아(Gambia) 지도

가 되었다가 1965년 독립된 영연방국가가 되었으며, 1970년에는 공화국(공식적으로는 감비아 공화국The Republic of Gambia)이 되었다.

감비아는 아프리카 본토에서 가장 작은 국가로 190만 명이 채 안 되는 인구를 지닌 가장 작은 국가이며 세네갈에 의해 삼 면이 둘러싸여 있다. 현재 수도는 반줄(Banjul)이다. 감비아에는 다양한 민족이 살고 있으며 그들의 언어와 전통을 고수하고 있다. 그 중에서도 만딩가 부족이 가장 크고 풀라, 졸라, 만자고, 그리고 비아눙카 부족 등이 그 뒤를 잇고 있다. 크리오 부족은 감비아에서는 가장 적은 소수 민족에 속하며 시에라리온 크리오 민족의 후손으로서 전통적으로 수도에 집중해 거주해 오고 있다.

영어는 감비아의 공식언어로 사용되고 있으며, 만딩카어, 올로프어, 풀라어, 세레어, 크리오어 및 다른 토착 언어들도 감비아에서 여전히 쓰이고 있다. 한편, 감비아의 지리상의 환경으로 인하여 서아프리카의 많은 지역에서 공식언어로 쓰이는 프랑스어에 대한 지식 또한 비교적 널리 퍼져 있다.

3. 가나

['ɡɑːnə]로 읽는다. 이전에 황금 해안(Gold Coast)으로 불렸던 국가이다. 공식적으로는 가나공화국으로 부른다. 기니만(the Gulf of Guinea)과 대서양을

따라 위치한 다민족 주권국가로 단일 대통령제 민주주의 국가이다. '가나'란 말은 니거-콩고어족에 속하는 만데어(Mande)로 '전사의 왕(Warrior King)'이란 뜻이다.

황금 해안으로 알려진 가나는 아샨티 왕국이 무너진 후 1874년 영국의 식민지가 되었다. 제1차 세계대전이 끝난 후 옛 독일 식민지였던 토골랜드(Togoland)의 서부가 영국의 위임통치령이 되어 영국의 통치를 받게 되었다. 1957년 골드 코스트는 오늘날의 명칭인 '가나'라는 국명으로 1960년 독립하여 가나공화국이 되었다.

가나에는 정부의 후원을 받는 11개의 언어가 쓰이고 있다. 그 중에서 4개는 아칸 민족언어군(아산테 트위어, 아쿠아펨 트위어, 음판체어 및 제마어)이고, 2개는 몰레-다가니 민족언어군(다가레어 및 다간리어)이다. 나머지 언어들은 에웨어, 당메어, 가어, 곤자어 및 카셈어이다. 영어는 가나의 공통어(lingua franca)로 널리 쓰이고 있다.

4. 카메룬

서아프리카의 많은 지역에서처럼 오늘날 카메룬(Cameroon)에 맨 처음 발을 디딘 이들은 포르투갈인이었다. 그 후 이 지역에서 유럽인과 미국인들의 노예무역이 성행하였다. 1884년에는 독일인들이 이 지역을 차지하여 한때 독일어가 공식언어로 쓰이기도 하였다. 독일의 보호령이었던 카메룬은 1919년 영국과 프랑스의 분할 통치하에 놓이게 되었고, 프랑스 통치하의 동부카메룬은 1960년에 독립, 영국령 북부는 나이지리아와 통합되었으며, 남부는 동부카메룬과 각각 통합되면서 1961년 연방공화국으로 탄생하였다. 1984년 오늘날과 같은 카메룬공화국이 되었다.

카메룬에는 200개나 되는 토착 언어가 있으나, 공식언어는 프랑스어와 영어로, 공식상의 기능을 갖는 대부분의 경우에는 프랑스어가, 그리고 소수이기는 하나 국제적인 의사소통의 중요성으로 인해 많은 이들이 영어를 사용하고 있다. 그러나 카메룬은 약 1300만 명의 인구를 가진 다언어 국가로 접촉언어(contact languages)가 매우 중요한 역할을 하고 있으며, 인구의 약 절반이 사용하는 카메룬 피진 영어(Cameroonian Pidgin English)가 가장 널리 쓰이고 있다. 최근 통계에 의하면 도시에 거주하는 영어 사용자의 70~80% 및 도시에 거주하는 프랑스어 사용자의 60%에 해당하는 인구가 카메룬 피진 영어를 익숙하게 사용하고 있다.

카메룬 영어의 음운론, 형태론 및 통사론은 서아프리카영어가 지닌 대부분의 특징을 공유하고 있다. 그 예로, 피진 영어의 영향은 not so? (피진어로는 no bi so?)라는 부가의문문에서도 잘 나타나고 있다. 한편, 다른 토착 부족언어에서 카메룬영어에 들어온 차용어 중에는 mbonga('넙치의 일종'), danshiki('일종의 내의'), ashu('일종의 밀가루 반죽')과 같은 어휘가 있다. 카메룬 피진어에서 들어온 것 중에는 foot('발, 다리, 바지의 한쪽 가랑이'), hear('이해하다'), skin('몸, 육체'), sweet('맛있는, 식욕을 돋우는')과 같은 어휘들이 있고, 영어 어휘에 끼친 프랑스어의 영향으로 인해 "Would you like some *odine*?"(프랑스어 표현: *bière ordinaire*) 및 "We made a nice *sorti*"(프랑스어 표현: *sortie* '여행 소풍'에서 온 말)와 같은 문장이 쓰이기도 한다.

5. 라이베리아

15세기 라이베리아(Liberia)에 맨 처음 들어온 유럽인은 포르투갈인이었다. 이들은 잉글랜드, 프랑스 및 네덜란드에서 온 무역상들에 의해 쫓겨났으며, 19세기에 이르러 미국의 대통령 제임스 먼로(James Monroe, 미국의 5대 대통령. 1758~1831)의 이름을 딴 먼로비아(Monrovia: 현재 라이베리아의 수도)에 미국의 식민지화의 도움으로 이전에 노예였던 아프리카인들을 위한 고국을 세워주기 위해 1822년 세워진 나라가 라이베리아가 되었으며 아프리카에서 가장 오래된 공화국이다.

1만 3500명의 흑인 미국인들이 50년에 걸쳐 라이베리아로 이주하였고 해상에서 다시 붙잡힌 6천 명이 넘는 노예가 이곳에 정착하였다. 오늘날 자유로운 몸이 된 2만 명 또는 이들 노예의 후손들 중에서 전체 인구의 약 0.5%에 해당하는 인구(1996년 현재 전체 인구는 약 250만 명)만이 라이베리아 정부를 통치하고 있다. 라이베리아 인구의 대부분은 피진 영어를 제2언어로 사용하고 있으며 아프리카-미국 토착영어(African-American Vernacular English)와 강한 유대감을 가지고 있는 것으로 알려지고 있다.

오늘날 라이베리아는 아프리카 국가 중에서 미국영어를 표준영어로 받아들인 유일한 나라로 흑인들이 영어를 모국어로도 쓰는 유일한 나라이기도 하다. 이것을 표준 라이베리아영어(Standard Liberian English)라고도 한다. 이렇게 된 데에는 몇 가지 이유가 있다. 우선, 19세기에 아프리카 출신 미국계 흑인 조상들이 라이베리아로 이주하면서 이들이 사용한 언어가 표준 라이베리아영어가 되었는데 이 영어 변종은 아프리카계 미국 흑인의 토착영어로 라이베리아에 이식된 변종이 되었다. 다음으로는 미국의 루이지애나, 렉싱턴, 블런츠빌과 같은 고립된 정착지에서 가장 두드러지게 쓰인 영어로 이곳에 살던 흑인들이 라이베리아로 들어오면서 이 영어 변종을 그들의 제1언어로 사용한 것이다.

라이베리아영어는 서아프리카의 다른 국가들에게서 나타나는 영어의 특징을 어느 정도 공유하고 있으나, 미국에서 쓰이는 흑인영어(Black English)와 여러 면에서 유사한 특징을 지니고 있다. [r]을 발음하지 않는다든가, [hw]와 [w]를 구분하여 발음한다든가 하는 것이다. 마찰음인 [Θ]와 [ð]는 어두에서 각각 [t] 및 [d]로 발음하는데, 어말에 오면 각각 [f]와 [v] (예: bathe [bev])로 발음된다. 모음 사이에 와서 뒤에 강세가 오는 [t]는 미국영어에서처럼 유성음으로 발음한다. 어말에 오는 [t], [d]는 생략하는 경향이 있으나 반드시 그런 것은 아니다.

라이베리아 영어와 미국영어의 연관성은 모음체계에서 두드러지게 나타난다. [i/-ɪ], [u-ʊ]와 같은 대립에서 엿볼 수 있듯이 긴장-이완음(tense-lax)의 대립이 두 언어 사이에 전반적으로 잘 보존되어 있기 때문이다.

6. 나이지리아

나이지리아(Nigeria)는 영어를 공식언어로 채택한 서아프리카 6개국 중의 하나이다. 나머지 5개국은 위에 서술한 시에라리온, 감비아, 가나, 카메룬, 라이베리아 등이다. 나이지리아가 영어를 공식언어로 채택한 데에는 이들 나라의 식민지 시절 영어가 식민지 언어로 쓰이게 된 역사와 이들 지역에서의 영어의 역할을 무시할 수 없다. 세계 다른 지역에서와 마찬가지로 이 나라들은 독립을 얻게 되었을 때 식민지 강국의 언어 선택 문제로 시간을 허비하지 않기로 결정하고, 그 결과 영어가 다언어 국가인 서아프리카 국가에서 중립적인 위상을 유지하는 한편 공통어로서의 기능을 지니고 쓰이게 되는 주요 원인을 제공하면서 영국 식민지 세력의 가장 강력한 유산이 되기에 이르렀다.

나이지리아가 유럽인들과 맨 처음 접촉한 것은 15세기와 16세기에 포르투갈인과 영국의 노예 사냥꾼들이었다. 1860년 영국인들이 라고스(Lagos)에 무역기지를 세우기는 했으나 나이지리아는 1914년까지는 공식적으로 영국의 식민지가 되지 않았다. 영국은 1861년 반노예 무역 캠페인이 진행되는 동안 라고스를 점령하고 점차 내륙으로 점령지를 확장해 나갔다. 1914년 영국이 나이지리아 북부 및 남부의 보호령을 하나로 통합함에 따라 나이지리아는 1960년 독립국가가 되었으며, 1963년에는 나이지리아 공화국이 되었다.

나이지리아의 식민지 시절 영국은 식민지 행정에 의해 북부 지역에 학교를 세우고 표준영국영어 발음을 구사하는 영어 교사들을 이곳에 파견하였다. 이와는 달리 1842년 초기에 남부 지역에 온 영어 교사들은 전통적으로 선교사들로서 그들의 주된 관심은 표준영어보다는 복음을 전파하고 가르치는 일이었다. 북부 지역은 무슬림교인들이 거주하는 곳으로 선교사들의 유입이 허용되지 않아 뒤늦게 학교를 받아들였다. 나이지리아 북부와 남부 지역의 영어가 다르게 쓰이고 서로 다른 영어 변종이 생기게 된 데에는 이런 역사가 포함되어 있다.

오늘날 나이지리아에서는 200개에서 400개로 추산되는 토착 언어가 있는데, 이 언어들을 세 그룹으로 나누면 동부 지역의 이그보어(Ibo), 북부 지역의 하우사어(Hausa), 및 서부 지역의 요루바어(Yoruba)로 나누어진다. 이들 세 언어 중에서 하나 이상의 언어를 구사하는 나이지리아인의 수는 많지 않으며, 어느 하나도 나이지리아의 공식 언어가 되지 못하였다. 이런 이유로 해서 영어는 나이지리아의 공식언어로 쓰이고 있다. 영어는 나이지리아의 정부는 물론, 상업, 교육, 언론 등 모든 분야에서 쓰이며, 10개의 일간 신문이 영어로 발행되고 있다. 고등 교육을 받은 이들이 사용하는 영어는 공통어로서의 역할을 수행하기도 한다. 그뿐만 아니라, 중요한 문학 작품은 예외없이 영어로 발간되고 있다. 그러나 나이지리아는 표준이 되는 나이지리아영어를 어느 것으로 할 것인지는 결정하지 못하고 있으나 대체로 미국영어보다는 영국표준발음을 선호하는 쪽이 더 강하다.

서아프리카영어에 나타나는 대부분의 언어적 특징은 영어 사용자의 교육 정도와 토착언어 사용 유무에 따라 변이형이 있기는 하나 나이지리아에서 쓰이는 영어에도 그대로 적용된다. 가령, 하우사어를 사용하는 이들은 하우사어에 음소 /p/가 없기 때문에 영어의 /p/와 /f/를 구분하지 못한다. 또한 /Θ/와 /ð/는 예측한 대로 [t]와 [d], 또는 [s]와 [z]로 바꿔 발음하는 일이 흔하다.

나이지리아 토착언어 대부분은 성조언어(tone languages)로, 영어 강세를 발음하는데 영향을 끼친다. 나이지리아영어는 다른 많은 영어의 변종과 마찬가지로 기능어(전치사, 대명사, 조동사 등)의 약형(weak forms)이 없다. 형태 및 통사적인 측면에서 나이지리아영어는 관사를 생략 또는 잘못 사용하고, 동사의 시제표시 생략, 불가산명사(money, peace, etc.)의 복수형 표시 및 전치사의 잘못 사용 등, 여러 면에서 영어를 모국어로 쓰는 이들의 영어와 많은 차이를 드러낸다. 이 중에서 전치사 표현이 잘못 사용된 전형적인 예로 'to be in the office'(근무 중)이라는 표현은 to be on seat로, 'to associate with'(교제하다)는 'to move with'와 같이 토착인의 언어표현을 빌어다가 표현한다.

나이지리아 토착 언어에서 나이지리아영어에 들어온 수많은 차용어 중에는 *danfo*('무모한 기사가 운전하는 소형 버스'), *buka*('값싼 음식을 파는 도로상의 식당')와 같은 어휘들도 있다. 그뿐만 아니라, 나이지리아영어에는 번역차용어(loan translations)가 많이 쓰이고 있는데, 특히 요루바어에서 들어온 것들이 많다. 그 예로, *You're enjoying.*이라는 인사말은 요루바어인 *Eku igbadun* 'I greet you as you enjoy yourself.'에서 온 말이다. 또한 이미 쓰이고 있는 영어 표현의 의미를 확장하여 쓰는 경우도 있다. *fellow*라는 어휘는 미국영어에서는 구어적으로 *guys*라는 뜻인데 나이지리아영어에서는 '남녀 불문하고 누구든지'라는 의미로 쓰인다. *globe*란 어휘는 '전등', *cup*은 '음료용 컵', 그리고 *drop*이란 말은 '승객이 최소한의 요금으로 택시로 이동하는 가장 먼 거리'를 뜻하는 의미로 쓰인다.

동부 아프리카

동아프리카 지역은 16세기부터 영국의 상선들이 찾아오던 곳이었으나 본격적으로 탐험이 시작된 것은 1850년대에 이르러 비로소 리빙스턴(David Livingstone, 1813~1873), 스피크(John H. Speke, 1827~1864), 및 리처드 버튼(Richard Francis Burton, 1821~1890)과 같은 영국인 탐험가들에 의해서였다. 1884년 북부 소말리아의 좁은 해안 지역이 영국의 지배하에 놓이게 되었는데, 영국의 보호령이 된 북부 지역은 아라비아 반도에 위치한 아덴만의 영국 식민지와 정면으로 반대편에 위치한 곳이었다.

영국은 이들 지역을 확보하면서 영국령 인도로 통하는 수문장 역할을 할 수 있게 되었다. 1888년에는 제국 동아프리카 회사가 설립되었으며 그 결과 다른 유럽 국가들과의 식민지 경쟁에도 불구하고 일련의 식민지 보호령이 설립되었다. 1890년 이탈리아는 에리트리아(Eritrea: 아프리카 북동부의 홍해에 면한 소국)의 지역 추장에게서 작은 항구 마을 아셉(Asseb)을 사들이면서 에리트리아 전체를 식민지화하였다.

동부 아프리카

1895년 이탈리아인들은 소말리아와 에리트리아에 기지를 두고 에티오피아 제국에 대항하여 첫 번째 전쟁을 벌였으나 이탈리아가 패하고 에티오피아는 독립을 유지할 수 있었다. 그 후 1936년 에티오피아와의 2차 전투에서 이탈리아가 승리를 거두면서 에티오피아는 동아프리카 지역의 이탈리아 식민지가 되었다. 그러나 이탈리아의 에티오피아 점령은 제

2차 세계대전 중인 1941년에 종식되었다.

동아프리카의 북부지역 곧 아프리카의 곶(Horn of Africa: 초승달 모양의 한쪽 끝)에서는 암하라어(Amharic: 에티오피아의 공식언어), 오러모어(Oromo), 티그리냐어(Tigrinya: 에티오피아 북부의 셈계 언어), 및 소말리어(소말리 부족의 언어)를 포함하는 아시아-아프리카계통의 언어들이 지배적으로 쓰인다. 아프리카의 그레이트 레이크(Great Lakes) 지역에서는 키쿠유어(Kikyyu: 케냐의 키쿠유족의 언어. 반투어계에 속함), 루안다-룬디어(Ruanda-Rundi: Rwanda-Rundi로도 씀. 반투어계에 속함), 룬야키타라어(Runyakitara), 그리고 루간다어(Ruganda)가 가장 널리 쓰이고 있다. 이보다 적은 인구이기는 하나 나일-사하라어 계통에 속하는 언어들, 즉 칼렌지어(Kalenjin), 및 마사이어(Maasai)와 같은 언어 또한 동아프리카 지역에서 쓰인다. 스와힐리어는 그레이트 레이크 지역에서 적어도 8천만이나 되는 인구가 제1 또는 제2언어로 사용하는 중요한 무역영어로 탄자니아, 케냐 및 우간다에서는 공식적인 지위를 누리고 있다. 영어, 포르투갈어 및 이보다는 정도가 덜한 프랑스어와 같은 유럽의 언어들은 오늘날에도 동아프리카 지역의 규모가 큰 국가에서 고등교육기관의 중요한 언어로 쓰이고 있다.

오러모어
오러모 부족의 제1언어로 에티오피아와 이웃한 민족 및 북부 케냐의 일부지역에서 쓰임.

다음에 영국 식민지의 역사를 간직한 주요 6개 국가에 대해 설명하겠다. 이들 국가는 한때 영국의 식민지로 영국의 보호령 또는 자치령이었으며, 오늘날에도 영어를 공식 언어로 사용하고 있는 나라들이다.

1. 케냐

케냐(Kenya)의 정식 명칭은 케냐공화국이다. 케냐는 1920년부터 영국의 식민지였으며 1952~1960년 사이에 영국령 케냐에서 일어난 키쿠유 부족이 주축이 된 일단의 그룹이 일으킨 이른바 마우 마우 봉기(Mau Mau Uprising)가 일어난 후 1963년에 독립국이 되었다. 그리하여 영어는 케냐의 공식언어로 쓰여 왔으나 1974년 스와힐리어로 대체되었다. 그럼에도 불구하고 오늘날 영어는 여전히 약 2800만 명의 인구가 사용하는 중요한 언어로 스와힐리어와 함께 공식언어로 쓰이고 있다.

2. 탄자니아

탄자니아(Tanzania)는 이전의 잔지바르(Zanzibar: 잔지바르 연합공화국의 섬)와 탕가니카(Tanganyika)로 이루어진 국가이다. 잔지바르는 1890년 영국의 보호령이 되었으며, 1996년 통계상으로 2700만 명이 넘는 인구를 지닌 나라로, 영어는 스와힐리어와 함께 이 나라의 공식언어로 쓰이다가 1967년에 이르러 스와힐리어가 유일하게 공식 언어로 선포되어 오늘에 이르고 있다. 그럼에도 불구하고 영어는 여전히 이 나라의 중요한 언어로 쓰이고 있다.

탕가니카
인도양과 빅토리아 호수의 아프리카 그레이트 레이크 사이에 위치하고, 이전에 독일령 동아프리카 지역이었던 공화국(1962~1964)으로 1961년 영국에서 독립.

3. 우간다

우간다(Uganda)는 1893년 영국의 보호령이 되었다가 1962년에 영국으로부터 독립하였으나 영연방의 회원국 지위는 그대로 유지하고 있다. 우간다의 인구는 2013년에 집계한 인구통계로는 3700만 명이 넘는다.

우간다에는 오늘날 40개 가량의 서로 다른 언어가 쓰이고 있는데, 이들 언어는 반투어계인 니제르-콩고어계(Niger-Congo) 및 나일-사하라어계(Nilo-Saharan)의 두 언어그

니제르-콩고어계
아프리카 중앙부, 서부, 남부에 걸쳐 널리 분포하는 어족.

나일-사하라어계
사하라사막에서 케냐, 탄자니아에 걸쳐 분포되어 있는 중앙 수단계통의 언어군.

룹으로 나누어진다.

우간다는 독립 후 공식언어로 영어를 사용해 왔으며, 이른바 우간다 영어(Ugandan English)는 영국표준영어와 달리 지역에서 쓰이는 변종 영어를 지칭한다. 우간다는 모든 초중등학교와 대학에서 영어를 가르치도록 법으로 규정하고 있으나 영어를 말하지 못하는 인구는 전체 인구의 72%에 달하고, 그나마 영어를 어느 정도 사용할 줄 아는 인구는 22%에 불과하며, 적어도 영어를 유창하게 구사하는 인구는 6%에 지나지 않는다.

영어는 2005년 헌법이 개정되기 전까지는 우간다의 유일한 공식 영어였으나 아프리카의 그레이트 레이크 지역을 통해 광범위하게 사용되고 있는 스와힐리어는 2005년에 우간다의 제2언어가 되는 공식 국어로 승인되었다. 스와힐리어는 반투어를 사용하는 남부 및 남서부에 거주하는 우간다인들에게 호의적이지는 않았으나 북부 지역에서는 중요한 공통어로 사용되고 있다.

4. 말라위

1859년 영국의 선교사이며 탐험가인 데이비드 리빙스턴이 말라위 호수에 이르러 이곳이 유럽인들의 정착하기에 알맞은 지역으로 호수 남쪽에 있는 셔고원지대(Shire Highlands)임을 확인하였다. 리빙스턴의 탐험이 있은 후 1860년대와 1870년대에 영국 국교회와 장로교의 선교사들에 의한 선교활동이 이곳에서 시작되었으며, 1878년에는 무역과 수송회사를 설립하여 선교활동에 더욱 박차를 가하게 되었다. 그리하여 1876년 블랜타이어(Blantyre)에 소규모의 선교단체와 무역 정착지가 세워졌고, 1883년 영국 영사가 말라위에 주재하게 되었다.

> **말라위 호수**
> 당시에는 니아사 호수Nyasa Lake로 불림.
>
> **블랜타이어**
> 2015년 현재 말라위의 금융, 상업의 중심지로 인구 백만 명이 넘는 제2의 도시. 말라위의 상업도시로 불림.

1889년에는 오늘날의 말라위 전체를 포함하여 셔 고원지대에 대한 영국의 보호령이 선포되어 1891년까지 연장되었는데, 이것은 영국의 중앙 아프리카 보호령에 해당하는 것이었다. 1907년 보호령은 니아살랜드(Nyasaland)로 개칭되었는데, 영국의 통치하에 있던 시기의 나머지 영국 지배하의 영토를 지속적으로 통치하기 위한 조치였다.

영국 우표(1889년 발행)

1964년 말라위(이전에는 니아살랜드 Nyasaland로 불림)는 영국에서 독립하여 새로운 명칭인 말라위로 개칭하였다. 공식명칭은 말라위 공화국으로 1600만 명이 조금 넘는 인구(2013년 현재)를 가진 말라위는 영어와 체와어(Chewa)를 공식언어로 사용하고 있다.

체와어
말라위, 잠비아, 로디지아에 거주하는 흑인인 체와족의 언어로 치체와어Chichewa라고도 함. 반투어계의 하나임.

5. 잠비아

이전에 북부 로데시아(Northern Rodesia)였던 잠비아(Zambia)는 맨 처음 영국의 남아프리카회사가 행정적으로 다스리다가 1924년에 영국의 보호령이 되었다. 원래 이 나라는 오래 전 코이산어계(Khoisans)에 속하는 언어를 사용한 민족(호텐토트, 부시맨 등)이 거주하던 곳이었으나 13세기에 반투족(Bantu)의 확장으로 식민지화하였다. 18세기에 접어들면서 유럽의 탐험가들이 이곳을 탐험하게 되자 잠비아는 19세기 말에 이르러 북부 로데시아가 영국의 보호령이 되었고 식민지 시기의 대부분을 영국계 아프리카회사의 권고로 런던에서 임명된 행정가들의 지배를 받게 되었다. 잠비아는 1964년 영국으로부터 독립하였다.

잠비아의 공식언어는 영어로 공식적인 국가사업이나 행사를 수행

반투족
반투어계에 속한 민족. 스와힐리어를 사용한 민족도 반투어족에 속함.

빅토리아 호수의 잠비아 쪽에 세워진 리빙스턴의 동상

하기 위해 쓰이고 있으며 학교에서 사용하는 교수 매체이기도 하다. 한편, 지역 언어로 주요하게 쓰이는 언어로는 특히 수도 루사카(Lusaka)에서는 니안자어(Nyanja) 다음으로 벰바어(Bemba)가 쓰이고 있다. 잠비아와 자아레의 국경지대가 중심이 되어 형성된 구리산출지대 즉 코퍼벨트(Copperbelt)에서는 벰바어가 주요 언어로, 니안자어는 그 다음으로 많이 사용되고 있다. 이 두 주요 언어는 잠비아에서 흔히 사용되는 다른 토착 언어들과 함께 도시 지역에서 사용되고 있다. 이밖에 포르투갈어를 사용하는 앙골라인의 공동체로 인하여 포르투갈어가 학교의 교과과정에 포함되어 있다. 프랑스어는 사립학교에서 쓰이며 중등학교에서는 선택과목으로 사용된다.

6. 짐바브웨

짐바브웨의 공식 명칭은 짐바브웨 공화국으로 1980년 로디지아를 개칭하여 흑인 국가로서 영국에서 독립한 나라이다. '짐바브웨'란 말은 짐바브웨공화국 남동부에 있는 10~18세기에 번영한 흑인 국가의 거대한 석조 건축 유적군을 가리키며 반투어계에 속하는 쇼나어(Shona)로 '거대한 돌집'(large houses of stone)이란 뜻이다.

이전에 남부 로디지아(1898)와 짐바브웨 로디지아(1979)로 알려진 '짐바브웨'라는 명칭이 기록상 국가를 나타내는 명칭으로 맨 처음 사용된 것은 1960년이었다. 흑인 민족주의자인 마이클 마웨마(Michael Mawema)가 이끄는 짐바브웨 국민당이 1961년 처음으로 짐바브웨를 공식국가 명칭으로 사용하였다. '로디지아'란 명칭은 19세기 후반 짐바브웨를 영국의 식민지로 삼은 세실 로즈(Cecil Rhodes, 1853~1902) 총독의 이름에서 유래한 것이다. 세실 로즈 영국 총독은 1890년대를 지나는 동안 영국 남아프리카회사를 통해 처음으로 현재 영토의 경계를 정하였고, 남부 로디지아는 1923년 자치 정부를 가진 영국의 식민지가 되었다.

거대석조건축(짐바브웨)

짐바브웨는 다양한 민족으로 이루어지고 대략 1300만 명의 인구를 가진 나라로서 영어를 포함하여 쇼나어(Shona), 신데벨레어(Sindebele) 등, 16개의 공식언어가 쓰이고 있다. 그 중에서 영어는 교육과 사법제도에 쓰이는 주요 언어에 속한다. 그러나 반투어계에 속하는 쇼나어 및 신데벨레어는 짐바브웨의 중요한 토착 언어들로 전자는 인구의 70%, 후자는 20%가 사용하고 있다. 전체 인구의 2.5%에도 미치지 못하는 인구, 주로 백인과 소수 유색인종은 영어를 그들의 모국어로 여기며 사용하고 있다. 영어는 주로 도시에서 쓰이며 지방에서는 흔하게 쓰이지 않는다. 오늘날 라디오 및 텔레비전 뉴스에서 쓰이는 언어는 영어를 비롯하여 쇼나어 및 신데벨레어가 함께 쓰이고 있는 실정이다.

동아프리카에서 쓰이고 있는 영어의 유형은 서아프리카에서 쓰이는 영어의 유형과는 차이가 있다. 상당수의 고도로 숙련된 사람들이 그곳에 정착하였기 때문이다. 또한 상당수 백인계 아프리카인들이 그곳에서 태어나서 대체로 전문직에 종사해 왔기 때문이다. 이 지역에 있는 학교에서는 20세기로 접어들면서 원래 영국을 떠나 이곳에 정착한 영국의 선교사들의 의해 전해진 영국영어의 유형을 강화하는 한편, 영국적인 영어 모델을 가르쳤다. 그리하여 동아프리카에서 발전한 모국어로서 영어의 다양한 유형은 남아프리카, 호주 및 뉴질랜드에서 쓰인 영어의 유형에 한층 더 가까운 영어가 되었다. 이러한 현상은 식자율(識者率)에서 보면 영어가 동아프리카에 확립될 때까지 그리 큰 문제가 되지는 않았다. 앞에서 언급한 동아프리카 국가 중에서 4개국(우간다, 말라위, 잠비아, 짐바브웨)에서는 영어가 공식언어로 쓰이고 교육 분야의 중요한 언어로 쓰이고 있기 때문이다. 흥미로운 것은 케냐, 탄자니아 및 우간다에서는 스와힐리어가 아프리카의 확립된 공식언어이나, 영어 또한 이들 나라의 공식언어 또는 중요한 언어로 쓰이고 있다는 점이다.

남부 아프리카

아프리카 남부 지역에 속한 몇 개의 나라 중에서 남아프리카(South Africa)의 영어와 문화에 관해서 설명하려고 한다. 남아프리카는 공식적으로는 남아프리카 공화국(Republic of South Africa, RSA)으로 지칭하며 흔히 '남아공'으로도 불리고 있다. 북쪽으로 나미비아, 보츠와나 및 짐바브웨와 접경을 이루고, 동쪽으로는 모잠비크 및 스와질랜드와 접경을 마주하는 한편, 영토 내에 레소토 왕국을 둘러싸고 있으며, 남대서양과 인도양을 따라 이어지는 2798킬로미터의 남부 아프리카 해안선 남쪽에 경계를 이루고 있는 나라이다.

남부 아프리카의 여러 주(provinces)

이 나라는 세계에서 24번째로 가장 많은 5300만여 명의 인구를 가진 나라이기도 하다. 남아프리카는 다양한 기원과 문화, 언어 및 종교가 공존하고 있는 나라이다. 인종도 다양해서 2011년 통계로 흑인 아프리카인이 79.2%, 백인 8.9%, 유색인종 8.9%, 인도인 또는 아시아인 2.5% 그리고 기타 인종 비율이 0.5% 등, 5개 유형의 인종 그룹으로 이루어져 있다.

오늘날 남아프리카(남아공)에는 아프리칸스어 및 영어를 포함하여 은데벨레어, 북부 소토어, 소토어, 스와지어, 츠와나어, 총가어, 벤다어, 코사어(Xhosa) 및 줄루어 등 11개의 공식언어가 있다. 사용언어의 수로 볼 때 남아프리카는 볼리비아 및 인도에 이어 세 번째로 많은 나라로 꼽힌다. 2011년의 통계에 의하면 이들 언어 중에서 제1언어로 가장 많이 쓰이는 언어로는 줄루어(22.7%), 코사어(16.0%) 그리고 아프리칸스어(13.5%)가 있다.

영어는 이 지역에서 상업과 과학의 언어로 중요하게 쓰이고 있음에도 전체 인구의 9.6%만이 제1언어로 사용하는 언어로 네 번째 언어에 속한다. 백인계 남아프리카인들의 상당수는 포르투갈어, 독일어 및 그리스어를 포함하여 유럽의 여러 언어들도 사용하고 있으며, 이 지역에 거주하는 아시아인들은 타밀어, 힌디어(북부 인도에서 널리 쓰이는 언어), 구자라티어, 우루두어, 텔레구어와 같은 아시아계통의 언어를 사용하고 있다.

남아프리카공화국이 세워진 것은 1961년이었는데 아프리칸스어와 영어만이 이 지역의 공식언어로 남아 쓰였다. 이러한 상황은 1994년 넬슨 만델라가 대통령으로 취임하여 새로운 남아프리카가 세워질 때까지 그대로 유지되었다. 1994년에 헌법이 제정되면서 영어와 아프리칸스어를 포함하여 11개 언어가 공식언어로 허용되기에 이르렀다.

아프리카의 다른 국가에 공통으로 나타나는 현상으로 남아프리카에서 쓰이고 있는 영어에도 몇 가지 유형이 있다. 그러나 다른 국가들과 다른 점은 영어가 약 4100만 명이나 되는 전체 인구 중에서 약 350만 명의 제1언어로 사용되고 있다는 점이다. 영어를 제1언어로 사용하고 있는 인종은 백인계가 170만 명, 인도계가 100만 명 그리고 50만 명 이상의 영어 사용인구에는 여러 인종이 섞여 있다.

그런데 이처럼 남아프리카에서 제1언어로 사용하는 영어라고 할지라도 인종에 따라 다른 변종이 존재한다. 이것을 크게 세 가지 부류로 나누어 보면, 우선 백인계 인종이 사용하는 백인계 남아프리카영어(White South African English, WSAE)가 있고, 다음으로 인도계 남아프리카인들이 사용하는 남아프리카 인도영어(South African Indian English, SAIE), 그리고 혼합 유색인종계 아프리카인이 사용하는 유색인종계 남아프리카영어(Coloured South African English, CSAE) 등이 있다.

영어의 모든 지역 방언(또는 변종)에 공통으로 나타나는 것이기는 하나 세 가지 영어유형은 표준화된 영어에서 토착 영어에 이르기까지 사회언어학상 하나로 연속해서 이어지는 특성을 보여준다. 즉, 백인계 아프리카인들이 사용하는 영어(WSAE)는 '보수적 - 수준급 - 극단적'으로 이어지는 연속선상에서 '교양 - 일반 - 세련되지 못한'이란 부분과 짝을 이루어 쓰이고 있다. 여기서 '보수적'이란 말은 영국영어의 표준영어발음인 '용인 발음'(RP: Received Pronunciation)을 구사하는 중상류층 영국계 백인들로서 남아프리카에 맨 처음 건너온 사람들이 사용한 영어를 의미한다. '수준급'이란 말은 지역표준어로 자리매김하면서 대학 강사, 일반 교사 및 각 분야의 전문가들의 의해 쓰이는 영어를 말한다. '극단적'이란 말은 '세련되지 못한'이란 말과 짝을 이루는 것으로 경제적으로 하위층에 속하는 이들이 쓰는 영어로 남아프리카의 제2언어인 아프리칸스 영어(Afrikaans English)와 많은 공통점을 지니고 있음을 뜻한다(Lass, 2002:104-26).

남아프리카에서 쓰이는 세 가지 유형의 영어 중에서 인도계 남아프리카인들이 사용하는 영어(ISAE)는 특히 흥미롭다. 남아프리카에 인도인들이 맨 처음 이주한 것은 1860년이었다. 이들은 나탈 지역에 정착한 영국인들이 운영하는 농장에서 일하기 위해 남아프리카에 들어온 인도의 최하층인 노동자들이었다. 따라서 이것에 온 인도인들 중에서 영어를 아는 이들은 극소수에 지나지 않았다. 그러나 시간이 지남에 따라 영어는 점차 이들의 제1언어가 되었으며,

1960년대와 1970년대에 이르게 되면서 영어는 인도계 학교 어린이들 대부분이 배우는 제1언어가 되기에 이르렀다.

인도계 남아프리카영어가 이처럼 확고한 지위를 가지고 쓰이게 된 데에는 몇 가지 언어상의 특징이 있다. 우선, 1948년부터 1990년대 초까지 계속된 흑인에 대한 인종차별정책, 즉 '아파르트헤이트'로 인해 인도계 어린이들이 제1언어로 영어 악센트를 구사하는 영어 사용자들로부터 멀어지게 되었다는 점이다. 둘째로, 인도계 남아프리카영어(ISAE)는 인도인들의 고국인 인도에서 쓰이는 인도영어(Indian English)와 공통점이 많은 반면, 앞에서 서술한 남아프리카 지역에 특이하게 나타나는 '사회언어적인 연속선'상에서 주로 작용하면서 한층 더 교육적인 형태는 물론 매우 구어적인 형태도 아울러 지니며 쓰이고 있다는 차이점도 지니고 있다. '상층어(acrolect) - 중층어(mesolect) - 하층어(basilect)'라는 개념으로 '사회언어학상의 연속선'을 설명하면 교육을 받은 이들이라면 이 연속선상에 있는 언어의 여러 층(層, layer)을 상황에 맞게 자유롭게 넘나들면서 다양한 영어를 구사할 수 있어야 한다는 것이다. 다음에 구체적인 예를 들어 보기로 한다(cf. Mesthrie, 2002:339-55).

아내가 영어 교사인 남편에게 가게에서 치즈를 사왔는지를 묻는 말에 하층 또는 중층어에 속하는 영어로 주제화(topicalisation)를 사용하여 'a lot of' 대신에 'lot'을 써서 다음과 같은 대화를 진행한다. 아래 대화에서 주제(topic)는 'a lot butter'가 된다.

아내: 여보, 치즈 사왔어요? (You bought cheese, Farouk?)
남편: 아니, 하지만 버터는 많이 샀어요. (No, but a lot butter I bought.)

위에 예로 든 대화 이외에 하층어에 속하는 표현으로는 다음과 같은 것들이 있다. 문법에는 맞지 않으나 의미상의 소통은 이루어진다.

1. He came there isn't? ("isn't it"에서 'it'가 생략됨)
2. I finish eat (I've finished eating 이 옳는 표현임)
3. I like children must learn our mother tongue (I'd like our children to

…가 옳은 표현임)

4. But it'll come, but too late (이중 접속사로 '강조' 표현)

포르투갈인 항해가 바톨로뮤 디아스(Bartholomeu Dias)가 남아프리카 최남단에 위치한 희망봉 곶(1488)에 도착한 최초의 유럽인이 된 이후 수세기가 지난 17세기에 네덜란드인에 의해 설립된 동인도회사가 남아프리카에 조직화된 정착을 시작하였다. 19세기가 시작될 무렵 대영제국이 희망봉 곶 지역을 장악한 이후 상당수 네덜란드인들은 대영제국의 지배를 받는 대신 북부로 집단 이주하여 트란스발 및 오렌지 자유 공화국 등 두 개의 공화국을 건설하였으며, 이 두 공화국은 후에 영국에 합병되었다.

영국은 네덜란드계 남아프리카 이주자, 즉 보어인(Boers)과의 전쟁에서 승리함으로서 1910년 남아프리카연합체를 결성하고 희망봉 식민지, 나탈, 트란스발 및 오렌지 자유공화국을 합병하였다. 1961년의 국민투표 이후 이 연합체

바톨로뮤 디아스와 희망봉

보어인과의 전쟁(Boer War, 1899~1902)

는 남아프리카공화국이 되었고 영연방에서 물러났다.

오늘날 남아프리카인들은 2개 언어 또는 2개 이상의 언어를 사용하며 제2(또는 제3)의 언어로 영어를 쓰고 있다. 그뿐만 아니라 영어는 상업과 교육의 언어로 자리매김하고 있으므로 영어를 모국어로 쓰는 이들이 생각하는 것보다 훨씬 더 영향력이 크다. 실제로 남아프리카에서 쓰이는 영어는 남아프리카의 인종차별정책 이후 공식언어로 제안되어 오늘에 이르고 있다.

다음에 남아프리카(공화국)에서 쓰이고 있는 영어에 관해 살펴보기로 한다.

우선, 남아프리카에서 쓰이는 영어발음의 모델은 영국영어의 표준발음인 용인 발음(RP)이다. 영어를 모국어로 사용하는 교육수준이 높은 상당수 원어민이 구사하는 악센트는 사실상 용인 발음과 일치한다.

남아프리카 영어는 대체로 [r]을 발음하지 않으나(자음 앞에서 역사상의 [r]음이 상실됨), '침입의 [r]' 또는 '연결의 [r]'이 없는 것이 특징이다. [r]을 그대로 유지하는 환경에서는 흔히 마찰음 또는 단타음(tap)으로 발음된다. 유음 [l]은 남아프리카영어에서도 대체로 매우 분명하게 발음된다. /hw/-/w/ 사이의 발음구분(ex. while -wile)은 거의 하지 않는다. 그러나 남아프리카에도 미국영어의 영향으로 인해 영국표준발음의 [t]음이 강하게 발음되지 않는 경향이 있다. 또한, /p, t, k, tʃ/와 같은 발음의 경우 아프리칸스어의 영향으로 무기음(unaspiration)으로 발음되는 경향이 있고 유성 자음은 어말 위치에 오면 모두 무성 자음으로 발음되어 led - let와 같은 어휘는 모두 [let]으로 발음되는 경향을 보이고 있다.

남아프리카에서 쓰이는 영어의 특징은 호주 및 뉴질랜드 영어에서와 같이 원래 이완모음(lax vowels)을 한 단계 위로 올리고 긴장음으로 발음하는데 있다. 이것은 특히 전설모음 및 /æ/에 더욱 두드러지게 나타난다. 전설 중모음 /ɛ/는 흔히 [e]로 상승하여 발음되고 /æ/는 [ɛ]와 모음의 높이가 같아져서 발음된다. 따라서, 미국영어를 사용하는 이들에게는 fed는 마치 fade를 발음하는 것처럼 들리고 fad는 fed처럼 들린다.

강세를 받지 않을 때 쓰이는 중설모음 [ə]는 호주영어 및 뉴질랜드 영어에서처럼 wretched, postage의 어말 자음에서 알 수 있듯이, /ɪ/로 발음되는 다른 영어 유형이 나타나는 음성 환경에서도 정상적으로 발음한다. 그러나 남아프리카 영어의 경우 /ɪ/와 /ə/의 음소 구분은 뉴질랜드 영어에서 알 수 있듯이 어느 정도 분명하지 않다. 강세 음절에서는 /ɪ/음이 한 단계 상승한 [i]음에 거의 가까운 소리가 연구개 자음 다음에, 그리고 어두 위치와 /h/음 다음에 와서 발음된다. 그 밖의 경우에는 [ə]음 비슷한 /ɪ/의 변이음이 쓰인다. 가령, kiss - miss와 같은 쌍은 kiss[kis] - miss[məs]로 발음되어 서로 운(韻)이 맞지 않는다. 남아프리카 영어는 대체로 이중모음을 단모음으로 발음하려는 경향을 띠고 있다. 특히 /e/ 및 /o/음에서 두드러지게 나타난다. 한편, bath 및 dance에 나오는 모음은 혀의 뒷 부분 깊숙한 곳에서, 그리고 입술을 약간 동그랗게 한 [ɑ] 음으로 발음한다.

남아프리카에서 교육을 받은 지식층이 구사하는 남아프리카 영어의 어형과 문장 표현은 영국의 교육받은 지식층이 구사하는 영국영어의 그것과 본질적으로 똑같다. 한편, 타동사 다음에 오는 명사구를 생략하는 경우가 많다. Did he take? Have you put?과 같은 문장 표현이 좋은 예이다. 또한 부가의문문은 어떤 경우에도 한결같이 is it?을 붙이는 것이 흔하게 쓰이는 것이 남아프리카 영어의 특징이다. 예: He's working late today, - Oh, is it? (cf. Trudgill and Hannah 1985). 목적어가 없는 with가 쓰이기도 한다. 예: Have you bought anything for them to take with?

무엇보다도 남아프리카 영어에 가장 두드러지게 나타나는 특징은 아프리칸스어 및 아프리카에서 쓰이는 여러 언어(주로 반투어계)에서 들어온 상당수의 차용어(loan words)라고 할 수 있다. 많은 어휘가 이들 언어에서 남아프리카 영어에 들어와 쓰였는데, 그 중에서 몇 가지만 예로 들어보기로 한다. 아프리칸스어에서 들어온 많은 수의 차용어 중에서는 *aandblom* 'evening flower', *grysbok* 'a small antelope', *vry* 'to caress', *ouma* 'granny', *dikkop* 'blockhead', *melktert* 'a kind of custard pie'와 같은 특이한 철자를 갖는 어

새로운 오두막을 짓는 코이코이족

휘들이 있다. 다음으로 아프리카 남서부에 거주한 원주민 코이코이족(Khoikhoi /kɔɪ kɔɪ/로 발음. 후에 네덜란드 이주자들이 이들을 호텐토트족 Hottentots으로 개칭함)으로부터 들어온 것으로는 *gogga* 'insect'가 있고, 줄루어에서 차용한 것으로는 *ongololo* 'millepede'와 같은 것들이 있다.

아프리카의 광대한 자연은 유럽의 자연과는 비교도 되지 않은 정도로 특이하면서도 웅장하다. 아프리카에서 쓰이는 많은 언어에는 이처럼 대자연과 관련된 어휘가 많다. 영어는 이처럼 아프리카의 대자연과 다양한 문화현상을 수용하여 차용한 어휘가 많다. 남아프리카영어에도 예외가 아니어서 몇 가지 예를 들면 *mabela* '남아프리카 원산인 옥수수의 일종(ground kaffir corn)', *mopani* '테레빈 나무(turpentine tree)', *nyala* '덩치가 큰 영양(a large antelope)', *daba* (grass) '오두막집을 엮는데 쓰이는 거친 풀(coarse grass for thatching huts)', *lobola* '가축과 아내를 맞바꾸기 위한 수단(means of acquiring a wife by an exchange for cattle)'과 같은 것들이 있다.

Suggested Readings

Asante, M. (2007) *The History of Africa*, Routledge.

Bokamba, E. G. (1992) The Africanization of English, In Kachru, ed. *The Other Tongue: English across Cultures*. University of Illinois Press, 125-147.

Cheshire, J. ed. (1991) *English around the World*, New York: Cambridge University Press.

Lass, R. (2002) South African English. In R. Mesthyie (ed.) *English in South Africa*. Cambridge: Cambridge University Press, 104-26.

Svartvik, J. & G. Leech (2006) *English: One Tongue, Many Voices*, New York: Palgrave Macmillan.

Trudgill, P. and Hannah, J. (1985) *International English: A Guide to Varieties of Standard English.* London: Edward Arnold. [4th ed., 2002]

Questions to Consider

1. 아프리카에서 영어가 쓰이는 지역을 분류하고, 이들 영어의 특징과 역사를 설명하시오.
2. 아프리카 문화가 지닌 전통과 그 특징을 설명하고, 아랍세계와 서구 문화의 영향에 대해 아는 대로 설명하시오.
3. 서부 아프리카영어를 사용하는 나라를 열거하고, 이들 나라의 영어 쓰이는 발음의 특징을 열거해 보시오.
4. 남아프리카공화국에서 쓰이는 영어에 대해 설명하고, 영국영어의 발음과 비교하여 설명해 보시오.
5. 남아프리카에서 인도계 남아프리카영어가 확고한 지위를 가지고 쓰이게 된 언어상의 특징은 무엇인지 설명하시오.

태평양권

하와이 Hawaii | 파푸아 뉴기니 Papua New Guinea | 피지 Fiji

태평양권역에 속하는 국가들로는 북태평양의 하와이를 비롯하여 오스트레일리아 북단과 인도네시아와 국경을 접하고 있는 파푸아 뉴기니 그리고 남태평양 서부 멜라네시아의 남동부에 위치한 피지 등, 세 나라가 있다. 여기서는 이들 세 나라에 국한하여 이들 나라의 역사와 문화, 언어 및 영어에 초점을 맞춰 살펴보기로 한다.

하와이

하와이어인 Hawai‘i는 원시 폴리네시아어인 *Sawaiki(‘조국, 고향homeland’을 뜻하는 재구형再構形)에서 유래한다. 하와이어의 동계어(cognates)는 마오리어(Hawaiki), 라로통가 섬의 언어(Avaiki) 및 사모아 섬의 언어(Savai’i)를 포함하여 다른 폴리네시아계의 언어에서도 나타나고 있다.

재구형
인도유럽어계에서 현재 없어진 어휘를 복원한 어형을 뜻함. (예: one의 재구형은 인구어로 oinos임.)

하와이 제도

역사

> **마케르사스 제도**
> /maːkeɪsæs/로 발음. 프랑스령 폴리네시아에 속하는 화산도.

고고학 연구성과의 의하면 하와이 제도에 맨 처음 사람이 살기 시작한 것은 기원후 300년경으로 추정하고 있다. 이 시기에 아마도 마케르사스 제도(Marquesas Islands)에 살던 폴리네시아계 민족이 하와이로 이주한 것으로 알려지고 있다. 이렇게 해서 형성된 하와이 거주민의 인구는 느리게 그러나 서서히 증가하여 하와이 전체에 퍼져 나갔다. 고대 시기의 하와이는 오늘날 인도의 카스트 제도와 마찬가지로 계급제도(caste)에 기반을 둔 사회였다.

1778년 영국의 탐험가인 제임스 쿡 선장이 유럽의 탐험가들과 함께 처음으로 하와이를 방문하여 후원자인 샌드위치 백작 존 몬태규(John Montagu)를 기념하여 샌드위치 제도라고 명명하였다. 쿡 선장은 하와이 제도의 위치를 책으로 펴내면서 하와이어로 오우히(Owyhee)라는 명칭을 붙였다. 이 철자는 오늘날 미국의 아이다호 주(미국 북서쪽에 위치하며 1890년 미국의 43번째 주로 편입)에 있는 오우히 카운티에 남아 있다.

쿡 선장이 하와이 제도를 다녀간 후 그의 항해에 관련된 여러 권의 책이 발간되면서 유럽의 탐험가들과 무역상을 비롯하여 포경업자들까지 하와이를 방문하여 항구의 편리함과 물류자원 보급로의 중요성을 알게 되었다. 초기 영국이 끼친 영향력은 하와이를 상징하는 기(旗)의 왼쪽 맨 위에 있는 영국을 상징하는 유니언 잭(Union Jack)에서 알 수 있다. 한편, 하와이를 방문하는 이들은 한때 고립되었던 이 섬에 인플루엔자, 천연두, 홍역과 같은 전염병을 들여와서 하와이 인구의 감소를 초래하기도 하였다. 1820년에 이르러 질병과 기근 그리고 추장들 간에 일어난 싸움으로 인해 하와이 원주민 인구의 절반 이상이 없어졌다. 1850년대에는 홍역이 만연하여 하와이 인구의 5분의 1이 사라졌다.

하와이의 역사 기록에 의하면 가장 초기에 하와이로 이주해온 중국인은 광동 지역에서였다. 소수의 중국인 선원들은 쿡 선장의 탐험대와 함께 1778년

하와이 왕국을 통치한 최후의 군주, 릴리우오칼라니 여왕

하와이에 들어왔고 1789년에는 미국인 무역상과 함께 더 많은 중국인이 하와이에 도착했는데 이곳에 온 미국인 무역상은 18세기 말 이곳에 정착하였다.

폴리네시아 민족이 하와이에 정착한 후 오랫동안 부족 간에 권력 싸움이 있어 왔으나 1795년 부족간 전쟁이 일단락되면서 카메하메하 1세(King Kamehameha, the Great)로 알려진 단일 통치자가 모든 하와이 제도를 통치하기에 이르렀다. 카메하메하 2세가 1819년 왕위를 이어받은 후 하와이에 들어온 미국인 개신교 선교사들이 하와이인들을 기독교도로 개종시켰다. 이 섬에서 최초의 기독교도인 왕은 카메하메하 3세였다.

1893년 릴리우오칼라니 여왕(Queen Liliuokalani)이 즉위하면서 새로운 헌법 개정을 시도한 것이 계기가 되어 전복(顚覆)되고 임시 정부가 들어서면서 후에 공화국이 되었다. 1897년 매킨리(William McKinley, 1843~1901: 25대 미국 대통령)에 의해 합병조약이 체결되고 1900년에 준주(準州)가 되었으며 제2차 세계대전이 끝난 뒤 1959년 알래스카에 이어 미국의 50번째 주(州)가 되어 오늘에 이르고 있다.

인종과 민족

2010년 미국의 인구통계에 의하면 하와이 인구는 130만 명이 넘는다. 이 중에서 38.6%는 아시아계, 24.7%는 백인계(22.7%는 히스패닉계가 아닌 백인계), 23.6%는 둘 또는 그 이상의 인종으로 구성되어 있고, 10.0%는 하와이 원주민 및 다른 태평양 섬의 원주민, 8.9%는 히스패닉계와 라틴계, 1.6%는 흑인 또는 아프리카계 미국인, 1.2%는 다른 인종, 그리고 0.3%만이 아메리카 원주민 및 알래스카 원주민 등, 복합적으로 구성되어 있다. 하와이 인구 중에서는 아시아계 미국인과 다인종 미국인이 가장 많은 비율을 차지한 반면, 백인계 미국인은 비율이 가장 낮다.

하와이에 정착한 유럽계 후손 중에서는 독일인(7.4%), 아일랜드인(5.2%), 영국인(4.6%), 포르투갈인(4.3%) 및 이탈리아인(2.7%)이 가장 큰 비중을 차지하고 있다. 하와이에 이주한 외국인 중 세 번째 그룹은 중국인들이었다. 노동자들이었던 중국인들은 1789년 서부무역선을 타고 이곳에 정착하였다. 1820년에 미국 선교사들이 최초로 이곳에 와서 기독교를 전파하고 하와이인들에게 서양 문물과 사고방식을 가르쳤다. 2015년 현재 하와이 인구의 상당수는 아시아계 특히, 필리핀, 일본 및 중국계 후손들이다. 이들의 선조들은 19세기 중엽 하와이의 사탕수수 농장에서 일하기 위해 건너온 사람들이었다. 19세기 말에는 포르투갈인과 푸에르토리코인들도 이곳으로 건너와 사탕수수 농장에서 일하기도 하였다.

언어

영어(General American)와 하와이어(Hawaiian)는 하와이에서 쓰이는 공식 언어이다. 하와이 크리올영어(Hawai‘i Creole English)라는 것이 있는데 지역적으로는 ‘피진’(Pidgin)이라고 부르며 하와이 원주민들의 토착어이며 상당수 주민의 제2언어로 쓰이고 있다. 하와이에 거주하는 5세 이상 인구의 74.6%는 가정에서 오직 영어만을 사용한다는 통계가 나와 있다. 그러나 인종에 따라 영어 이외에 아시아계통의 언어를 사용하거나, 스페인어 또는 다른 인도유럽어계통의 언어(독일어, 이탈리아어 등)을 사용하기도 한다.

영어 다음으로 하와이에서 널리 쓰이는 언어로는 타갈로그어(Tagalog: 필리핀의 공용어. 말레이-폴리네시아어계에 속함), 일본어 및 일로카노어(Ilokano:

필리핀 루손 섬에 거주하는 종족이 사용하는 언어)가 있다. 유럽에서 이주해 온 이민자들과 그 후손들의 상당수는 그들의 모국어를 사용하는데, 독일어, 포르투갈어, 이탈리아어 및 프랑스어를 사용하는 인구 수가 가장 많다. 이밖에 중국어, 하와이어, 스페인어, 사모아어 및 한국어를 사용하는 인구도 1.01~1.68%에 걸쳐 퍼져 있다.

하와이어를 사용하는 인구는 하와이 전체 인구의 0.1%가 채 못 되는 약 2천 명의 원주민 화자가 있다. 하와이어는 오스트로네시아(Austronesian) 어족에 속하는 폴리네시아어계로 마르케사스어(Marquesan), 타히티어, 마오리어, 라파 누이어(Rapa Nui)가 이 어계에 가장 가깝고 사모아어 및 통가어(Tongan)는 폴리네시아어계와 덜 가까운 관계에 있다. 마르케사스인들은 기원후 약 300년에 마르케사스 군도를 식민지화하였으며 후에 소시에테 제도(Society Islands), 사모아 및 통가에서 선원들이 물밀듯이 들어왔다. 이들 폴리네시아인들은 이 제도에 그대로 정착하였으며 이들이 사용한 언어는 진화하여 결국 하와이어가 되었다.

라파 누이어
이스터 섬Easter Islands의 원 지명. 남동 태평양에 있는 칠레령 작은 섬.

통가어
통가는 남태평양 피지Fiji의 동쪽에 있는 여러 섬을 지칭하며 이곳에서 사용하는 언어. 통가의 공식 명칭은 통가 왕국Kingdom of Tonga임.

소시에테 제도
남태평양의 프랑스령 폴리네시아에 속하는 제도諸島. 가장 큰 섬이 타히티임. 프랑스어 명칭은 Îles de la Société임.

쿡 선장이 하와이에 오기 전, 하와이어는 서체형(written form)을 가지고 있지 못하였다. 이 서체형은 주로 1820~26년 사이에 미국 개신교계 선교사들에 의해 개발되었으며 라틴어 알파벳에서 문자를 가져다가 하와이어의 음소를 만들었다. 하와이어에서는 장모음과 단모음을 구분하고 있는데, 실제 발음에서는 장모음은 문자 위에 장음 부호를 표시하여 발음한다(예: *kahakō*). 또한, 성문파열음(glottal plosive)을 자음으로 사용하고 있다(예: *'okina*). 앞의 예에서 단어의 왼쪽 위쪽에 홑따옴표(')를 붙여 사용한 것이 성문파열음을 나타내는 표시이다.

하와이에서 쓰이는 언어 중에서 하와이 크리올 영어(Hawai'i Creole English: HCE)라는 것이 있다(cf. Sato, 1991:647-663). 이 크리올 영어는 하와이의 일부 주민들이 사용하는 언어로, 여기에 쓰이는 어휘는 주로 영어에서 가져 왔으나, 하와이어, 중국어, 일본어, 포르투갈어, 일로카노어 및 타갈로그어에서도 어휘를 가져다가 차용하였다. 19세기에 중국본 토와 일본, 포르투갈 그리고 스페인 특히 아조레스 제도(Azores: 포르투갈 먼 바다의 포르투갈령 섬들) 및 마데이라 제도(Madeira: 아프리카 북서안 먼 바다에 있는 포르투갈령 섬들)에서 하와이로 들어온 이민자들의 수가 증가하면서 영어 사용자들에게 '피진'으로 알려지게 된 혼합된 형태의 영어가 발달하게 되었다. 이렇게 해서 쓰이게 된 피진 영어는 20세기 초기에 이르러 이들 이민자들의 자녀들에게 전승되어 제1언어로 자리 잡았다.

하와이 크리올 영어를 사용하는 화자들은 영어 어휘의 의미를 그대로 사용하지 않고 수정해서 사용한다. 예컨대, 'aunty', 'uncle'과 같은 어휘의 경우 영어의 일반적인 의미와는 달리, 친구가 되는 어른을 지칭하는 의미로 쓰이거나 또는 웃어른에 대한 존경을 표하는데 사용하기도 한다. 문장의 구조와 문법에서도 일반 미극영어와는 전혀 다른 규칙을 따른다. 예를 들면 일반 미국영어에서 'it is hot today, isn't it?'이라는 표현 대신 하와이 크리올 영어에서는 간단히 'stay hot, eh?'이라고 표현한다.

아조레스 제도·마데이라 제도에서 하와이로 온 포르투갈 이민자들. 로마가톨릭교와 포르투갈어, 포르투갈 요리를 전래함.

하와이 크리올 영어가 지니는 몇 가지 특징을 정리해보면 다음과 같다(Sato, 1991:655).

(1) 일반 미국영어에서 강세가 오지 않는 모음이 약모음인 /ə/로 발음하는 대신 강모음 /u/의 음가를 그대로 지니고

발음한다.

예: today[tudeɪ].

(2) 일반 미국영어에서 /ð/로 발음하는 대신 /d/로 발음한다.

예: with[wɪd].

(3) 일반 미국영어에서 이중모음으로 발음하는 어휘를 단모음으로 발음한다.

예: low[lo].

(4) 일반 미국영어에서 /r/을 발음하는 것과 달리, /r/을 발음하지 않는다.

예: afternoon[ɑ:ftə nu:n].

파푸아 뉴기니

공식 명칭으로는 파푸아 뉴기니 독립국(Independent State of Papua New Guinea)이라고 한다. 파푸아 뉴기니(['pæpə njuː 'gɪniː]로 읽음)는 오스트레일리아 북단, 남서 태평양 지역에 있는 멜라네시아 주변의 여러 섬과 뉴기니 섬의 동반부(東半部)를 차지하는 오세아니아 국가로 환태평양 화산대에 있다. 동쪽으로는 솔로몬 제도, 서쪽으로는 인도네시아, 북서쪽으로는 필리핀, 남쪽으로는 토러스 해협을 사이에 두고 오스트레일리아와 마주하고 있다. 뉴기니의 서반구는 인도네시아령 파푸아 및 서부 파푸아의 여러 주(州)로 되어 있다.

'파푸아'와 '뉴기니'란 말이 합쳐져서 형성된 '파푸아 뉴기니'란 국가명칭은 파푸아 뉴기니가 독립하기 전 복잡하게 진행된 행정상의 역사에 기인한다.

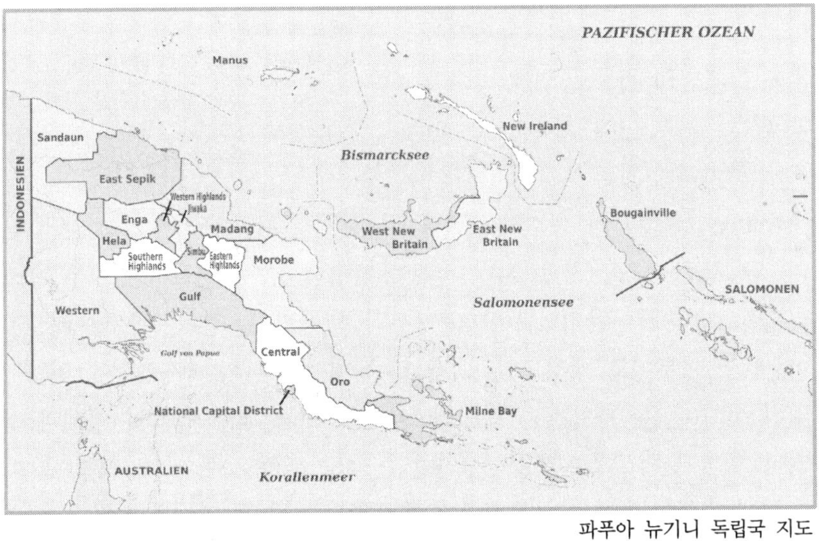

파푸아 뉴기니 독립국 지도

'파푸아'란 말은 '곱슬머리(frizzy hair)'라는 의미를 지닌 말레이어에서 유래한 것으로 알고 있으나 실제로는 기원이 확실치 않은 이 지방의 옛 어휘에서 유래한 것이다. '뉴기니'란 명칭은 스페인 탐험가인 오르티즈 데 레테즈(Yñigo Ortiz de Retez)가 1545년 아프리카 기니 해안의 주민과 유사한 점을 발견하고 붙인 이름이다. 그러나 어원상 '기니'(Guinea)는 포르투갈어인 Guiné에서 유래한다.

역사

파푸아 뉴기니에 인류가 맨 처음 도착한 것은 약 42,000~45,000년경이다. 기원전 7000년경 뉴기니 고지대에서 농업이 발달하여 사람들이 작물을 재배하게 되면서 세계에서 몇 안 되는 지역의 하나가 되었다. 뉴기니 해안지역에 오스트로네시아어(Austronesian: 말레이-폴리네시아어족에 속한 언어)를 사용하는 민족이 이주한 것은 기원전 약 500년경이었으며, 이들로 인해 뉴기니에 도기, 돼지 및 어업 기술이 전래(傳來)하였다. 18세기에는 포르투갈인 무역상에 의해 몰르카 제도(Moluccas)에 들어온 감자가 뉴기니 섬에 들어와서 후에 뉴기니의 전통 농업에 변화가 생겼으며 이로 인해 고지대에는 인구가 증가하였다.

> **몰르카 제도**
> 셀레베스Celebes 섬과 뉴기니 섬 사이에 있고 Spice Islands란 별칭을 지님. 인도네시아어로 말루쿠Maluku[mɑːlúːkuː]임.

1885년 뉴기니 섬 동부의 북쪽은 독일이, 남쪽은 영국이 각각 분리 점령하여 식민지로 다스렸고, 1904년 파푸아 법령이 공포되면서 독일령은 오스트레일리아 연방에 이관되었다. 1905년부터 영국령 뉴기니는 오스트레일리아에 이관되어 파푸아로 개칭되었다. 제1차 세계대전 이후 국제연맹에 의해 옛 독일령 뉴기니에는 대표를 허락하였으나 파푸아는 법령에 묶여 영국의 소유로 되어 있었으며 오스트레일리아연방의 국외 영토로도 되어 있었다. 이것은 1975년 파푸아 뉴기니가 독립한 후에 사법제도에 큰 영향을 끼쳤다. 그리하여 옛 독일령 뉴기니와 파푸아의 차별화된 법적 상황은 두 지역이 각각 별개의 행정체제로 완전히 분리되었음을 보여주었다. 그러나 제2차 세계대전 이후 얼마 지나지 않아 파푸아 및 뉴기니는 하나로 합쳐져서 '파푸아 뉴기니'라는 명칭으로 부르게 되었으며, 파푸아 뉴기니는 1975년 70년간의 오스트레일리아 통치를 마감하고 마침내 파푸아 뉴기니 독립국이 되었다.

문화 및 종교

파푸아 뉴기니에는 1000개가 넘는 문화 집단이 있다. 이러한 문화의 다양성으로 인해 예술, 무용, 의상, 노래, 음악, 건축 등 다양한 유형의 문화적인 표현양식이 파푸아 뉴기니의 여러 곳에서 존재하고 있다. 이처럼 다양한 문화양식을 표현하는 문화 집단은 그들 자신의 고유 언어를 지니고 있다. 일부 지역에서는 식생활 보충과 균형을 위해 사냥과 야생 식물(예: 열대지방산 마과인 얌 뿌리)을 채집하기도 한다.

고지대에 사는 이들은 지역 특색인 '싱싱'(sing sings)이라고 하는 화려한 지역 의식을 치른다. 이들은 몸에 화려한 색을 칠하고 깃털과 진주 및 동물의 가죽으로 분장하여 새와 나무 그리고 산의 정기(精氣)를 나타낸다. 때로는 음악과 함께 전설이 된 전투와 같은 중요한 사건을 재현하기도 한다.

남부 고지대에 사는 분장한 원주민

파푸아 뉴기니에서 빼놓을 수 없는 문화의 하나로 가장 대중적인 스포츠인 럭비리그는 생사의 문제가 달린 부족 간의 전투를 대신하여 발달해온 한 방법으로 진화하였다. 이 밖에도 오스트레일리아 규칙을 따르는 축구(football), 연합축구, 럭비연합이 있고 동부 파푸아에서는 크리켓이 인기 있는 종목으로 대중의 관심이 높다.

파푸아 뉴기니는 헌법상 표현의 자유를 보장하고 있으며 96%의 주민이 기독교도로 알려지고 있으나, 원시적인 토속 종교의 뿌리도 많이 남아 있어서 조상 숭배, 정령(精靈) 숭배 의식을 치르는 종교집단도 산재해 있다.

파푸아 뉴기니에는 7000개가 넘는 부족별 토착 언어와 함께 다른 어떤 나라보다도 많은 언어가 쓰이고 있는데, 토착 언어를 사용하는 인구는 대부분 1000명을 넘지 못한다. 이 중에서 가장 널리 쓰이는 토착 언어는 엥가어(Enga)로, 약 20만 명의 화자가 있고 멜파어(Melpa) 및 훌리어(Huli)가 그 뒤를 이어 사용되고 있다. 앞의 사진은 훌리어를 사용하는 고산 지대 원주민이 분장한 모습이다.

파푸아 뉴기니에서 사용되는 공식언어는 영어, 수화언어(sign language: 손짓, 몸짓으로 하는 언어), 톡 피진어(Tok Pisin) 그리고 히리 모투어(Hiri Motu)가 있다. 이 중에서 1981년 이후 공식언어로 쓰인 파푸아 뉴기니 피진어(Papua New Guinea Pidgin) 일명 톡 피진어에 관해 살펴보기로 한다.

파푸아 뉴기니에서 가장 널리 쓰이는 공식언어 중의 하나인 톡 피진어는 영어로는 /tɒk ˈpɪsɪn/ 또는 /tɒk ˈpɪzɪn/으로 발음하며 영어의 *talk pidgin*에서 유래한다. 파푸아 뉴기니에서 쓰이는 700개가 넘는 토착 언어 중에서 톡 피진어는 단일 언어로는 100만 명이 넘는 인구가 가장 많이 사용하는 단일 언어로, 라디오와 텔레비전에서 쓰이며 주간 신문 *Wantok*에도 쓰이고 있다. 현재 이 언어는 파푸아 뉴기니에서 모국어로 쓰이며 '피진어'라기보다는 오히려 하나의 크리올어(a creole)가 되었다. 그럼에도 피진어라는 명칭은

"Work on road, cars must stop if you see the red sign."이란 뜻의 톡 피진어

> **주간 신문 *Wantok***
> '하나의 언어'one language를 뜻하는 *one talk*에서 유래함.

아직 그대로 사용하고 있다.

*Wantok*이란 명칭은 친척이나 한 언어를 함께 공유하는 친족(남녀)을 뜻하는 멜라네시아 피진어의 표현이다. 다음에 소개한 내용은 〈그림〉에서 엿볼 수 있듯이 이 신문의 1994년 4월 14일자에 실린 기사의 일부이다. 톡 피진어의 이해를 돕기 위해 톡 피진어 밑에 영어로 쓰고 현대영어문법에 맞는 표현으로 옮긴 것이다. 영어 어휘에 알맞은 표현이 없을 경우에는 이탤릭체로 표기하였다(Sebba, 1997:20). 뉴기니에서 쓰인 톡 피진어는 19세기 말 남태평양의 사모아 섬에 들어온 독일인 소유의 농장에서 쓰인 피진어에서 유래한다.

WANTOK

NIUSPEPA BILONG OL PAPUA NIUGINI STRET

INSAIT

Ol senis long wok bilong skul long Enga no go gut

CRC bil laikim senis long provinsal gavman

Meri Krismas

ikam long Ela Motors Yamaha

YAMAHA

Ela Motors

파푸아 뉴기니에서 발행되는 톡 피진어로 쓴 신문 ***Wantok***
(Mark Sebba, 1997:19에서 인용함)

Ol	**meri**	**gat**	**bikpela**	**wari**	**yet**
all	*women*	got	big-fellow	worry	yet

(Women still have big worries)

HELT	**na**	**envairomen**	**em**	**ol**	**bikpela**	**samting**	**ol**
health	*and*	environment	him	all	big-fellow	something	all

meri	**long**	**kantri**	**tude**	**i**	**gat**	**bikpela**	**wari**	**long**	**en**
women	along	country	today	he	got	big-fellow	worry	along	him

(Health and environment are two of the major things which women in th country today have big concerns about.)

Long	**dispela**	**wik,**	**moa**	**long**	**40**	**meri**	**bilong**
along	this-fellow	week,	more	along	40	woman	belong

Milen	**Be**	**provins**	**i**	**bung**	**long**	**wanpela**	**woksop**
Milne	Bay	Province	he	meet	along	one-fellow	workshop

long	**Alotau**
along	Alotau

(This week, more than 40 women from Milne Bay Province are meeting in a workshop at Alotau

bilong	**toktok**	**long**	**hevi**	**bilong**	**helt**	**na**	**envairomen**
belong	talk-talk	along	heavy	belong	health	and	environment

long	**ol**	**liklik**	**ailan**	**na**	**provins**
along	all	little	island	and	province

in order to talk about the difficulties of health and environment in the small islands and provinces.)

톡 피진어는 신약성서를 번역한 2000개가 넘는 언어 중의 하나이다. 다음에 톡 피진어로 번역한 신약성서(마태복음 17:1-4)의 일부를 소개한다(Svartvik & Leech, 2006:187). 내용의 이해를 돕기 위해 톡 피진어로 번역된 내용 다음에 현대영어를 붙이기로 한다.

Na 6-pela de i go pinis, na Jisas i kisim Pita na Jems wantaim brata bilong en Jon, na em i bringim ol i goap long wanpela maunten em i antap moa. Na ol tasol i stap. Na bodi bilong Jisas em i senis long ai bilong ol, na em i kamap narakain. Na pes bilong en em i lait olsem san, na laplap samting bilong en em i kamap waitpela olsem lait. Na Moses wantaim Ilaija tupela i kamap na ol i lukim tupela i toktok wantaim Jisas. Pita i lukim dispela na i tokim Jisas, i spik, 'Bikpela, mipela i stap hia. em i gutpela. Sapos yu laik, orait mi ken wokim tripela haus hia. Wanpela bilong yu, na wanpela bilong Moses, na wanpela Ilaija.'

Six days later, jesus took with him Peter and James and his brother John and led them up a high mountain, by themselves. And he was transfigured before them, and his face shone like the sun, and his clothes became dazzling white. Suddently there appeared to them Moses and Elijah talking with him. Then Peter said to Jesus, 'Lord, it is good for us to be here, if you wish. I will make three dwellings here, one for you, one for Moses, and one for Elijah.'

주석

- *em* 'he, him'; *mi* 'I, me'; *ol* (from all) 'they, them'; *na* 'and'; *orait* 'all right'; *sapos yu laik* (from suppose you like) 'if you wish;
- *-pela* (영어 fellow에서 가져옴). *wanpela* (one + fellow 'a, one'; *gutpela* (good + fellow) 'good'; *bikpela* (big + fellow) 'the Lord'; *naispela haus* 'a nice house', *wanpela meri* (meri > marry) 'a woman'
- 어미 *-im*은 타동사를 만든다. *wok* 'work'; *wokim tripela haus* 'make three huts'
- *bilong* (< belong)은 소유를 지칭하며 *bodi bilong Jusas* 'jesus body'에서 속격(genitive)에 해당한다. 이 단어는 여러 가지 방법으로 결합한다. *pul bilong kanu* ('pull of canoe') 'paddle of a canoe'; *pul bilong pisin* ('pull of bird') 'bird's feather'; *pul bilong pis*('pull of fish') 'fish fin'.

피지

남태평양상의 멜라네시아 군도에 있는 피지(Fiji, [ˈfɪːʤiː]로 읽음)는 뉴질랜드 북섬의 북동쪽에 위치하고 있는 섬나라로 공식 명칭은 피지 공화국(Republic of Fiji)이다. 피지 섬에서 가장 가까운 이웃들로는 서쪽으로 바누아투(Vanuatu), 남서쪽으로는 뉴칼레도니아, 남동쪽으로는 뉴질랜드 북섬의 남동쪽 남태평양에 있는 활 모양의 아열대 섬인 커마덱 군도(Kermadec [kəˈmædɛk] islands)가 있다. 동쪽에는 통가, 북동쪽으로는 월리스-푸투나 제도(Wallis and Futuna Islands)가 있고, 북쪽에는 투발루

월리스-푸투나 제도
남서태평양의 피지와 사모아 사이의 2개의 섬으로 이루어진 프랑스 해외 영토.

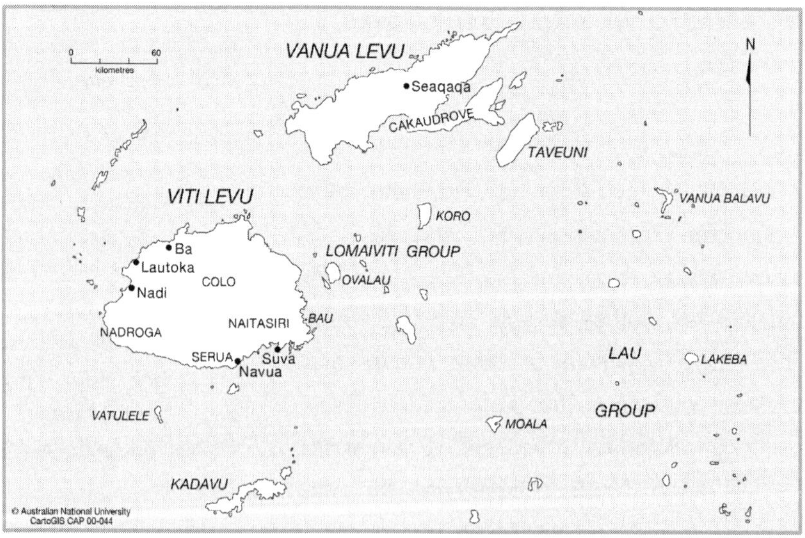

피지 군도

가 있다.

피지는 332개가 넘는 섬으로 이루어진 열도(列島)로, 이 중에서 110개의 섬에는 사람이 거주하고 있다. 두 개의 본섬은 비티 레부(Viti Levu) 섬과 바누아 레부(Vanua Levu) 섬으로 피지 전체 인구의 87%가 두 섬에 살고 있으며 수도인 수바(Suva)는 비티 레부 섬에 있다. 피지인의 약 3/4에 해당하는 인구가 비티 레부 섬의 해안을 따라 거주하고 있다. 이 섬의 안쪽으로는 지형상 자연적인 특성으로 인해 거주 인구가 희박하다.

역사

피지인의 마을 곳곳에서 출토된 도자기 파편은 기원전 3500년경에서 1000년까지 피지에 인간이 정착하고 있었음을 고고학적으로 보여주고 있다. 폴리네시아인들의 선조가 맨 처음 피지 열도에 정착한 것으로 알려져 있으나 멜라네시아인들이 도착한 후에 무슨 일이 일어났는지에 대해서는 알려지지 않고 있다. 아마 이들은 새로운 문화의 영향을 받았을 것이다. 고고학상의 증거에 의하면 이들은 사모아, 통가 그리고 하와이까지 이동했을 것으로 추정하고 있다. 피지에서 제조된 항아리는 사모아 및 마르케사스 군도에서도 발견되고 있다.

피지에 맨 처음 유럽인에 의한 정착이 이루어진 것은 서쪽에서 온 무역상과 이주민들의 항해에 의해서였다. 피지의 문화는 서태평양의 멜라네시아 문화와 매우 흡사하나 이보다 더 오래된 폴리네시아 문화와는 한층 더 강한 연관성을 지니고 있다. 피지의 역사는 정착의 역사이면서 또한 이동의 역사이기도 하다. 수세기에 걸쳐 피지에는 독특한 피지 문화가 발전해 내려왔는데, 전투를 벌이는 부족들 간의 끊임없는 전투와 식인풍습이 만연하고 이러한 현상은 부족들 일상사의 한 부분이 되었다. 이런 식인풍습의 생활양식으로 인해 유럽 선원들은 피지 해역 근처에 머물렀으며, 피지에 카니발 제도(Cannibal Isles)라는 명칭을 부여하기도 하였다. 이로 인해 피지는 오랫동안 세상에 알려지지

아벨 타스만(네덜란드 항해사)

않았다. 오늘날 피지인들은 당시에 성행하였던 독특한 문화가 성행하던 시기를 '악마의 시기'(time of the devil)로 간주하고 있다.

1643년 네덜란드인 탐험가 아벨 타스만(Abel Tasman, 1603~1659)이 남쪽의 큰 대륙을 찾기 위해 항해하던 중에 피지를 발견한 것이 계기가 되어 19세기에 유럽인들이 이 섬에 들어와 영구 정착하였다. 피지에 들어온 최초의 유럽인 이주자들은 부두 부랑자, 선교사, 포경선원 그리고 당시 큰 인기를 끌었던 백단(아시아산으로 공예품이나 향의 재료로 쓰임)과 해삼 무역에 종사한 이들이었다.

1874년 영국은 피지 군도 전체를 식민지로 삼았으며 피지의 첫 번째 총독이 된 아서 해밀튼-고든(Arthur Hamilton-Gordon)이 원주민의 노동력 사용을 금지하고 그들의 문화나 생활방식에 간섭하지 않는 정책을 채택함에 따라 사탕수수농장에서 일할 인도계 계약노동자들을 피지 섬에 데려왔다. 1875~76년에는 피지에 널리 퍼진 전염병인 홍역으로 인해 피지 인구의 3분의 1에 해당하는 4만 명이 넘는 피지인이 목숨을 잃었다. 1942년의 피지 인구는 대략 21만 명이었으며 이 중에서 9만 4000명이 인도계, 10만여 명이 원주민 피지인, 2000명이 중국인 그리고 5000명이 유럽인들이었다.

피지는 1970년 영국으로부터 독립하여 영연방의 일원이 되었다. 그 후 여러 번의 쿠데타로 불안한 정국이 계속되었으며 1987년 피지공화국을 선포하고 영연방에서 탈퇴하였으나 1997년에 영연방에 복귀하였다.

문화와 종교

1996년에 나온 센서스에 의하면 원주민인 피지인 중에서 40%가 기독교인이다. 인도계 피지인 중에서는 대부분 힌두교 또는 무슬림교를 믿으며 이 중의 소수에 해당하는 인구가 기독교인이다. 기독교인 중에서는 감리교도가 가장 많은 수를 차지하며 로마가톨릭, 힌두교, 무슬림교, 시크교 등이 있다.

피지의 문화는 원주민인 피지인, 인도계 피지인, 아시아 및 유럽의 전통이 서로 아우러져 풍부한 모자이크를 이루고 있는 문화이다. 여기에는 사회 체제, 언어, 음식, 의상, 신앙체계, 건축, 예술, 공예, 음악, 무용 및 스포츠 등이 모두 망라되어 있다. 토착 피지인의 문화와 전통은 매우 생생하면서도 활기가 넘치며 피지 인구 대부분의 일상생활에 중요한 구성요소를 차지하고 있다. 피지인의 사회는 지난 세기에 걸쳐 유럽과 피지 군도의 이웃 국가들에게서 받은 상당한 영향은 물론 인도인과 중국인의 전통이 도입되면서 진화해 왔다. 그리하여 피지의 다양한 문화가 함께 어우러지면서 독특한 다문화를 품은 국가의 정체성을 만들어 내게 되었다. 피지 문화는 1986년 캐나다 밴쿠버에서 세계 엑스포와 2010년 상하이 엑스포에서 태평양 연안의 다른 국가들과 함께 소개되었다.

피지 고산지대에 있는 나발라 마을의 오두막집

언어

피지어(Fijian)는 피지에서 쓰이는 말레이-폴리네시아어계에 속하는 오스트로네시아계 언어이다. 피지 인구의 절반이 채 못 되는 35만 명의 화자가 이 언어를 제1언어로, 또 다른 20만 명은 제2언어로 사용하고 있다. 피지는 1997년에 제정된 헌법을 통해 피지어를 영어 및 피지 힌디어(Fiji Hindi)와 함께 공식언어로 지정하였다. 피지어를 국어(國語, national language)로 할 것인지에 대해서는 논의가 계속되고 있다. 피지어는 VOS 언어이다.

피지 군도는 많은 방언이 발달하였는데, 동부지역의 방언인 동부 피지어와 서부지역의 방언인 서부 피지어 등, 크게 두 지역으로 나눌 수 있다. 동부 피지어는 바누아 레부, 비티 레부의 동쪽 절반 및 피지 군도에 속하는 작은 섬 대부분에서 쓰이고 있다. 1840년대에 피지 군도에 들어온 선교사들은 동부 방언, 즉 본 섬인 비티 레부의 남동 해안에서 떨어진 바우 섬의 언어인 바우어(Bauan)를 택하였으며 이것이 피지 언어의 표준서체어(Standard Written Fijian)가 되었다. 바우 섬은 피지의 왕으로 자칭하며 후에 결국 피지의 왕이 된 추장 카코바우(Cakobau)의 고향이었다. 서부 피지어는 서부 비티 레부 섬에서 쓰이는 방언으로 동부와 서부 피지어는 서로 소통이 되지 않는다.

피지에서 쓰이는 또 하나의 주요 언어는 피지 힌두스타니어(Fijjian Hindustani)로 19세기에 피지를 지배한 영국인들이 사탕수수 재배를 위해 인도에서 들여온 노동자들의 후손에 의해 사용되어온 언어이다. 이 언어에 독특하게 쓰이는 상당수 어휘는 인도계 피지인들이 현재 거주하고 있는 새로운 환경을 나타내기 위해 만들어진 것이다.

피지 힌두스타니어
피지 힌디어 또는 힌두스타니어는 북부 인도, 파키스탄에서 널리 쓰이는 언어. 이 언어의 변종이 인도에서 힌디어, 파키스탄에서 우루두어로 쓰임.

피지 영어

피지에서 쓰이는 영어는 정부, 비즈니스 및 교육에서 쓰이는 국어이며 피지의 다양한 민족이 사용하는 공통어(lingua franca)이기도 하다. 다양한 민족이란 토착 원주민인 피지 인들을 비롯하여 인도계 피지인, 중국인, 로투만 부족(Rotumans: 피지공화국의 일부인 작은 섬 로투마에 거주하는 토착민), 다른 태평양 섬에 거주하는 부족들 및 혼혈인종으로 이루어진 유럽인들을 가리킨다.

피지 영어(Fiji English)는 싱가포르 영어와 마찬가지로 비표준상의 언어적 특성을 지니고 있으며 성(sex), 나이, 인종, 사회경제적 집단 및 교육 정도에 따라 다양한 언어상의 차이를 나타낸다(Siegel, 1991:664-674). 피지영어의 예를 다음에 몇 가지만 소개하겠다.

1. 부정관사 a 대신에 one을 사용함.
I give you *one* slap. 'I'll give you *a* slap.'

2. 일인칭 양수 대명사 we 대신에 us two를 사용함.
what schoolbus *us two* go by today?
'What school bus will we go by today?'

3. 일인칭 복수 대명사 we 대신에 us gang을 사용함.
Us gang learning about the thing.
'We're learning about it.'

4. 3인칭 단수 대명사가 [+human]을 의미할 경우 he/she 대신에 남녀 구분 없이 fella를 사용함.
(a) *Fella* come, *fella* go inside.
'He came and went inside.'
(b) How Mary climb the tree, *fella* got hurt?
'How did Mary climb the tree if she was hurt?'

5. 3인칭 단수 대명사가 [-human]을 의미할 경우 it 대신에 thing 또는 the thing을 사용함.

Thing might get stuck.

'It might get stuck.' (예문 3 참조)

6. 계사(예; be 동사)없이 쓰임.

Some gang really studing.

'Some people are really studying.'

7. 단순 과거시제가 무표(unmarked)로 나타남.

The police catch him.

'The police caught him.'

8. 동사 앞에 오는 과거시제는 been)[bɪn])으로 나타냄.

He *been* swear.

'He swore.'

9. 동사 앞에서 미래시제는 gonna([gɔna])로 나타냄.

You call me and I *gonna* peep inside the door.

'You call me and I'll peep inside the door.'

10. 직접 인용은 go like this 또는 went like this로 나타냄.

The Chinese man *go like this*: 'Cheers to the Great Wall of China.'

Suggested Readings

Cheshire, J. ed. (1991) *English around the World: Sociolinguistic Perspectives*. New York: Cambridge University Press.

Kirkpatrick, A. (2007) *World Englishes*. Cambridge: Cambridge University Press.

Sato, C. (1991) Sociolinguistic variation and language attitudes in Hawaii. In J. Cheshire(1991), 647-663.

Siegel, J. (1991) Variation in Fiji English, In Cheshire(1991), 664-674.

Svartvik, J and G. Leech (2006) *English: One Tongue, Many Voices*. Palgrave Macmillan.

Questions to Consider

1. 하와이의 역사와 하와이에서 쓰이는 하와이어에 관해 설명하시오.
2. 하와이 크리올 영어에 대해 서술하고 그 특징을 요약해 보시오.
3. 파푸아 뉴기니가 형성된 역사를 서술하고, 이 지역의 문화와 종교에 관해 설명해 보시오.
4. 파푸아 뉴기에서 쓰이는 공식언어 중의 하나인 '톡 피진어'란 무엇인지 예를 들어 설명하시오.
5. 피지(Fiji)의 역사와 영연방과의 관계를 자료 중심으로 설명하고, 특히 이 지역의 독특한 모자이크 문화에 대해 서술해 보시오.

카리브해권

가이아나 Guyana | 버진 군도 Virgin Islands | 자메이카 Jamaica

바하마군도 Bahamas

카리브해는 북미, 중앙아메리카 및 남미라는 큰 땅덩어리 사이에 둥지를 튼 열대권에 속하며 대서양과 멕시코 만에 접한 바다이다. '카리브'라는 명칭은 콜럼버스가 북아메리카에 도착하기 오래 전부터 소안탈 제도에서 남미에 걸쳐 거주했던 카리브족의 이름에서 유래한다. 카리브해는 이 해역에 떠 있는 수많은 섬들을 통칭하는데, 이 섬들은 대안틸 제도 및 소안틸 제도로 나뉜다. 카리브 지역은 1492년 콜럼버스가 신대륙의 첫 번째 지역으로 발견한 이후 대항해시대에 스페인, 포르투갈, 영국, 프랑스 등 열강들의 식민지 쟁탈의 장이 되었고, 식민시대부터 유럽과 아메리카를 연결하는 해상교통의 요충지 역할을 하였다. 이 장에서는 카리브해권에서 쓰이는 카리브영어와 크리올어에 관해 살펴보고, 유일한 영어 사용국인 가이아나를 비롯하여 버진 군도, 자메이카 및 바하마군도에서 쓰이는 언어와 문화에 대해 서술하기로 한다.

역사와 언어

카리브 제도(諸島, Islands of the Caribbean)는 정치적으로는 19개의 작은 국가가 모여 이루어진 해역이다. 지리상으로는 플로리다 열도의 맨 위쪽으로부터 남아메리카의 본토에 이르는 천 마일이 넘는 지역에 걸쳐 북아메리카, 남아메리카 및 중앙아메리카 사이에 활 모양의 호(弧)를 그리며 광범위하게 뻗어 있다.

실제로 콜럼버스는 1492~98년의 긴 항해 끝에 북아메리카에 도달하지 못했으나 카리브 해역의 일부로 작은 섬들로 이루어진 바하마 군도에 도착하였다. 그는 그곳에서 영어가 쓰이는 많은 섬들을 알아냈다. 이 해역에서 가장 큰 섬에 속하는 쿠바와 히스파니올라(하이티와 도미니카 공화국)는 각각 스페인어권과 프랑스어권으로 남아 있으며 나머지 다른 섬 대부분은 결국 영국령이 되었다.

카리브 제도는 유럽의 주요 열강국(스페인, 포르투갈, 영국, 프랑스 및 네덜란드)가 카리브 해역의 여러 섬들을 점령하고 전쟁을 치르면서 식민지로 삼은

카리브해(서쪽으로는 멕시코의 유카탄 반도와 중앙아메리카, 북쪽으로는 쿠바에서 시작되는 대안틸 제도, 동쪽으로는 소안틸 제도, 남쪽으로는 남아메리카의 북부해안에 둘러싸인 해역)

혼란스럽고 복잡한 역사를 안고 있다. 이 지역을 식민지로 지배한 열강들은 대규모의 농장에서 일할 많은 노동력이 필요했으므로 16~18세기에 서아프리카에서 노예들을 강제로 데려왔다. 19세기에 노예제도가 폐지되면서 인도에서 계약 노동자들이 대거 이 지역에 들어와 정착하였다. 그리하여 카리브 제도에는 문화와 여러 언어가 섞이면서 생활과 전통이 매우 다양하고 풍요롭게 어울리는 환경이 되었다.

카리브 제도는 15세기부터 이 지역을 식민지로 지배했던 유럽 강국과의 관계 및 이 지역에서 사용되는 공식언어의 관점에서 대체로 4개의 언어사용권역으로 나누어진다.

1. 스페인어 사용권: 코스타리카, 쿠바, 콜럼비아, 도미니카 공화국, 과테말라, 혼두라스, 멕시코, 니카라과, 파나마, 푸에르토리코, 베네주 엘라.
2. 프랑스어 사용권: 과델루프, 하이티, 마티니크.
3. 네덜란드어 사용권: 아루바-보네르-쿠라사오 열도, 수리남.
4. 영어 사용권: 영국령 버진 군도, 트리니다드 토바고, 미국령 버진 군도, 바하마군도.

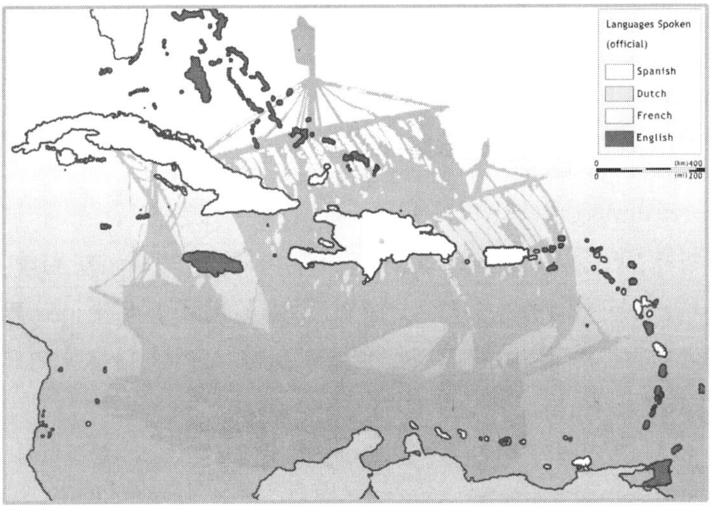

카리브해역에 흩어진 나라들. 진한 회색 표시가 영어 사용권 국가들

영어와 크리올어

카리브 제도에서 쓰이는 카리브영어는 카리브해에 흩어진 여러 소국가에서 일상적으로 쓰이는 방언을 가리키는 넓은 의미의 영어를 말하며 중앙아메리카와 가이아나(Guyana)의 카리브 연안에 있는 대부분의 나라는 이들 지역에서 쓰이는 영어에 바탕을 두고 생겨난 크리올어(Creole)의 영향을 받았으면서도 그 유형은 매우 다양하다. 그것은 이들 국가에서 쓰이는 크리올어가 17세기 영어와 아프리카의 여러 언어에 뿌리를 두고 있기 때문이다.

카리브 제도의 나라들 중 영어를 공식언어로 사용하는 인구는 약 550~60만 명이나 되는데, 여기에는 서인도 제도에 속하는 대안틸 제도그룹(Greater Antilles group) 밖에 있는 섬들의 대부분과 두 개의 본토 나라인 중앙아메리카의 벨리즈(Belize) 및 남아메리카의 가이아나가 포함된다. 벨리즈는 1981년 영국으로부터 독립한 나라로 공용어인 크리올 영어 이외에 스페인어도 함께 사용하고 있다. 가이아나는 원래 네덜란드의 식민지였으나 그 후 200년 이상 영국의 식민지 지배를 받았고 1966년 영국으로부터 독립하여 가이아나 공용공화국(Cooperative Republic of Guyana)으로 군주국이 되었다. 공식언어는 영어이나 일반 대중은 대부분 영어에 토대를 둔 크리올어를 사용하고 있다.

카리브영어의 언어적 특징

카리브해 지역의 여러 나라에서 쓰이는 표준영어는 통사적으로 다른 표준영어 방언들과 동일하다. 영국영어와 미국영어의 차이가 나타나는 경우 카리브영어는 영국영어 쪽으로 기울어져 있다. 미국령 버진 군도 및 푸에르토리코에서만이 미국영어의 모델을 따르고 있다. 그러나 다른 한편으로 문법에서는 상당한 차이를 드러낸다.

카리브영어의 어휘는 카리브 해역 밖에서는 널리 알려지지 않은 상당수의 어휘가 포함되어 있다. 화자들이 격식이 높은 방언과 중간층의 방언 사이에서

손쉽게 이동하면서 카리브영어를 사용하게 됨에 따라 표준 카리브영어에서 이처럼 풍부한 어휘자원을 이끌어내는 것이 지극히 자연스러운 일이 되어 왔다. 카리브 해역이 지닌 특수한 지역 어휘는 궁극적으로 두 가지 어휘자원에서 나온 것이다. 즉, 노예들이 카리브 해역으로 가져온 아프리카의 여러 언어들 그리고 영국과 아일랜드에서 초기에 이곳으로 이주해 온 이주민들이 사용한 비표준 지역 영어가 그것이다. 스코틀랜드에서 유래한 상당수의 크리올 어휘는 표준 카리브영어의 일부가 되었다. 그 예로는 *lick* 'to hit, strike', *dock* 'to cut the hair', *heap* 'a great deal'과 같은 것들이 있다. 아프리카에서 들어온 어휘자원은 직접차용보다는 번역차용(loan translation: calque)의 형태로 들어왔는데, *eye water* 'tears', *sweet mout* 'flatter', *hard ears* 'persistently disobedient, stubborn'과 같은 예들이 있다. 어휘를 중복 사용하는 예(*little little* 'very small')도 아프리카 언어에서 들어온 예에 속한다.

카리브영어는 발음에서 영미영어와 큰 차이를 나타내며 특히 격식이 높은 방언(상층어 acrolect)과 하위층 방언(하층어 basilect) 사이의 전이(轉移)가 두드러지게 나타난다. 카리브영어의 강세(stress)는 음절박자 중심의 강세로 발음하는데, 이런 경우 음도(pitch: 음의 높고 낮은 정도)가 어휘의 의미를 결정하는 역할을 한다. 가령, kyan을 높은 음조로 발음하면 긍정의 'can'이란 의미를, 높고 낮은 음조로 발음하면 부정의 'can't'란 의미를 나타낸다.

자음의 경우에는 다음과 같은 차이를 나타낸다.

1. /θ/와 /ð/는 자유롭게 사용한다. 그러나 thick > tick, them > dem에서처럼 th를 각각 [t], [d]로 발음되는 일은 흔하지 않다.

2. /v/는 [b] 또는 [β](양순 마찰음)으로 발음한다.

예: give > gib, vittles > bittles.

3. 어말의 {-ing}는 규칙적으로 /-ɪn/으로 발음한다.

예: talkin'

4. 자음군은 단순화하여 발음한다. 예: blind > blin'

하위층 언어에서는 어두 자음군도 단순화하여 발음하기도 한다.

예: string > tring

5. 구개음화 현상. 예: /k/, /g/ + /a:/ > /kja:/

예: car /kja:r/

카리브 해역의 속한 국가들 중 /r/을 발음하는 곳(바베이도스)과 /r/을 발음하지 않는 곳(트리니다드, 바하마 군도) 및 어말에 오며 강세가 오는 경우 /r/을 발음하는 곳(자메이카, 가이아나)으로 구분한다. 하위 방언에서는 /r/음이 때로는 [l]로 발음되나 흔한 현상은 아니다. 예: *flitters* < fritters.

모음의 경우, 카리브영어는 영국표준발음 및 미국영어발음과 차이가 난다. 예를 들어보면, /eɪ/와 /əʊ/는 각각 /e:/ 및 /o:/와 같이 단모음으로 발음한다. /æ/는 [a]로 발음하며 동시에 [ɒ]로도 발음한다. 따라서 tap 및 top은 카리브영어에서는 동음어가 된다. 그러나 두 음은 bath [a:]에서처럼 모음의 길이로 구분한다. 중설모음은 카리브영어에서 고정된 음이 아니어서 애매모음(schwa)은 [a], [e]로 발음된다. /ʌ/는 후설, 원순모음으로, /ɜ:/는 [o](예: 자메이카 크리올어 boddem 'birds')로 발음한다. 하위층 언어에서는 /ɔɪ/가 때로는 /aɪ/와 합쳐져서 boy 및 buy는 동음어로 발음된다.

다음에 카리브해에 면한 나라들 중 가이아나, 버진 군도, 자메이카 및 바하마 군도의 역사와 문화 그리고 이들 나라에서 사용되는 언어(영어 포함)에 관해 설명하기로 한다.

가이아나

개관

가이아나(Guyana)는 [gaɪˈɑːnə] 또는 [gaɪˈænə]로 발음한다. 옥스퍼드 영어사전에 의하면 '가이아나'라는 명칭은 아메리카인디언어에서 온 것으로 '광천수의 땅'이란 뜻이다. 영어 이외의 2개 언어를 사용하는 카리브 공동체에 속하는 국가들 중 하나로, 1970년 공용 공화국이 된 가이아나는 2008년 남아메리카 국가연맹에 가입하고 창립 회원국이 되었다.

가이아나 문장(紋章)

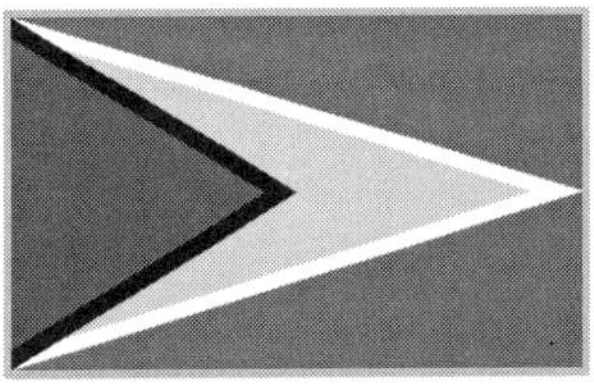
가이아나 국기

가이아나는 남아메리카에서 영어가 주요한 언어로 쓰이는 유일한 영어 사용국가이다. 가이아나와 이웃하고 있는 남미 북동부의 수리남 공화국(Surinam)에서는 피진 영어(Pidgin English)가 쓰인다. 가이아나의 공식언어는 영국영어로 교육, 행정, 미디어 및 서비스 분야에 쓰이고 있으나 인구의 대부분은 가이아나 크리올어 또는 영어에 토대를 두고 발전한 이른바 영어크리올어(English-based Creole)를 사용하고 있다. 아프리카와 17세기 영어의 영향이 약간 가미된 피진어는 가정과 거리에서 널리 쓰이고 있다. 이들 언어는 카리브해 동부지역, 바베이도스, 및 트리니다드 토바고에서 쓰이는 크리올어와 매우 유사하다. 한편, 인구의 소수를 차지하는 대중은 카리브 언어인 아카와이오어, 와이와이어, 마쿠시어를 사용하며 문화 및 종교상의 이유로 인도어파에 속하는 언어를 사용하기도 한다.

가이아나에서 쓰이는 표준영어와 가이아나 크리올어 사이에는 많은 차이가 따르는데, 표준영어에 가까운 유형을 가장 격식이 높은 방언, 즉 상층어(Acrolect)에서부터 중간 단계에 속하는 유형, 즉 중층어(Mesolect), 그리고 가장 격식이 낮고 표준영어와 거리가 먼 언어유형인 하층어(Basilect)인 가이아나 크리올어에 이르기까지 그 범위가 넓게 펴져 있다.

다음에 가이아나에서 쓰이는 가장 높은 수준의 표준영어와 중간 단계의 유형 그리고 표준영어와 거리가 먼 가장 하위에 속하는 가이아나 크리올어 간에 나타나는 표현들을 스펙트럼 형식으로 비교해서 나타내면 다음과 같다.

<table>
<tr><td rowspan="10">표준영어(SE)</td><td>I gave him</td><td rowspan="5">상층어(Acrolect)</td></tr>
<tr><td>a geev him</td></tr>
<tr><td>a geev im</td></tr>
<tr><td>a geev ii</td></tr>
<tr><td>a did giv hii</td></tr>
<tr><td>a did giv ii</td><td rowspan="5">증층어(Mesolect)</td></tr>
<tr><td>a di gi ii</td></tr>
<tr><td>mi di gi hii</td></tr>
<tr><td>mi bin gi ii</td></tr>
<tr><td>mi bin gii am</td></tr>
<tr><td>Guyanese Creole</td><td>mi gii am</td><td>하층어(Basilect)</td></tr>
</table>

위에서 예로 든 표준영어와 가이아나 크리올어 사이에는 더 많은 언어 유형의 스펙트럼이 존재하나 여기서는 표준영어와 크리올어 간의 이해를 돕기 위해 일부 표현만 예로 들었다.

문화

가이아나의 문화에는 아프리카, 인도, 아메리카인디언, 중국, 포르투갈, 네덜란드 및 스페인 문화를 포함하는 매우 다양한 문화가 반영되어 있다. 가이아나의 음악 전통은 아프리카, 인도, 유럽 및 라틴계 요소가 혼합된 것으로서 대중 음악의 유형으로는 우리에게도 잘 알려진 레게(reggae) 음악이 있다. 가이아나의 주요 스포츠는 크리켓(cricket)과 축구(soccer)이지만 크리켓 월드컵을 개최할 정도로 다른 스포츠에 비해 크리켓에 대한 관심이 높다. 가이아나에는 인종만큼이나 기독교, 힌두교 및 이슬람교 등 다양한 종교가 있으며 숫자상으로는 기독교가 가장 우위를 차지하고 있다.

버진 군도 (버진 아일랜드)

개관

'버진아일랜드' 또는 '버진 군도'(Virgin Islands)라고 하면 대개 영국령 버진 군도를 일컫는 말로서, 푸에르토리코 동쪽에 위치한 영국의 해외 영토를 말한다. 카리브 해역에 있는 버진 군도는 영국령 이외에 미국령(US Virgin Islands) 및 스페인령 버진 군도(Spanish Virgin Islands)가 함께 자리하고 있다. 영국령 버진 군도와 이웃하고 있는 미국령 버진 군도는 영국령과 구분하기 위해 1917년 덴마크령 서인도 제도(Danish West Indies)라는 명칭을 '미국령 버진 군도'라는 명칭으로 바꾸었다.

미국령 버진아일랜드

푸에르토리코

영국령 버진 군도

영국령 버진 군도는 4개의 주요 섬과 50개의 작은 섬 및 산호초들로 이루어져 있고, 그 중에서 15개 가량의 섬에는 주민이 거주하고 있다. 영국령 버진 군도에는 약 2만 8000명의 인구가 있고 전체 인구의 84%에 가까운 대략 2만 3500명이 가장 큰 섬인 토톨라(Tortola)에 살고 있다.

영국령 버진 군도는 기원전 100년경 남아메리카에서 온 아라와크족(Arawak)이 맨 처음 정착한 곳이다. 아라와크족은 15세기까지 이 군도에 거주하였으나 소안틸 제도(Lesser Antilles Islands)에서 온

> **소안틸 제도**
> 대안틸 제도 동단에서 베네수엘라 북해안에 걸쳐 있는 서인도 제도 및 동부. 남부의 여러 섬들.

부족인 한층 호전적인 카리브족(Caribs)이 이 섬들을 차지하게 되었다. 카리브 해는 이들 카리브 족의 명칭에서 온 것이다.

영국령 버진 군도는 1960년 식민지의 지위를 얻었으며 1967년에는 자치령이 되었다. 1960년대 이후 전통적인 농업기반 경제에서 벗어나 관광과 금융 서비스로 방향을 바꿨으며 카리브 제도에서 가장 부유한 나라 중의 하나가 되었다.

언어와 문화

버진 군도에서 쓰이는 언어는 버진 군도 크리올어(Virgin Islands Creole) 또는 버진 군도 크리올 영어(Virgin Islands Creole English)라고 한다. 영국령 및 미국령 버진 군도의 공식언어로는 영어가 쓰이나, 일상생활에서는 버진 군도 크리올어가 주로 쓰이고 있다. 다른 카리브 군도에서 유입된 이민으로 인해 스페인 크리올어 및 다양한 프랑스 크리올어 사용자가 지난 수십 년간 증가하였다. 식민지 역사를 통해서 보면 미국령 버진 군도는 과거에 덴마크가 소유한 지역이었음에도 불구하고 대규모 농장과 노예 소유자의 대부분이 네덜란드인, 영국인, 스코틀랜드인 또는 아일랜드인의 후손이었으므로 흑인과 백인을 막론하고 이 지역에서 일반 대중의 언어로 덴마크어가 구어체로 사용된 적은 전혀 없었다.

영어가 쓰이는 카리브 해역의 많은 나라에서처럼 버진 군도의 문화는 주로 서아프리카, 유럽 및 미국의 영향을 받아 생겨난 것으로 종합적인 성격을 지니고 있다. 덴마크가 수년간 오늘날의 미국령 버진 군도를 지배하긴 했으나 이 군도를 지배하는 언어는 19세기 이후 줄곧 영어에 토대를 둔 크리올어를 사용해 왔으며 다른 어느 문화보다도 영어가 사용되는 대중문화에 훨씬 더 노출되어 있다. 한편으로는 네덜란드어, 프랑스어 및 덴마크어 또한 아랍세계와 인도, 그리고 다른 카리브 군도에서 온 이민자들과 마찬가지로 버진 군도의 문화형성에 기여하였다. 그러나 현대 버진 군도의 문화에 가장 큰 영향을 끼친 것은 무엇보다도 17~19세기에 사탕수수밭에 일하기 위해 노예로 팔려온 아프리카인들에 의해 전해진 문화이다. 이들은 오늘날의 나이지리아, 세네갈, 콩고, 잠비아 및 가나를 포함하는 아프리카의 드넓은 지역에서 그들 고유의 전통과 문화를 버진 군도로 가지고 왔다.

버진 군도의 문화는 미국의 경우와 마찬가지로 이 지역의 다른 군도와의 문화적인 접촉 및 카리브 군도 간의 이주 결과로 인해 크리올화하는 과정을 계속하고 있다. 카리브 군도 간의 이주는 영국령 및 미국령 버진 군도의 사회풍경을 바꿔놓았다. 즉, 영국령 버진 군도의 경우 인구의 절반이 대부분 카리브해 출신이고 미국령 버진 군도에서 태어난 원주민 대부분은 그들의 조상이 다른 카리브 군도에서 거주한 이들이었다.

카리브 군도 간의 이주로 인해 다른 카리브 해역의 국가에서 들어온 다양한 음식이 버진 군도의 음식문화로 유입되었다. 대중적인 음식은 인도-트리니다드에서 유래한 로티(roti)라는 것으로 카레를 넣은 야채와 종이처럼 얇은 밀가루 반죽에 싼 고기로 된 음식을 일컫는다. 미국령 버진 군도에서는 야구, 미식축구, 배구와 같은 미국 스포츠를 선호하며 영국령 버진 군도에서도 미국식 스포츠가 널리 퍼져 있다. 영어를 사용하는 카리브 해역의 여러 국가에서 가장 대중적인 스포츠의 하나인 크리켓보다도 미국식 야구가 더 널리 퍼져 있는 것이 좋은 예라고 할 수 있다.

버진 군도의 문화 중에서 빼놓을 수 없는 것은 이주의 역사를 반영하듯 다양한 춤(댄스)의 전통을 지니고 있다는 점이다. 토착 버진 군도인의 문화와 가장 흔하게 관련된 춤은 다른 많은 카리브 군도에서 행해지는 4명이 네모꼴로 추는 프랑스식 춤과 밤불라(bamboula), 즉 원주민이 무술(巫術) 의식에 따른 리듬에 맞춰 추는 춤이 있다. 푸에르토리코와 도미니카 공화국에서 온 이민자들이 들여온 살사(salsa)와 같은 춤도 이 지역에서는 널리 행해지고 있다. 주된 종교는 그리스도교로 여러 프로테스탄트 교파와 더불어 로마가톨릭교도 이 지역에 존재하고 있다. 한편 적은 수이기는 하나 무슬림교와 유대교도 버진 군도에서 찾아볼 수 있다.

자메이카

개관

자메이카(Jamaica [ʤə'meɪkə]로 발음)는 카리브해에 위치한 섬나라로 대안틸 제도에서 세 번째로 큰 섬이며, 카리브 해역의 섬나라 중에서는 다섯 번째로 큰 나라이다. 원주민 타이노족(Taino)은 아라와크어로 자메이카를 Xaymaca라고 불렀는데 이것은 '숲과 물의 나라' 또는 '수원지(水源池)의 나라'란 뜻이다.

자메이카는 선사시대인 기원전 4000~1000년 사이에 남아메리카에서 아라와크족과 타이노족 원주민이 건너와 이 섬에 거주하였다. 1494년 크리스토퍼 콜럼버스가 이 섬에 도착했을 때 200개 정도의 마을이 있었으며 1655년 영국이 이 섬을 지배했을 때 타이노족은 여전히 자메이카에 거주하였다. 1655년

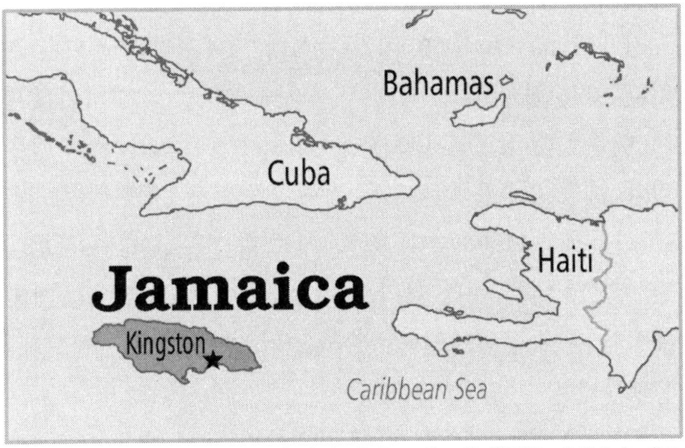

카리브해 북부 서인도 제도에 위치한 자메이카 지도

영국이 자메이카에 있는 마지막 스페인 요새를 접수하고 자메이카를 차지하자 스페인 식민주의자들은 노예들을 풀어준 뒤 도피하였다. 노예들은 산속으로 흩어져서 이전에 타이노족 원주민과 함께 생활하기 위해 스페인 사람들로부터 도망쳐온 노예들(이들 도망친 노예들을 머룬maroon이라고 함)과 합류하였다.

19세기 초에 이르러 자메이카는 노예노동과 농장경제에 의존하였고 이로 인해 흑인이 백인보다 20대 1의 비율로 더 많은 결과를 가져왔다. 1833년 영국 정부는 법령을 공포하고 노예제도를 공식적으로 폐지하였다. 1962년 자메이카는 영연방 국가의 하나로 카리브 해역에 있는 영국 식민지 중에서 최초로 독립하였다.

자메이카의 종교는 매우 다양하다. 그리스도교(개신교)가 가장 많은 인구를 차지하며 하나님의 교회, 침례교, 영국성공회, 로마가톨릭교, 감리교, 연합교회, 모라비아교회(Moravian) 등이 있다. 이밖에도 불교, 힌두교, 무슬림교 및 몰몬교 등도 산재하고 있다.

> **모라비아교회**
> 18세기에 모라비아에 설립된 프로테스탄트의 교파.

문화

자메이카는 소국(小國)이기는 하나 자메이카의 문화는 전 세계에 걸쳐 퍼져 있다. 1960년대 후반에 태어난 레게 음악을 비롯하여 1970년대 후반에 시작된 대중음악 장르인 댄스홀(dancehall)은 수도인 킹스턴을 중심으로 크게 퍼졌다. 이들 대중음악은 모두 자메이카의 생동감 넘치고 대중적인 도시의 레코드 산업에서 탄생하였다. 특히 레게 음악은 흔히 다른 음악장르와 융합하면서 전 세계의 다른 여러 나라로 퍼져나갔다. 아프리카의 레게 음악은 1980년 세계적인 레게 음악가인 밥 말리(Bob Marley)가 짐바브웨를 방문하면서 크게 유행하였다.

스포츠는 자메이카에서 매우 중요한 문화 활동을 차지한다. 가장 대중적인

세계적인 레게 음악가, 밥 말리

우사인 볼트

스포츠는 크리켓이나 국제 무대에서는 육상경기에서 세계적인 선수를 많이 배출하였다. 남자 육상 100미터 및 200미터 올림픽경기에서 세계 신기록을 보유한 우사인 볼트(Usain Bolt)가 자메이카 출신이다. 이밖에 축구와 승마도 인기 있는 스포츠이며 봅슬레드, 럭비리그, 체스, 배구 등도 자메이카에서 여전히 인기를 누리고 있다.

언어

자메이카에서의 공식언어는 영어로, 영국영어와 미국영어의 방언이 섞여서 다양하게 쓰이고 있는데 영국영어의 철자가 널리 쓰이는 현상이 특이하다. 20세기 중반이후 자메이카는 점차 미국의 사회, 경제적인 영향을 강하게 받는 한편 영화, 음악, 텔레비전 드라마, 코미디를 포함하는 다양한 미국 문화의 유입으로 미국영어가 꾸준히 증가하였다.

자메이카는 미국과 가까운 거리에 있으나 1962년까지 영국의 식민지로 있었기 때문에 영국영어의 문법을 따르고 학교에서는 영국영어를 가르치고 있다. 그러나 미국영어의 영향이 점차 늘어남에 따라 최근에는 apartment, townhouse, cribs, diapers와 같은 미국영어의 어휘를 쓰는 경향이 있다. 영국영어와 미국영어 어휘를 섞어 쓰는 흥미로운 현상은 특히 자동차 용어에서 쉽게 찾아볼 수 있다. 예를 들면, boot보다는 trunk가 널리 쓰이는 것이 좋은 예이다. 그러나 '엔진 덮개'는 영국영어인 bonnet(미국영어 hood)가 항상 쓰인다. hood는 자메이카에서 비어(卑語, vulgar slang)로 쓰이기 때문이다.

자메이카에서 쓰이는 표준영어는 자메이카 파투아(Patois) 또는 자메이카 크리올어에서 쓰이는 어휘를 많이 사용하고 있다. 예를 들면 ghost 대신 duppy를, hawker(행상인) 대신에 vendah와 같은 파투아를 쓴다. 자메이카 파투아는 영어에 토대를 둔 크리올어로 서아프리카의 영향을 많이 받아 자메이카 및 자메이카에 이주해 정착한 여러 나라 민족들이 주로 사용하고 있다.

> **자메이카 파투아**
> 이것을 디아스포라diaspora라고 하며, 세계 각지에 흩어져 있는 유대인을 지칭하는 경우가 많다.
>
> **기층 언어들**
> 두 언어가 섞이게 되었을 때 영향을 주는 쪽의 언어.

자메이카 파투아는 서아프리카와 중앙아프리카에서 자메이카로 온 노예들이 그들의 주인으로부터 배운 영국영어, 스코틀랜드(영)어 및 아일랜드식 영어(Hiberno-English) 등, 다양한 영어 방언이 쓰이기 시작한 17세기에 발달하였다. 자메이카 크리올어의 발음과 어휘는 영어의 어휘와 파생어(derivatives)를 많이 사용하면서도 표준영어와는 큰 차이를 보이고 있다. 자메이카 파투아는 아프리카의 기층 언어들(substrate languages)과 유럽 언어들과의 혼합에서 생겨난 그들의 공통 조상어계로 인해 서아프리카의 피진어 및 크리올어와 유사하며 대부분 구어체다.

바하마 군도

개관

바하마는 미국 플로리다 반도 남쪽의 700개 섬과 2000개가 넘는 산호초 섬으로 이루어져 있으며 22개의 섬에만 사람이 거주한다. 1492년 콜럼버스가 바하마 군도(the Bahamas) 중 와틀링(Watling) 섬을 지칭하는 과나아니(Guanahani) 섬에 도착하여 산살바도르(San Salvador)라고 명명하였다. 1670년 스페인의 카를로스 2세가 바하마를 카롤리나스 귀족 가문에 양도하였으나

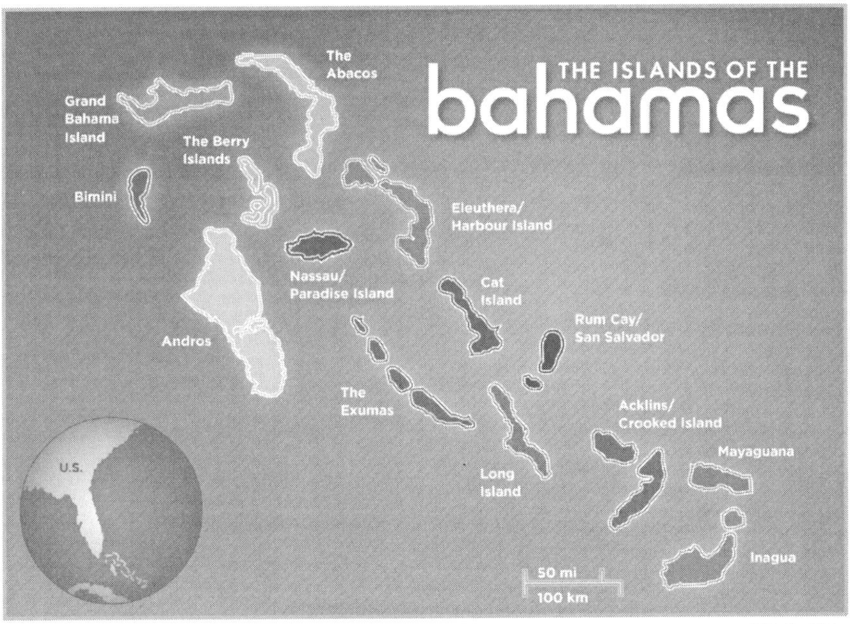

바하마 군도

17세기 중엽부터 영국이 식민지화하여 왕실 직할 식민지가 되었다. 그 후 스페인과 프랑스 사이의 잦은 충돌로 1783년 베르사유 조약에 의해 영국의 식민지가 되었다. 325년의 영국의 식민지 지배에서 벗어나 바하마 연방이라는 새로운 국가로 탄생한 것은 1973년이며, 1983년에는 카리브 공동체에 가입하였다.

바하마의 원주민은 9세기에 정착한 루카얀족(Lucayan)으로 아라와크족에 속한 종족이다. 바하마 주민의 대부분은 아프리카 혈통을 가진 흑인이다. 1800년대 초 아프리카에서 노예무역의 집결지인 바하마의 여러 섬에 정착하였고 약 3분의 2에 해당하는 주민이 뉴프로비던스 섬에 거주하고 있다. 종교는 침례교가 가장 많고 영국성공회, 로마가톨릭교, 오순절교회, 감리교 등이 있다. 그러나 주민 대부분은 개신교도들이며 다음으로 가톨릭교인이 차지하고 있다. 공용어로는 영어이며 영국의 오랜 식민지배로 인하여 바하마의 주민은 주로 영어를 사용하는데, 일반적으로 독특한 바하마 방언과 혼합된 형태의 영어를 사용하고 있다. 몇몇 토착민의 언어도 여전히 사용되는데 그 좋은 예가 카사바어(cassava), 구아바어(guava) 같은 것들이다. 일부 주민들은 아이티의 토속어인 크리올어를 사용하고 있다.

문화

바하마의 문화는 아라와크 인디언의 문화와, 스페인, 영국 등의 지배로 인하여 생겨난 식민지 문화가 혼합된 형태라고 볼 수 있다. 후에는 '검은 수염(Blackbeard)'이나 헨리 모건(Henry Morgan)과 같은 유명한 해적들이 바하마 섬들을 근거지로 사용하기도 하였다.

바하마인의 일상생활 방식은 음악과 강한 종교적 믿음이 그 바탕을 이루고 있다. 바하마의 음악은 아프리카의 리듬과 카리브해(海)의 칼립소, 영국민요 등의 요소를 모두 가지고 있으며, 일반적으로 기타, 아코디언, 흔드는 도구 등을 이용한다. 바하마는 세계에서 1인당 교회 수가 가장 많은 국가이기도 하다.

바하마 군도의 스포츠는 바하마인 문화의 중요한 부분을 차지하고 있다. 국민 스포츠는 슬룹선(sloop sailing: 돛대 하나로 움직이는 종범장선縱帆裝船을 지칭함)으로 하계올림픽에서 메달(금, 동)을 따기도 하였다. 그러나 미국과 지리적으로 가까운 거리에 위치하고 있기 때문에 일반 대중에게 널리 인기 있는 스포츠는 야구를 포함하여, 아메리칸 축구(럭비) 및 미국에서 들어온 다양한 구기 종목이 있다.

크리켓은 1840년부터 바하마 군도에서 경기를 진행해 온 것으로 오늘날에도 경기가 열리는 가장 오래된 스포츠이다. 크리켓 이전인 1796년에 시작된 유일한 스포츠로는 승마가 있다. 오늘날에는 바하마 군도의 일부 지역과 자메이카, 가이아나, 하이티 및 바베이도스에서 바하마 군도로 이주해온 이주민들이 크리켓을 즐기는 편이다. 야구 다음으로 일반 대중이 가장 즐기는 운동경기는 육상경기 종목이다. 바하마인들은 올림픽경기에서 육상경기 종목에 많은 메달을 획득하였고, 1990년 육상 400미터 계주에서 처음으로 금메달을 획득하였다.

언어

바하마인들의 언어는 바하마 크리올어(Bahamian Creole)라고 하며 약 40만 명이 사용하는 영어에 토대를 둔 언어로, 근본적으로는 걸러 영어(Gullah), 즉 아프리카어가 많이 섞여 있는 언어와 유사하다.

바하마 크리올어는 도시 지역에서 널리 쓰이고 있으며 개별 화자(話者)들의 경우, 정도의 차이는 있으나 크리올어를 사용하는데 익숙해져 있다. 이 크리올어는 자메이카, 바베이도스, 트리니다드 및 버진 군도와 같은 다른 카리브 해역의 나라들이 사용하는 영어에 토대를 둔 크리올어와 여러 가지 점에서 특징을 공유하고 있으며 바하마 크리올어와 남캐롤라이나 주의 '걸러 언어' 사이에 상당한 연관성을 지니고 있다. 많은 바하마인들이 미국 혁명(American Revolution) 이후 걸러 지역으로부터 이 제도(諸島)로 들어

> **미국 혁명**
> 1765~1783년 사이에 일어난 정치적 봉기로 영국의 군주제 귀족주의에서 독립하여 미합중국을 세우게 된 동기가 됨.

온 노예들의 후손이기 때문이다.

바하마 크리올어는 백인과 흑인 사이에 차이가 있기는 하나 /h/를 발음하지 않거나 harm/arm의 예와 같이 어두에 /h/를 넣어 똑같이 발음한다. 때로는 /v/와 /w/를 하나의 음소로 발음하기도 한다. this와 think를 각각 /dis/ 및 /tink/와 같이 발음하기도 한다. fair와 fear는 [ɛə]로 통일해서 발음한다. 이밖에도 어말자음군을 단순화하여 gold > gol로 발음하는 반면 어말자음군이 유무성음이 함께 있을 때에는 생략하지 않는다(예: milk > mil (×)).

- 대명사는 일반적으로 표준영어와 유사하나 2인칭 복수형은 다음 세 가지 어형 중에서 한 가지를 택하여 발음할 수 있다.

  yinna
  y'all or
  all a ya

- 소유대명사는 표준영어와 다르게 발음한다.

  your > ya
  his/hers > he or she
  their > dey
  ex. 'is that your book?' > das ya book?

- 동사의 어법은 바하미언 크리올어와 표준영어 사이에 큰 차이를 나타내며 화자들 간에도 여러 가지 어법을 사용하고 있다 다음에 그 예를 들어보기로 한다. (a, b, c는 크리올어에 나타난 다양한 어법)

  1. (표준영어) I'm going to Freeport.
     (크리올어) (a) I goin ta Freeport. (b) I gern to Freeport.
     (c) I gun go Freeport.
  2. (표준영어) I am going to cook.
     (크리올어) (a) I ga cook (b) I goin cook.
     (c) I gern cook. (d) I gern go cook.

• 'to do' 동사의 경우에도 위에서와 마찬가지로 시제와 문맥에 따라 다양한 어법이 쓰인다. 몇 가지 예를 제시한다.

(a) (표준영어) I eat conch every day.

(크리올어) I does eat conch erry day.

(b) (표준영어) what kind of work do you do?

(크리올어) Wa you does do?

• 'to be' 동사의 현재시제는 대체로 문법상의 인칭과 무관하게 'is'가 쓰인다.

I am > I is 또는 I's ([aiz]로 발음)

You are > You is 또는 You's ([ju:z]로 발음)

We are > We is 또는 We's ([wi:z]로 발음)

They are > Dey is 또는 Dey's ([dɛɪz]로 발음)

• 'to be'의 부정형(否定形)은 대개 'een'을 사용한다.

ex: I een gern = I am not going.

• 시제를 나타내기 위해 문맥이 종종 쓰일 경우에는 과거 시제형(did, done, gone, been)을 동사와 결합하여 쓰기도 한다.

She tell him already. > She already told him.

He tell her she was fat. > He told her she was fat.

Why you do dat? > Why did you do that?

I bin (been) York last week. > I went to York last week.

Suggested Readings

Childs, B. (2008) Bahamian English Phonology. In E. Schneider, *Varieties of English 2: The Americas and the Caribbean*. Berlin: Mouton de Gruyter, 239-255.

Fennell, Babara A. (2001) *A History of English: A Sociolinguistic Approach*. Blackwell.

Winford, D. (1991) The Caribbean. In: Jenny Cheshire ed., *English around the World*. Cambridge: Cambridge University Press. 565-618.

Svartvik, J. and G. Leech (2006) *English: One Tongue, Many Voices*. Palgrave, Macmillan.

Taylor, M. (1996) Jamaica and the economics of English. *English Today* 48, 25-31.

Questions to Consider

1. 카리브해권에 속하는 나라 중에서 한 곳을 택하여 그곳에서 쓰이는 영어의 특징을 설명해 보시오.
2. 카리브해권에 속하는 나라에서 쓰이는 영어의 공통된 특징은 무엇인가?
3. 자메이카 및 가이아나에서 쓰이는 크리올어와 표준영어에 대해 비교 설명해 보시오.
4. 바하마 크리올어의 특징을 열거하고 현대영어와의 차이점에 대해 비교 설명해 보시오.
5. 바하마인 문화의 중요한 부분을 차지하고 있는 것은 무엇인가?

III 영어의 미래와 새로운 영어의 탄생

영어의 미래

▮ 다양한 견해 ▮

▮ 공통어(lingua franca)로서의 영어 ▮

▮ 영어의 미래: 새로운 영어의 탄생 ▮

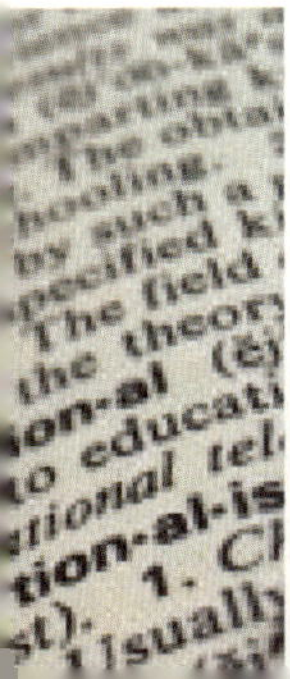

영어의 미래

English
United
aged
list
identifies
advice
distinction
maintained
confused
correct
noun
verb
understand
tourist
Commonly
words
page
Enrique
Jorge
Alejandro
Quiqu
Mar

게르만어계에서 갈라져 나온 영어는 5세기 중엽 이후 조그만 섬나라 영국에서 1500년 넘게 사용되어 오면서 오늘날 전 세계에서 여러 가지 목적으로 쓰이는 세계어가 되었다. 그렇다면 앞으로 영어의 미래는 어떻게 변할 것인가? 로마제국이 기원전 4~6세기에 몰락의 길을 걸으면서 유럽에서 문화어로 군림했던 라틴어는 오늘날 사어(死語)가 되고 그 흔적이 스페인어, 포르투갈어, 이탈리아어, 프랑스 등, 여러 언어로 분화한 것처럼 영어도 향후 50년 이후에 이와 똑같은 운명에 놓이지 않을까? 이 장에서는 이러한 문제에 대해 여러 학자들의 연구 성과 및 견해를 요약하고 새로운 영어의 탄생에 관해 간단히 살펴보기로 한다.

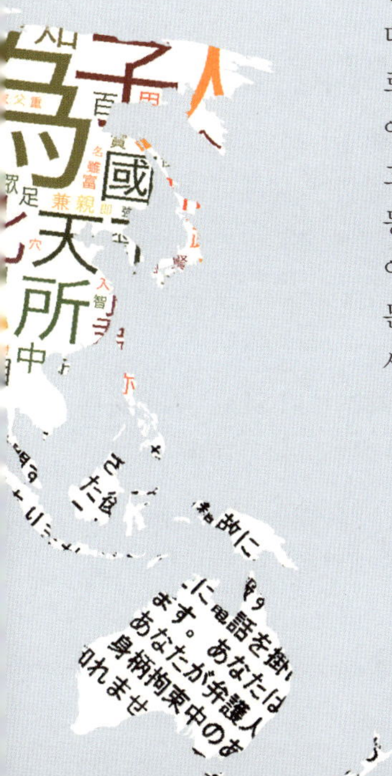

다양한 견해

오늘날 세계 여러 나라에서 쓰이고 있는 영어의 역할을 바라보는 시각에는 여러 가지 방법이 있다. 근본적으로는 세 가지 방법으로 나눈다.

첫째, 영어를 모국어로 사용하고 있는가
둘째, 영어를 제2언어로 사용하고 있는가
셋째, 영어를 외국어로 사용하고 있는가 하는 것이다.

첫 번째에 해당하는 범주는 모국어로서의 영어를 사용하는 국가의 경우에서 잘 나타나 있듯이 자명(自明)하다. 그러나 영어를 제2언어로 사용하는 것과 외국어로 사용하고 있는가의 차이는 전자의 경우에서만이 영어가 자국 내에서 의사소통으로서의 위상을 실제로 지니고 쓰인다는 점이다.

언어학자인 카크루(Kachru, 1992:356-7)는 전 세계에서 영어를 사용하는 국가를 크게 세 가지 범주로 분류하고 있다.

1. 모국어 사용국(inner circle)

이 범주에 속하는 국가는 영국과 아일랜드, 미국과 캐나다 그리고 오스트레일리아와 뉴질랜드의 경우처럼 영어를 모국어로 사용하는 나라들이다. 이 책에서는 이들 국가에서 쓰이는 영어의 역사적 배경과 문화에 대해 모두 서술하였다.

2. 제2언어 사용국(outer/extended circle)

이 범주에 속하는 국가는 다언어 국가에서 영어를 제2언어(ESL)로 사용하는 나라들로 아시아권과 아프리카권에 속하는 싱가포르, 인도, 나이지리아를 포함하여 50여 개의 다른 국가들이 이 범주에 포함된다. 이 책에서는 이 권역에 속하는 여러 나라의 영어에 대해 그 역사와 문화적 배경을 설명하였다.

3. 외국어 사용국(expanding circle)

이 범주에 속하는 국가들은 국제어로서의 영어의 중요성을 인식하고 영어를 외국어(a *foreign* language)로 사용하는 나라들, 즉 중국, 일본, 한국, 폴란드 등이 여기에 속한다. 여기에 속한 나라들은 그들 나름대로 고유한 언어를 모국어로 쓰고 있으며 영어는 필요한 경우에 한해 단지 의사소통에 필요한 언어로서의 구실을 하고 있으므로 이 책에서는 제외하였다.

영어가 정치와 법률, 교육, 과학, 비즈니스는 물론 학문의 세계에서도 국제적으로 널리 쓰이고 있는 것은 제2차 세계대전 이후 미국이 강대국으로 부상하면서 영어, 특히 미국영어가 20세기 후반 이후 전 세계의 정치, 경제, 사회 전반에 엄청난 영향을 끼쳤을 뿐만 아니라 미국을 주축으로 한 과학과 정보통신공학, 컴퓨터분야 등의 눈부신 발전으로 인하여 영어의 영향력이 그만큼 전 세계 국가들에게 엄청난 파급효과를 초래하였기 때문이다.

제2차 세계대전 이후, 특히 1980~90년대에 전 세계를 뒤흔든 컴퓨터 혁명은 미국의 테크놀로지 및 지식(know-how)이 주도적인 역할을 하였고 그 결과 컴퓨터 언어로는 영어 사용이 다른 언어에 비해 압도적으로 우세하게 되었다. 또한 미국 항공산업의 눈부신 발전으로 인해 전 세계 항공기와 항공통제센터 간의 의사소통은 영어 특히, 미국영어에 토대를 두고 이루어져오고 있다.

그러나 18세기 그리고 1950년대만 해도 프랑스어가 아닌 영어가 국제어(international language)로서의 위상을 지니고 각 분야에서 널리 쓰이게 될 줄은 아무도 예상하지 못했을 것이다. 따라서 언어의 미래를 예측한다는 것은 가능하지 않다. 오늘날 세계 곳곳의 많은 국가들이 영어를 제2언어 또는 교육과 의사소통의 중요한 외국어로 사용하고 있음에도 불구하고 영어의 미래가 어떻게 될 것인가에 대해서는 학자에 따라 이론(異論)이 분분하다.

외국어로서의 영어(EFL)를 가르치고 교사훈련에 참여해 온 영국의 학자인 앨런 몰리(Alan Maley)는 영어의 미래에 관해 다음과 같이 비관적인 입장을 내놓았다(*English Today* I, 1985:31).

> 국제어로서의 영어의 장래에 대해 가능한 시나리오는 중세 시기에 라틴어가 겪었던 것과 똑같은 운명을 영어가 지니게 될 것이라는 점이다. 즉, 지역에 따른 다양한 방언이 생겨나서 이들 방언이 독자적으로 발전하면서 장차 같은 언어의 다른 방언이 아닌 전혀 다른 언어로 발전할 것이다.

이러한 입장이 나온 같은 해에 발표한 논문에서 런던 대학의 교수인 랜돌프 쿼크(Randolf Quirk)는 영어의 디아스포라(diaspora)에 대해 언급하면서 영어 사용국에서 일어나는 국가 분리주의(national separatism)의 성장과 함께 영어는 장차 단 하나의 표준영어가 존재하지 않을 것이며 로마제국의 붕괴 이후 라틴어가 프랑스어, 스페인어, 로마니아어 및 이탈리아어 등, 각각 독자적인 언어로 분리되었듯이 영국영어와 미국영어 또한 전혀 다른 언어로 발전할 것이라고 발표하였다.

영어의 미래에 대해 비관적인 입장을 표명한 또 다른 사람은 영어에 관한 많은 저서를 낸 언어학자인 크리스털(David Crystal, 1997:21)이다. 그는 쿼크 교수와 똑같은 견해를 내놓았으며 한걸음 더 나아가 라틴어가 겪었던 것처럼 결국 영어가 상호 의사소통이 불가능한 여러 언어로 분열하고 번식하게 될 것이며 이에 따라 새로운 영어(new Englishes)가 출현할 것으로 전망하고 있다.

그러나 영어의 미래에 관한 비관적인 전망만 있는 것은 아니다. 상호 소통이 가능하든 그렇지 않든 간에 '세계영어(World Englishes)'의 출현을 받아들이는 다문화적이고 국제적인 접근 방법도 있다. 실제로 라틴어는 2500여 년간 다양한 형태로 존재해 왔으며 인도유럽어에서 가장 성공적으로 이탈리아의 여러 방언의 형태로 살아남았다. 기원후 476년 서로마제국이 붕괴되면서 상층부의 라틴어는 서서히 모국어로서의 기능을 상실하였고 디아스포라의 기능을 지닌 포르투갈어, 스페인어, 프랑스어 등 여러 언어로 분화하였다.

오늘날 라틴어는 영어권 작가나 시인들에 의해 문학, 시, 비평 등 여러 작품에 남아 여전히 쓰이고 있다. *etcetera, subpoena, babeas corpus, sub judice, ultra vires* 등은 흔히 접할 수 있는 어구들이고 time flies는 *Tempus fugit*,

Never despair는 *Nil desperandum* 등, 흔하지는 않으나 라틴어로 번역되어 쓰이는 경우도 있다. 그리하여 영어는 모든 영어의 방언, 크리올어, 모국어화한 영어유형 및 새로 생겨나는 합성어(hybrids)와 함께 라틴어가 '살아있는 영어의 실험실'과 같은 기능을 하고 있다.

공통어(lingua franca)로서의 영어

언어학자인 그라돌(David Graddol)은 영국문화원(British Council)의 위촉에 의해 1950~2050년까지 100년 간 전 세계에서 쓰이는 영어의 수요를 예측하여 영어의 미래를 진단한 방대한 보고서(1997)를 책으로 펴냈다. 이 보고서는 다음과 같이 다섯 가지로 요약할 수 있다.

1. 전 세계에서 쓰이는 영어에 대한 수요가 현재 진행되는 비율로 계속해서 오를 것인가?
2. 위성으로 송신되는 텔레비전 방송이 영어로 각 가정에 전달되어 전 지구적인 시청각문화를 가져올 것인가?
3. 장차 영어가 앞서가는 테크놀로지와 계속해서 진행될 것인가?
4. 경제의 현대화로 인해 테크놀로지 및 기술발전에 영어가 계속해서 쓰일 것인가?
5. 인터넷이 전 세계적으로 쓰이는 영어에 어떤 충격(impact)을 가져 올 것인가?

위에 제시한 물음에 대해 그라돌은 연구의 결과를 다음과 같이 요약하고 있다. 첫 번째 물음에 대한 영어의 미래는 낙관적이지 않다. 영어에 대한 수요는 모국어 사용자들(L1)의 수가 감소하고 영어교육 산업(ELT industry)은 외국어로서의 영어 사용자(EFL) 및 제2언어로서의 영어 사용자(L2)들의 영어 수요가 전자(L1)와의 경쟁으로 인해 시장의 몫이 감소할 것이라는 예측이다.

두 번째 물음에 대해 위성에 의한 텔레비전 방송 송출은 이른바 제2의 물결

효과(second wave effects)와 연관되어 있고 그동안 전 세계에 영어를 전파하는데 매우 중요한 촉매제의 역할을 해왔다. 그러나 아시아의 Star TV는 이미 영어와 표준북경 중국어(Mandarin)로 방송함으로써 아시아의 큰 시장을 장악하기 위해 애쓰고 있다. 지역 언어를 강조하는 경우도 있다. CBS 방송은 브라질에서 뉴스와 연예관련 채널을 영어가 아닌 포르투갈어로 방송하면서 이 지역의 일반 대중을 위한 서비스를 준비하고 있다. 따라서 이러한 경향은 21세기의 주요한 변화가 될 것이다.

세 번째 물음에 대해서는 네 가지로 요약하고 있다. (1) 연구 및 개발이 주로 미국에 초점을 맞추고 있다는 점, (2) 연구 성과의 보고는 영어를 토대로 이루어지고 있다는 점, (3) 정보통신공학 및 자료처리 소프트웨어는 영어를 통해 개발되어 왔다는 점, 그리고 (4) 컴퓨터에서 처리하는 모든 새로운 공학 시스템은 우선 영어로 처리하고 있다는 점 등이다. 그리나 영어와 징보통신공학의 밀접한 관련은 잠정적인 현상에 그칠 우려가 있다. 소프트웨어와 테크놀로지는 점점 복잡해지고 이에 따라 컴퓨터 구동시스템(OS)과 소프트웨어는 현재 영어 이외의 다른 많은 언어가 쓰이고 이미 상품화되어 시장에 소개되고 있다. 그리하여 영어 사용자만이 가장 훌륭하고 가장 최근에 나온 테크놀로지를 향유한다는 생각은 더 이상 진실이 아닌 미래가 나타날 가능성이 있다.

네 번째 물음에 대한 답은 간단하다. 현재 영어는 경제적인 현대화와 산업발전의 선두에서 중요한 언어로서의 역할을 하고 있으나, 세 개의 커다란 지역(Big Three Regions)을 형성하고 있는 일본과 북미 및 유럽의 경우처럼 초국가적 기업(transnational companies)의 투자로 인해 단순히 상품을 생산하는 단계를 넘어 새로운 시장 개척을 시도하는 '제3의 물결'을 이루는 형태가 나타날 것이다. 한편으로는 베트남, 라오스 및 캄보디아는 미래의 투자 동반자로 아시아의 다른 나라들(싱가포르, 홍콩, 대만, 한국, 말레이시아, 태국)과 함께 지역 간의 무역 개발을 증진시키기 위해 영어의 효용성을 재고할 것이다.

다섯 번째 물음에 대란 해답은 간단하다. 즉, 현재 인터넷 정보는 영어가 절대적인 우위를 차지하고 있으나, 장차 영어 이외의 다른 언어로 된 인터넷 정보가 팽창할 것이라는 점이다. 따라서 장차 영어는 인터넷에서 쓰이는 많은 언어 중의 하나에 지나지 않는다는 것이다. 1990년대에 인터넷에 기반을 둔 정보는 80%를 영어가 차지하였으나 다음 세기에는 그 비율이 대략 40%로 감소할 것이란 전망이다.

영어의 미래: 새로운 영어의 탄생

지금까지 우리는 영어권 국가뿐만 아니라 비영어권 국가에서 쓰이는 다양한 영어 유형을 이들 나라의 역사 및 문화와 함께 비교적 상세하게 살펴보았다. 영어의 미래를 예측할 수 있는 중요한 변수(variable)는 모국어의 인구 수 및 세계화의 주축이 되는 경제력의 변화 등 두 가지로 요약된다.

통계에 따르면 영어를 능숙하게 구사하는 인구는 현재 8억 2300만 명으로 그 중에서 제2언어로 영어를 구사하는 인구는 4억 9500만 명이나 되어 유창한 영어를 구사하는 인구가 영어를 모국어로 사용하는 원어민에 비해 훨씬 더 많다. 영어를 제2언어로 사용하는 이들의 영어는 영어를 모국어로 사용하는 이들의 영어인 영미영어와 많은 차이를 나타낸다. 영어를 중국어와 결합하여 사용하는 싱가포르의 경우가 좋은 예가 된다. 영어를 제2언어로 활용하는 유럽 대륙에서도 이와 비슷한 현상이 나타나는데 이른바 Euro English라는 것이 좋은 선례가 되고 있다.

언어학자인 그라돌은 연구보고서를 통해 중국어가 장차 아시아 다수 국가와 유럽, 미국 등지에서 새로운 필수 언어로 부상(浮上)할 것이며, 중국어에 이어 인구 수가 많은 인도의 힌디어, 아랍어 및 스페인어가 부상함에 따라 영어는 이러한 나라들에서 쓰이는 언어 중의 하나로 남게 될 것이라는 전망을 내놓고 있다. 이른바 '세계 언어'는 존재하지 않을 것이며, 현재 큰 위력을 발휘하고 있는 영어와 같은 단일 언어는 장차 출현하지 않을 것이라는 것이 그의 결론이다.

영어가 라틴어처럼 전혀 다른 여러 개의 언어로 분화할 것인지, 또는 아라비아어처럼 방언은 있지만 단일 언어로 존속하게 될 것인지는 확실하게 예측하기 어렵다. 그러나 영어가 어떤 형태로든지 변화할 것이라는 사실은 분명하다. 영어의 오랜 역사를 통해 이러한 변화는 이미 예측가능한 일로 전망하는 이들이 많기 때문이다. 2008년 과학 학술지인 《사이언스》 (3월호)에 실린 논문에서 마크 파젤(Mark Pagel) 교수는 새로운 언어가 형성되는 과정을 분석하였는데, 향후 100년 이내에 영어의 새로운 모습, 즉 새로운 영어가 나타나게 될 것이라는 예측을 하였다.

영어의 암울한 미래는 비단 외부적 요인 때문만은 아니다. 다민족, 다문화 국가인 미국의 경우 수없이 몰려드는 이민자들로 인해 미국영어가 지닌 본래의 특성이 점차 사라지고 있다는데 큰 문제가 있다. 일부에서는 21세기에 접어들면서 인터넷 사회가 지속되고 이에 따라 영어는 영원히 존재할 것이라고 생각하는 경향이 있다.

그러나 그 이면을 살펴보면 꼭 그렇지만은 않다. 인터넷 인구는 폭발적으로 증가하고 있는 반면 영어로 의사소통하는 인구는 실제로 많지 않다. 더욱이, 인터넷 영어는 하나의 변질된 영어에 지나지 않는다. 만일 세계 최대의 인터넷 검색 서비스 회사인 구글(Google)이 사활을 건 통역기가 개발될 경우 인터넷에서조차 영어는 거의 필요 없는 시대가 올지도 모른다. 이런 상황을 반영하듯이 구글의 부사장이었던 빈튼 서프(Vinton Cerf)는 "인터넷에서 영어의 득세는 더 이상 계속되지 않을 것이다"고 말한 적이 있다.

그렇다면 영어를 모국어로 쓰는 인구보다 제2언어로 사용하는 인구가 훨씬 많아질 때 영어의 미래는 어떻게 변할까? 몇 가지 가능성을 생각할 수 있다.

우선, 영어의 지배력이 현저하게 줄어들 것이다. 영어를 모국어로 쓰는 인구가 줄어들고 어떤 형태로든지 제2언어로 사용하는 인구가 폭발적으로 증가하면 영어의 위력은 이에 비례하여 사라지게 될 것이다. 다음으로 세계적인 추세의 하나인 출산율의 저하(低下)가 가속화할 경우 영어를 사용하는 인구의 급속한 감소현상이 나타나게 될 것이다.

마지막으로 향후 100년 간 과학 기술의 눈부신 발달로 인해 일상적인 생활

패턴이 현재와는 전혀 다르게 변화할 것이며 10억 이상의 인구를 가진 중국과 인도의 등장으로 세계의 언어지도가 바뀌면서 인도영어(Indian English) 및 중국식 영어(Chinese English)가 부상할 것으로 예측할 수 있다. 그 결과 영어의 국제 공용화 가능성은 희박해질 것이다.

위에 언급한 여러 가지 요인을 고려해 볼 때 영어의 미래는 모국어가 아닌 사람들에 의해 유지될 것이다. 일본식 영어(Japanese English: Japlish)가 국제무대에서 위력을 발휘한지는 이미 오래 되었다. 또한 인터넷 영어는 또 하나의 변질된 미래의 새로운 영어로 남아서 쓰이게 될 것이다.

옥스퍼드 영어사전의 편찬자였던 버크필드(R. Burchfield)는 향후 수세기가 지난 후 영어는 분화(分化, fragmentation)를 거듭하여 수천 개의 상이한 언어로 변할 것이라고 전망하고 있으나 크리스털(Crystal)은 현재 우리가 영어의 새로운 여러 유형에 대해 지닌 지식의 수준으로 볼 때 영어의 분화가 일어날 가능성을 예측한다는 것은 쉬운 일이 아님을 경고하고 있다. 한편, 세계 여러 나라의 영어에 대한 풍부한 조사연구와 논문을 통해 널리 알려진 언어학자인 카크루(Kachru)는 다음 세기에 이른바 새로운 영어(New Englishes)의 탄생을 예고하고 있다. 그는 새로운 영어가 빠른 속도로 출현하여 현재 쓰이는 영어권 국가의 영어를 대체할 것이라는 전망을 통계자료와 연구를 통해 내놓고 있다. 그가 예고한 새로운 영어의 한 예로 앞에서 언급한 Euro English가 이미 유럽의 여러 나라에서 쓰이고 있는 것이 좋은 예라고 할 수 있다.

이제 영어의 미래에 대한 결론을 간단히 요약하고자 한다.

인류 전체가 함께 사용하는 공용어는 있을 필요가 없다. 영어가 세계어(또는 국제어)라고 하는 것은 매우 잘못된 생각이며 세계어는 있을 수 없다. 단일 공용어나 세계어가 있다면 인류를 불행하게 하고 때로는 파멸로 이끌 수 있다. 따라서 수많은 언어가 공존하면서 그들 나름대로 전통의 계승과 문화 창조를 계속하면서 그 성과를 서로 주고받게 되므로 해서 인류는 풍요로운 삶을 누릴 수가 있다. 다만 교류를 위해 번역을 활발하게 하고 다른 한편으로 공통어를 최대한 활용해야 한다. 문명의 다양성은 생태계의 다양성 못지않게 매우 소중하기 때문이다.

인류학자인 네틀(Daniel Nettle)과 사회언어학자인 로메인(Suzanne Romaine)은 《사라져가는 목소리들》이란 책에서 언어가 대거 소멸되는 위기를 고발하면서 어떤 언어라도 소멸되지 않고 살아남아 민족 문화를 계승하기를 바라는 글을 다음과 같이 언급하고 있다(2000:192).

> **세계화**가 어떤 범위까지 확대되더라도 세계 전역의 수많은 사람들이 자기가 살던 곳을 떠나지 않고 **자기 집단의 정체성**을 분명히 해서 후손에게 물려주고 싶은 심정을 지녔다는 사실은 달라지지 않는다. 언어는 의복, 행동양상, 종교, 또는 생업 등의 징표와 함께 집단의 정체성을 나타내는 구실을 한다. 한 언어가 사라지면 다른 언어가 그 자리를 메우는데, 그 둘은 차이가 있게 마련이다. **최고의 상징체계인 언어**는 전승되어온 문화의 내용, 사용집단이 함께 가꾸어 온 의미와 경험을 이어받아 정체성을 분명하게 하는 기능을 아주 잘 수행하고 있다.

아직도 세계 인구의 3분의 2가 영어를 쓰지 않는다. 세계의 일부 지역(구소련의 대부분의 지역)에서는 영어는 아직도 미미한 존재이다. 오스트레일리아에서는 일본어를 제1외국어로 가르치고 있고 스페인어는 영어보다도 더욱 빠른 속도로 성장하고 있는 것이 오늘의 추세이다.

Suggested Readings

Kachru, Braj B. ed. (1992) *The Other Tongue: English across Cultures*, Second Edition. Urbana and Chicago: University of Illinois Press.

Bailey, Richard W. and M. Görlach eds. (1983) *English as a World Language*. Ann Arbor, MI: University of Michigan Press.

Crystal, David (1997) *English as a Global Language*. Cambridge: Cambridge University Press.

Graddol, David (1996) *Global English, Global Culture?* In: Goodman, Sharon and David Graddol eds. *Redesigning English: New Texts, New Identities*. London: Routledge.

Graddol, D. (2006) *English Next*. London: British Council.

Nettle, Daniel and Suzanne Romaine (2000) *Vanishing Voices, the Extinction of the World's Languages*. Oxford: Oxford University Press.

Questions to Consider

1. 영어의 미래는 어떻게 될 것인가? 자료 조사를 통해 여러분 자신의 견해를 발표해 보시오.
2. 영어가 전 세계적으로 쓰이는 현상을 어떻게 설명할 수 있는지, 몇 가지 예를 들어 설명하시오.
3. 영어의 미래를 예측한 학자들의 다양한 견해에 대해 여러분의 입장을 각자 발표해 보시오.
4. 우리말에 들어온 외래어의 쓰임을 통해 우리말의 미래를 영어의 미래와 비교하여 자신의 입장을 발표해 보시오.

참고 문헌

강혜경 (2011) 《영국문화의 이해》 서울: 경문사.

박영배 (2001) 《앵글로색슨족의 역사와 언어》 서울: 지식산업사.

박영배 (2009) 캐나다영어와 커내디어니즘. 《영어사연구의 방법과 응용》 서울: 한국문화사, 249-269.

박영배 (2010) 《영어사》 (*A History of the English Language*), Second Edition. 서울: 한국문화사. [f. 1998]

충남대학교 북미주연구소편 (2007) 《캐나다의 언어와 문화》 문원미디어.

A Dictionary of Canadianisms on Historical Principles, Chicago, 1967.

Abercrombie, D. (1979) The accents of Standard English in Scotland. In A. J. Aitken & T. McArthur (eds.) *Languages of Scotland.* Edinburgh: Chambers. 65-84.

Algeo, J. ed. (2001) The Cambridge History of the English Language, Vol. VI: *English in North America.* Cambrdge University Press.

Asante, M. (2007) *The History of Africa*, Routledge.

Avis, Walter S. (1956) Speech Differences along the Ontario-United States Border. III: Pronunciation. *Journal of the Canadian Linguistic Association*, 41-59.

Amberg, Julie S. and D. J. Vause (2009) *American English: History, Structure and Usage*. Cambridge University Press.

Bailey, Richard W. and M. Görlach eds. (1983) *English as a World Language*. Ann Arbor, MI: University of Michigan Press.

Barry, M. V. (1981) *Aspects of English Dialects in Ireland*, Vol I. Belfast: Queen's University of Belfast.

Bauer, Laurie et al. (2007) New Zealand English, *Journal of the Internatonal*

Phonetic Association 37 (1): 97-102.

Bautista, M. L. (1997) The lexicon of Philippine English, In Bautista, M. L. (ed.) *English is an Asian Language: The Philippine Context*, Sydney: Macquarie Library, 49-72.

Belton, J. (2008) *American Cinema/American Culture.* 2nd. Ed. McGraw-Hill.

Bokamba, E. G. (1992) The Africanization of English, In Kachru, ed. *The Other Tongue: English across Cultures*. University of Illinois Press, 125-147.

Bolton, K. (2000) The sociolinguistics of Hong Kong and the space for Hong Kong English. *World Englishes*, 19(3), 265-86.

Bolton, K. (2003) *Chinese Englishes: A Sociolinguistic History*. Cambridge: Cambridge University Press.

Burchfied, R. ed. (1994) The Cambridge History of the English Language Vol V: *English in Britain and Overseas. Origins and Development*. Cambridge University Press.

Burgess, A. (1992) *A Mouthful of Air: Language and Languages, especially English*. London: Hutchinson.

Chamers, J. K. ed. (1975) *Canadian English: Origins and Structures*. Toronto: Methuen.

Cheshire, J. ed. (1991) *English around the World*, New York: Cambridge University Press.

Corbett, J, J. Derrick McClure & J. Stuart-Smith (eds.) (2003) *Edinburgh Student Companion to Scots*. Edinburgh: Edinburgh University Press.

Crystal, D. (2004) *The Stories of English*. London: Allen Lane.

Crystal, D. (1997) *English as a Global Language*. Cambridge: Cambridge University Press.

Crystal, D. (2003). *English as a Global Language*, revised ed. Cambridge University Press.

Dixon, R. M. W. (1993) Australian Aboriginal Languages. in: Schulz, G. ed. (1993) *The Languages of Australia*. Canberra: Australian Academy of the Humanities, 71-82.

Fennell, B. A. (2001) *A History of English*, Oxford: Blackwell.

Ferguson, C. A. (1996) English in South Asia: Imperialist legacy and regional asset. In Baumgardner, R. J. (ed.) *South Asian English: Structure, Use and Users*. Urbana: University of Illinois Press, pp.29-39.

Fernando, C. (1996) The ideational function in English in Sri Lanka. In Baumgardner, R. J. (ed.) *South Asian English: Structure, Use and Users*. Urbana: University of Illinois Press, pp.206-17.

Gordon, E. et al (2004) *New Zealand English: its Origins and Evolution*. Cambridge: Cambridge University Press.

Graddol, David (1996) *Global English, Global Culture?* In: Goodman, Sharon and David Graddol eds. *Redesigning English: New Texts, New Identities*. London: Routledge.

Graddol, D. (2006) *English Next*. London: British Council.

Hammond, E. (1994) *A Brief History of the United States*. Kantor Wydawniczy Saww.

Hickey, R. (1982) Syntactic ambiguity in Hiberno-English. *Studia Anglica Posnaniensia* 15: 39-45.

Homma, H. and M. Matto eds. (2009) Gonzalez, A. (2009) The Transplantation of American English in Philippine Soil, In *A Companion to the History of the English Language* Oxford: Wiley-Blackwell, Chapter 31.

Hung, T.T.N. (2000) Towards a phonology of Hong Kong English, *World Englishes*, 19(3): 337-56.

Janicki, K. (1995) *Elements of British and American English*. Kantor Wydawniczy Saww.

Kachru, Braj B. ed. (1992) *The Other Tongue: English across Cultures*, Second Edition. Urbana and Chicago: University of Illinois Press.

Kachru, B. B. (1983) *The Indianization of English*, New Delhi: Oxford University Press.

Kallen, J.L. (1994) English in Ireland. In R. Burchfield (ed.), *The Cambridge History of the English Language*, Vol V. CUP, 148-196.

Kirkpatrick, A. (2007) Englishes of South-East Asia-colonial descendants? *World Englishes*, Cambridge: Cambridge University Press, 119-129.

Kirkptrick, A. (2007) *World Englishes: Implications for International Communication and English Language Teaching*. Cambridge University Press.

Kirkpatrick, A. (2007) Emerging Englishes: Hong Kong and China. *World Englishes*, Cambridge: Cambridge University Press, 137-45.

Lass, R. (1986) 'Irish influence': reflections on 'standard' English and its opposites, and the identification of calques. *Studia Anglica Posnaniensia* 18: 81-7.

Lovell, Charles J. (1955) Why and Hows of Collecting for the Dictionary of Canadian English. I: Scope and Source Material. *Journal of the Canadian Linguistic Association*, 5-8.

Lowenberg, P. H. (1991) Variation in Malaysian English. In J. Cheshire ed. *English around the World*. Cambridge University Press, 364-375.

Mannell, Robert et al. (2009) *An Introduction to Phonetics and Phonology*, Macquarie University.

Martin, I. P. (2002) Canon and pedagogy: The role of American colonial education in defining standards for Philippine literature. In Kirkpatrick, A. (ed.) *Englishes in Asia: Communication, Identity, Power and Education*. Melbourne: Language Australia, pp.201-2.

Maurais, J. and Michael A. Morris eds. (2003) *Languages in a Globalising World*. English translation in 2003. Cambridge: Cambridge University Press.

McArthur, T. (2002) *The Oxford Guide to World Englishes*, Oxford: Oxford University Press.

McCrum, R. et al (1987) *The Story of English*. faber and faber, BBC Publications. [a new and revised edition, 1992]

McCrum, R. (2010) *Globish: How the English Language Became the World's Language*. New York & London: W. W. Norton's Company.

McArthur, Tom 1998) *The English Languages*. Cambridge: Cambridge University Press.

McClure, J. Derrick (1994) English in Scotland. In R. Burchfield (ed.) *The Cambridge History of the English Language*. Vol V. Cambridge: CUP, 23-147.

McIntyre, Dan (2009) *History of English: A resource book for students*. London and New YorK: Routledge.

Mehrotra, C. (2003) A British response to some Indian English uses. *English Today*, 63,16 (3): 49-52.

Mehrotra, R.R. (2003) A British response to some Indian English uses. *English Today*, 75, 19(3): 19-25.

Mehrotra, R.R. (2000) Indian Pidgin English: Myth and reality, *English Today*, 63, 16(3): 49-52.

Mencken, H. L. (1965) The American Language, Fourth Edition. New York: Alfred A. Knopf.

Millward, C.M. (1996) *A Biography of the English Language*, Second Edition. New York: Harcourt Brace College Publishers.

Moore, B. (2008) *Speaking our Language: the Story of Australian English*. South Melbourne: Oxford University Press.

Nettle, Daniel and Suzanne Romaine (2000) *Vanishing Voices, the Extinction of the World's Languages*. Oxford: Oxford University Press.

Orsman, H.W. ed. (1997) *The Dictionary of New Zealand English: a dictionary of New Zealandisms on historical principles*. Auckland: Oxford University Press.

Sebba, M. (1997) *Contact Languages: Pidgins and Creoles*. London: Macmillan Press.

Sidney, B. (1945) *The Australian Language* (1st ed.). Sydney: Angus and Robertson.

Siegel, J. (1991) Variation in Fiji English, In Cheshire(1991), 664-674.

Svartvik, J. and Leech, G. (2006) *English: One Tongue, Many Voices*. Palgrave.

Trudgill, P., and Hannah, J. (1985) *International English: A Guide to Varieties of Standard English*. London: Edward Arnold.

Trudgill, P., Hannah, Jean (2002) *International English: A Guide to the Varieties of Standard English*, 4th ed. London: Arnold.

Wales, K. (2006) *Northern English. A Social and Cultural History*. Cambridge: Cambridge University Press.

Winford, D. (1991) The Caribbean. In: Jenny Cheshire ed., *English around the World*. Cambridge: Cambridge University.

찾아보기

ㄷ

ㄹ

ㅁ

ㅂ

ㅇ

ㅊ

ㅋ

ㅌ

ㅍ

ㅎ

기타

저자에 대하여

▪ 박영배

서울대학교 사범대학과 동 대학원에서 영어영문학과 영어학을 전공했으며, 서울대학교 대학원에서 문학박사 학위를 받았다. 호주정부 장학생으로 시드니대학에서 호주문학과 문화, 영어교수법과 영어음성학을 연구했으며, 런던대학(영국)의 방문교수, 토론토대학(캐나다) 중세연구소의 연구기금교수를 지냈다. 한국영어사학회, 한국중세영문학회, 한국영어영문학회의 회장을 역임했다.

현재 국민대학교 명예교수로 있다.

주요 저서 《영어사(1998, 2010)》, 《영어산책(2005)》, 《영어이야기(2008)》, 《영어어휘변천사연구(2011)》, 《영어사강의(2012, 2014)》, 《영어의 세계 속으로(2013)》, 《영어발음-연습과 지도(2014)》등, 전공 및 교양서를 포함하여 20여 권의 저서를 출간했다.

▪ 장근철

국민대학교와 동 대학원에서 영어영문학을 전공했고 영어학연구의 명문인 폴란드의 아담 미키에비츠 대학에서 중세영어의 문법과 음성학 및 영어의 역사를 연구했으며 국민대학교 대학원에서 초서연구로 문학박사 학위를 받았다. 이화여대를 비롯하여 여러 대학에서 20여 년 간 영어사, 영미문화, 영어발음지도와 영어음성학, 영어교수법을 강의했다.

현재 국민대 교육대학원 영어교육과 부교수로 있으면서 학부에서 영미문화와 영어의 변천, 교육대학원에서 영어발음지도를 강의하고 있다.

주요 저서 《동사가 논리를 만날 때(2004)》, 《영어사강의(2012, 2014)》, 《영어발음-연습과 지도(2014)》외 여러 권의 (공)저서를 출간했다.

■ **강혜경**

국민대학교와 서강대학교 대학원에서 영어영문학을 전공하고 런던대학(UCL)에서 언어습득 전공으로 박사학위를 받았다. 런던대학과 여러 대학(원)에서 영어발음지도와 영어음성학, 언어습득론, 영미문화를 강의했다.

현재 열린사이버대학교 실용영어학과 교수로 재직 중이다.

주요 저서 《영국문화의 이해(2011)》, 《언어, 개구리와 사반트(2009)》, 《영어발음-연습과 지도(2014)》외 여러 권의 저서와 번역서를 출간했다.

■ **이주희**

국민대학교 대학원에서 문학석사 및 동 대학원에서 영어사 전공으로 문학박사학위를 받았다. 한림대학교 및 대학원에서 강의하였고, 현재 국민대, 한국체육대, 한국기술교육대 교양학부 등, 여러 대학(원)에서 교양으로서의 영어와 영미문화를 강의하고 있다.

세계영어의 다양성

지은이 박영배 · 장근철 · 강혜경 · 이주희
펴낸이 조경희
펴낸곳 경문사
펴낸날 2016년 3월 5일 1판 1쇄
2016년 12월 20일 1판 2쇄
등 록 1979년 11월 9일 제313-1979-23호
주 소 121-818, 서울특별시 마포구 와우산로 174
전 화 (02)332-2004 팩스 (02)336-5193
이메일 kyungmoon@kyungmoon.com
facebook facebook.com/kyungmoonsa

값 22,000원

ISBN 978-89-6105-954-1